# ラテンアメリカ世界を生きる

遅野井茂雄・志柿光浩・田島久歳・田中高……編

Michoacán
Paraguay
Lima
Galápagos Islands
Jamaica
Brazil
Mexico
Ayacucho
Yucatán
Nicaragua
Chile
Argentine
Ciudad de México
Perú
Puerto Rico
Rio de Janeiro

新評論

# まえがき

日本で出版されるラテンアメリカおよびカリブ地域（以下、ラテンアメリカと呼ぶ）に関する書籍の数は、一九七〇年代を境に、しだいに増加してきた。一九七〇年当時には、日本語で書かれたラテンアメリカ史の概説書といえば、ラテンアメリカ協会の編になる『ラテンアメリカの歴史』（中央公論社、一九六四年）などに限られていたが、現在では異なる視点や意図から書かれたものを何種類も手にすることができる。歴史の分野以外でも、「ラテンアメリカ」を書名に掲げた概説書やシリーズは今では少なくない。二〇世紀最後の三〇年間に、日本におけるラテンアメリカ研究が格段の広がりをみせたことがわかる。

このようにラテンアメリカに関する書籍の出版はたしかに増えているが、メキシコ、中央アメリカ、アンデスというようなラテンアメリカ域内の地域別の枠組みや、政治、経済、社会といった学問領域別の枠組みを超えた、学際・総合の学としての地域研究の特徴を生かした入門書はまだ少ない。元来個々の学問領域は、人間の知的欲求を満たすための手続きを精緻化するために形成されてきたはずのものであったが、いつのまにか学問領域そのものが権威を持ち始め、人間が知りたいことは何なのか、何を知ることが大切なのか、ということは自明のこととしてあまり議論されなくなってしまった。言い換えれば、学問そのものが目的化されがちなのである。「政治がわかる本」や「宗教がわかる本」ではなくて「政治学がわかる本」や「宗教学がわかる本」が出版されるのはその現れであろう。地域研究という学問のスタイルは、そういった既成の学問の自己目的化に対する反省の上になりたっている。ここに集まった執筆者も、それぞれの専門性の重要なことは十分に認識しつつ、何よりもまず、そこに暮らす人間を理解したいという欲求を常に最大の動機として教育研究活動を続けてきた。

本書の執筆者の顔触れは、研究対象地域も専門分野も実に様々である。共通点といえば、ラテンアメリカ地域研究の枠組みの中にあって、後述する中川文雄教授の影響を受け、ラテンアメリカの人びとの生き方を知りたいという思いから、現地体験をもとに研究を積み重ねているということであろう。各人が、それぞれに関心を持って取り組んでいる領域において、できるだけ人間の姿がイメージできるようなものを執筆することを心がけたつもりである。ラテンアメリカの多様性に則した入門書、ラテンアメリカ世界に生きる人びとの姿が身近に伝わってくるような入門書はまだ少ない。一般の概説書や入門書とは違うアプローチのしかたで、ラテンアメリカの人びとの世界を紹介することができれば、本書にも十分に存在する理由があるのではないかと考えている。

　したがって本書の構成も、学問分野や対象地域にはこだわらずに、ラテンアメリカに生きる人びとをめぐっていくつかの基本テーマを設定し、これにそって各章を配置した。

　第一部の基本テーマは、**人間の移動の結果として生じてきた新たな社会の生成と変容の過程**である。ラテンアメリカ世界の大きな特徴は、多様な先住民が住んでいたところにヨーロッパ人が乗り込んでいき、アフリカ大陸、さらにはアジアから多くの人びとが労働力として強制的にあるいは自発的に移動して形成されてきたことにある。多様な人間集団の接触、相互作用、変成の過程が多角的に論じられる。

　第二部は、**それぞれの社会の内部での政治的権力構造**がテーマである。ヨーロッパ人による植民地拡大と支配の結果形成されてきたという歴史ゆえに、ラテンアメリカの多くの社会では、支配層と被支配層の間に大きな隔たりがみられる。権力を持つものと持たざるものとが、近代民主制という建前の下でどのような関係をとりもってきたのか、そのメカニズムが、異なる視点から論じられる。

　第二部が社会の権力構造における垂直的な関係に焦点を当てているとすれば、第三部は、社会における水平方向の関係を扱っている。ここでの基本テーマは、**人間集団内部でのネットワーク**である。家族単位のネットワークから社会を単位としたネットワークまで、ラテンアメリカにおける人間同士のつながり方に、これまであまり論じられてこなかった角度から光が当てられる。

第四部の基本テーマは、**人びとの持つ自己イメージや他者のイメージ**である。私たちの生きるこの世界は、ある意味では私たちそれぞれの脳の中に結ばれるイメージとしてのみ存在する。ラテンアメリカをめぐって存在する様々なイメージが、シンボル、うわさ、文学作品などを通して、またラテンアメリカ以外の世界へも場を移して論じられる。

もとより、本書はラテンアメリカという地域とそこに生きる人びとについて網羅的に論じることをめざしてはいない。むしろ、研究者が様々な地域の様々なテーマについて様々な手法で取り組む姿をご覧いただき、ラテンアメリカへの理解を広げ、深めるための参考になれば、本書の存在意義は達成されたといえよう。

ラテンアメリカ研究の先達の一人である中川文雄教授が、一九九九年三月筑波大学を停年退官した。この機に、何らかの形で教授から影響を受けた者が集まって、何か出版しようというところからこの企画は始まった。たしかに研究者にとって停年退官は重要な節目ではあるが、中川教授は、その後もこれまでと変わりなく教育研究活動を続けている。したがって、われわれは伝統的な退官記念論集という形はとらなかった。教授から影響を受けた者が成果の一端を出し合うことで、ラテンアメリカに対する理解とその深化に供することを第一の目標としたのである。

ラテンアメリカ地域という研究対象は、深く生い茂った森に覆われた一つの山にたとえることができるだろう。頂上へ向かうアプローチは様々である。私たちは、これまでに多くのラテンアメリカ研究者が跡づけてきた道を頼りにして、思い思いにこの森の中に分け入り、それぞれに歩む道を探し続けている。それぞれの道から見た頂きの眺めは、角度によって様々な表情を見せ、頂上に近づいたかと思えば、またその先に深い谷や険しい尾根のあることに気づかされる。

そして、時には道に迷いながら頂上へと連なる道を求めて歩いていると、先に人の通った跡を見つけたり、誰か人の姿が遠くの木陰に見え隠れすることがある。中川教授は日本におけるラテンアメリカ地域研究という森に道筋をつけた先人的存在にたとえることができる。研究領域が歴史、政治、経済、文化、社会の何であれ、また研究対象地域がメキシコ、中央アメリカ、カリブ、アンデス、ラプラタ、ブラジルのいずれであれ、われわれはこの森のあちこちで中川教授の足跡を目にしてきた。ヨーロッパやアメリカ合衆国に関する研究が学界で圧倒的な影響力を持つ日本にあって、ラテンアメリカ地域研究のすそ野を広げることは、実はけっして容易なことではない。教授がその健脚でこの山の森の中を歩き続けている姿は、そのような状況の中でわれわれにとって大きな励みである。読者の方々も、私たちと共にこの緑の山に分け入り、豊穣な世界をつかんでくださることを心から願うものである。

最後に「アメリカ」という用語について一言述べておきたい。

南北アメリカ大陸とカリブ海地域のスペイン語圏では、一般に「アメリカ」といえば、スペイン系アメリカという意味の「イスパノアメリカ」、ラテンアメリカという意味の「アメリカ・ラティーナ」、あるいは漠然とブラジルも含むイベリア系アメリカという意味の「イベロアメリカ」を指すことが多い。また南北アメリカ大陸とカリブ海地域の全体を指すこともある。アメリカ合衆国と言う時には、北アメリカという意味の「ノルテ・アメリカ」あるいは「北アメリカ合衆国」という意味の「ロス・エスタドス・ウニドス・デ・ノルテアメリカ」という表現を用いる。

一方、ポルトガル語圏の国ブラジルでは、「アメリカ」といえばアメリカ合衆国を指し、スペイン系アメリカはラテンアメリカという意味の「アメリカ・ラチーナ」あるいはスペイン系アメリカという意味の「アメリカ・イスパニカ」と表現する傾向がある。近年は、政治的な意図から「アメリカ・ラチーナ」にブラジルを含むことも多い。

このほか、南北アメリカ大陸とカリブ海地域を総称して複数形のアメリカ、「ラス・アメリカス」あるいは「アメリカズ」という言い方も目につくようになっている。

このように、「アメリカ」という言葉は、アメリカ合衆国、アメリカ大陸、スペイン系アメリカ、ポルトガル系アメリカなど多種多様な概念を指して用いられる。本書では、混乱を避けるために日本での慣用に従い、「アメリカ」という表記は、アメリカ合衆国、いわゆる米国について用いることにしたが、日本で言うアメリカだけが「アメリカ」ではない、ということを御理解いただければ幸いである。

編　者

ラテンアメリカ世界を生きる／目次

*各章末に参考文献を付す

# 第一部　生成・変容する世界

## 新世界に富と故郷を求めて

一六世紀スペイン人入植者とクリオーリョ社会の形成

## 入植・自然保護・観光
ガラパゴス史における人と自然　新木秀和……77

# 第二部　権力をめぐる世界

## 民衆の帰依と裏切り



## 空転する民主政治

## 抵抗の政治学

## パンパの国の暮らしと保障
アルゼンチンの高齢者

## 第四部　映し出された世界

## 二つの旗

## 複数の美の存在とその追憶

ブラジルにおける人体美　中川文雄……307

# ラテンアメリカ世界を生きる

# ラテンアメリカ全図

メキシコ
キューバ
バハマ
セントクリストファー・ネーヴィス
アンティグア・バーブーダ
ドミニカ
ドミニカ(共)
ジャマイカ
ハイチ
(プエルトリコ)
セントルシア
セントヴィンセント
・グレナディン諸島
バルバドス
グレナダ
トリニダード・トバゴ
ベリーズ
グアテマラ
ホンジュラス
エルサルバドル
ニカラグア
コスタリカ
パナマ
ベネズエラ
ガイアナ
スリナム
コロンビア
赤道
エクアドル
ペルー
ブ ラ ジ ル
ボリビア
チリ
パラグァイ
アルゼンチン
ウルグァイ

ブラジル北東部ウニオン・ドス・パルマレスの丘に住む子ども。一七、一八世紀の逃亡奴隷の末裔である。

第一部

# 生成・変容する世界

ラテンアメリカ世界の大きな特徴は、
多様な先住民が住んでいたところに
ヨーロッパ人が乗り込み、
さらにアフリカ、アジアから多くの人びとが
労働力として強制的にあるいは自発的に
移動して形成されてきた点にある。
第一部では、こうした多様な人間集団の接触、
相互作用、変成の過程に迫る。

# 新世界に富と故郷を求めて

## 一六世紀スペイン人入植者とクリオーリョ社会の形成

横山和加子

### はじめに

一六世紀、新大陸へ渡ったスペイン人について、われわれは何を知っているだろう。まず思い浮かぶのは、アステカ帝国やインカ帝国を攻略した征服者や、先住民にキリスト教を広めた宣教師の姿かも知れない。植民地へ渡ったそれ以外の多くの人びとについて知る機会は少ない。ここでは、征服直後の広大なアメリカ大陸で、スペイン人入植者はどのようにして生活の場を広げ、いかに先住民世界と関わり、新しい土地に根づいていったのかという観点から、ファン・インファンテとその一族の足跡をたどり、植民地で生き抜いたスペイン人入植者像を描いてみたい。

ファン・インファンテを当主とするインファンテ家は、現在のメキシコにほぼ相当するヌエバ・エスパーニャで、一六世紀の前半から三代、約一〇〇年にわたって大規模なエンコミエンダの特権を与えられた有力なスペイン人入植者の一族であった。エンコミエンダは、アメリカ大陸の征服と植民に私財を投じて格別な貢献をした個人に報いるために、一五〇三年スペインのイサベル女王が許可した恩典で、スペイン国王が新たに臣下となった先住民から受け取る貢租と労役を、一定期間その功労者に与えるというものであった。スペイン国王からこの特権を授けられた者はエンコメンデロと呼ばれた。エンコミエンダは通常先住民の村を単位として与えられ、エンコメンデロはこの恩典と引き換えに、その地域の防衛の義務と、住民のキリスト教への改宗の義務、すなわち聖職者の確保、教会堂の建設、祭具の整備などの義務を負った。エンコミエンダはスペイン語で「委託」を意味する。文字通りエンコメンデロは、先住民を良きキリスト教徒にするために国王から委託されたのであった。しかしながら、先に述べたように、この恩典は先住民からの貢租・労役の徴収権に限られており、西欧の封建的領主権のように土地や農民の領有を許すものではなかった。この制度によって、スペイン国王はアメリカ大陸征服の大義であった、新天地でのキリスト教布教という義務を果たすことができ、エンコメンデロは主として農産物で支払われる貢租と先住民の労働力を得て、征服直後の植民地社会でほぼ唯一の有産階層となり、全ての入植者を支える中核的社会階層を構成した。このように、エンコミエンダの制度は植民地を切り開く上で有効に機能した反面、エンコメンデロがこの権利を濫用するのに歯止めをかけることは難しかった。このためエンコミエンダ制は先住民虐待の元凶であるとして、制度施行直後から厳しい批判も受けた。先住民の擁護者として名高いドミニコ会士バルトロメ・デ・ラス・カサスは、スペイン国王にこの制度の廃止を強く訴えたのであった（染田、一九九〇）。

### 1　エンコミエンダ拝領

さて、いよいよ本題に入ろう。インファンテ家の当主フアン・インファンテは、セビリア出身のイダルゴであった（Himmerich y Valencia 1991 : 91）。イダルゴは当時のカスティリア王国で下級貴族に当たる身分で、エルナン・コルテスを筆頭に、新大陸の征服に貢献した多くの武将を輩出した階層であった。一五一四年、フアン・インファンテはどうやら八歳前後の少年の時分に西インド諸島に渡ったようである。当時新大陸におけるスペイン領は、コロンブスが一四九二年に最初の入植地を築いたエスパニョーラ島（現在ドミニカ共和国とハイチに分かれている）とその周囲にまだ限られていた。一四九六年にエスパニョーラ島の南部に建設された新大陸最初のスペイン人都市サント・ドミンゴは、カリブ海周辺での探検と征服の拠点として、急ピッチで西欧風の町並みを整えつつあり、ここに下船した少年フアン・インファンテが目にしたのは、スペインから渡来する荒くれ者、聖職者、植民地官僚などがあふれかえる、喧騒と活気に満ちた港街であったと想像される。一五一一年には隣のキューバ島への遠征が開始されており、同じ頃ティエラ・フィルメ（スペイン語で陸地の意で、現在の中米から南米の大陸海岸部を指す）への遠征も始まっていた。フアン・インファンテは間もなく平定直後のキューバ島に移り住んだと考えられる（Warren 1985 : 165）。

フアン・インファンテのキューバ島での生活が七年になろうとする一五二一年、エルナン・コルテスがアステカ帝国の首都テノチティトランを攻略し、新たに獲得した領土を、スペイン語で「新スペイン」を意味する、ヌエバ・エスパーニャと命名した。テノチティトランの廃墟の上に新しい首都メキシコ市建設の槌音が響き始める一五二二年、フアン・インファンテもこの新天地に足を踏みいれたようである（Paredes 1984 : 37）。

フアン・インファンテはメキシコ市で、有力な王室官吏アロンソ・デ・エストラダの下で働きながら、反コルテス派との親交を深めていった。一五二八年数々の恣意的統治に関する申し開きのためコルテスがスペインへ一時帰国すると、ヌエバ・エスパーニャのスペイン人社会は大きな混乱に陥るが、そのさなかフアン・インファンテは、二〇以上の先住民村からなるエンコミエンダを拝領したことを示す証書を植民地当局に提出し、その恩典の保護を求めたのであった。当時反コルテス派が占めていた植民地の最高司法機関アウディエンシアはこの証書を本物と認め、一五二九年フアン・インファンテはヌエバ・エスパーニャ屈指の大エンコメンデロの特権を享受することとなった（Warren 1985 : 157–171）。

フアン・インファンテがエンコミエンダを拝領したのは、ミチョアカンと呼ばれる地方であった。メキシコ中西

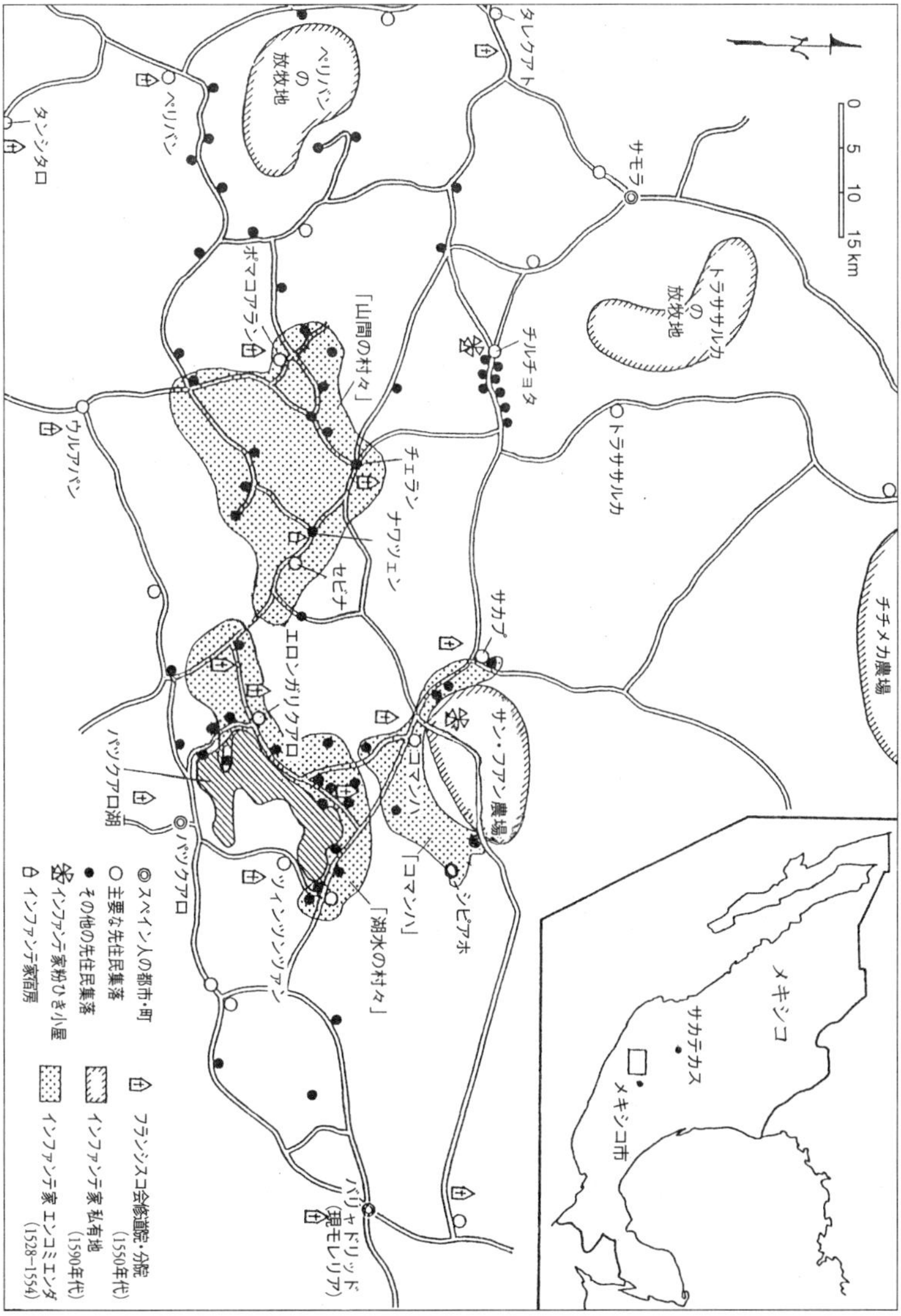


地図　ミチョアカン地方とインファンテ家関連図

部に位置するこの地方は、海抜およそ二〇〇〇メートルの台地の上に広がる、気候が穏やかで、森林に恵まれた土地であった。台地の中央にはパックアロ湖と呼ばれる湖があり、その東岸に、かつてこの一帯を支配していたタラスコ王国の都ツィンツンツァンがあった。タラスコ族は温和な農耕定着民で、この地でアステカ帝国の圧力に屈せず独立した王国を営んでいたが、一五二二年戦わずしてコルテスの軍門に下っていた。ファン・インファンテのエンコミエンダは、パックアロ湖周辺の村々からなる「湖水地区」、山間部の村々からなる「山間の村々」、北部のコマンハ村とその周辺の小村からなる「コマンハ」の三つのブロックに分かれていた（地図参照）。ミチョアカン地方の北側には、タラスコ族とは対照的な好戦的狩猟民で、一六世紀末までスペインの支配に激しく抵抗したチチメカ族の勢力圏が広がっていた。ファン・インファンテのエンコミエンダはこのチチメカ族との境界にあり、大きな危険にさらされた場所であった。そのためか、ファン・インファンテは常に館に武具をいく組も備え、大勢の従卒を抱えていたと言われる（AGI Escribanía de Cámara. 紋章写真参照）。

## 2　エンコミエンダの恩典

大エンコメンデロとなったファン・インファンテが得た恩典とは、実際どのくらいのものだったのだろう。エンコミエンダから受け取ることのできる貢租と労役の内容は、先住民への過重な負担を避けるため、王室の官吏が先住民の人口やその地域の産品を考慮して査定することになっており、随時改定されるのが原則であった。一五三五年の査定によれば、「コマンハ」のエンコミエンダはファン・インファンテに対して、トウモロコシ、トウガラシ、フリホル豆の畑をそれぞれ一つずつ耕作して得られる収穫に加えて、半月ごとに、フリホル豆二〇〇荷（約三六キロリットル）・トウガラシ一〇包・塩約三七リットル・ヒョウタン六〇個・それにいく種類かの生活雑貨を提供する義務を負っていた。ちなみに、フリホル豆は小豆に似た豆で、トウモロコシ、トウガラシと並んで、先住民の伝統的な主食を構成している。その他にファン・インファンテが派遣するエンコミエンダの監督官が日々消費する食物や薪、フアン・インファンテ自身がエンコミエンダ内に逗留する際の特別の食物（これは四羽の鶏であった）も提供しなければならなかった。一五四七年には、「コマンハ」のエンコミエンダには戸数にして二九〇戸、貢租を負担する義務のある先住民が九八九人居住していた。「山間の村々」のエンコミエンダではその数は約二倍の五五七戸、約二二五〇人であった（Paredes 1984 : 58–67）。フアン・インファンテはこちらのエンコミエンダからも応分の貢租を受け取っていたから、彼が定期的に手にした物資がいかに豊富であったか想像できよう。

ところで、先住民が貢租として納めたトウモロコシ・トウガラシ・フリホル豆は、スペイン人にとってはそのまま大量に消費できる商品でも、有利に換金できる商品でもなかった。しかし、これを巧みに利用する方法があった。フアン・インファンテは早々「コマンハ」のエンコミエンダ近くに自分の農場を入手し、コルティホ・デ・サン・フアン・デ・ラ・ベガと名づけた（以降サン・フアン農場と略す）。彼はこの農場で先住民から提供される大量のトウモロコシを餌にブタを飼育し、これを先住民の労役を利用して、当時最大の消費地であったメキシコ市やミチョアカン地方の金・銀鉱山に運搬して販売し、貨幣や金・銀に換えたのであった（Warren 1984 : 7–19）。この物資の輸送のため、フアン・インファンテは一五三七年の貢租査定で、「コマンハ」から八〇人の先住民を鉱山へ遣わす労役を認められている（Paredes 1984 : 58）。ミチョアカン地方に二つのスペイン人都市、パックアロ（一五三八年設立）とバリャドリッド（一五四一年設立）が建設されると、消費地としての比重は距離の近いそれらの都市へと移っていった。一五四三年の貢租査定では、「コマンハ」の労役は、パックアロかバリャドリッド、もしくはインファンテ家の農場への荷役に代わっている。これらの荷役に加えて、フアン・

フアン・インファンテの紋章　フアン・インファンテはキューバとヌエバ・ガリシア征服における功労により、1538 年スペイン国王から新たなイダルゴ身分と紋章を与えられた。（出典：AGI, Patronato Real.）

インファンテは自分の農場での労働にも先住民を利用することが認められていた。一五四七年の査定では、「コマンハ」は一日三〇人を彼の農場に提供している。

一五三七年メキシコ市で貨幣の鋳造が始まり、植民地の貨幣流通量が増すに従って、先住民の貢租は現物から現金による人頭税に代えられていった。インファンテ家のエンコミエンダでも、一五四七年の貢租査定からは現金と現物と労役が組み合わされている。

一五四二年スペイン国王は先住民保護とエンコミエンダの段階的廃止をうたったインディアス新法を発布したが、紆余曲折を経てその一部が一五四九年ついにヌエバ・エスパーニャで施行され、先住民にとって最も重い負担と見なされていたエンコメンデロへの労役が廃止された。ファン・インファンテのエンコミエンダでも、一五五三年の査定からは労役が廃止され現金と現物になっている。一五六三年インファンテ家が受け取った貢租は、現金四五四〇ペソとトウモロコシ一八〇キロリットル余りであった（Paredes 1984 : 58-63）。当時植民地で最も高額の俸給を受けていた王室官吏はアウディエンシアの聴訴官であったが、その俸給が年三〇〇〇ペソ余りであったことを考慮すれば、この額の大きさがわかろう。この後、ヌエバ・エスパーニャではエンコミエンダは原則として三代限りで王室に召しあげられることになり、一七世紀初頭までにほぼ消滅する。

### 3　大農場主への転身

エンコミエンダから得られる物資と労役を利用し、自分の農場で豚の飼育を行っていたファン・インファンテに大きなチャンスが訪れるのは、一五四六年ヌエバ・エスパーニャの北部サカテカスに大規模な銀山が発見され、その後背地にあたるミチョアカン地方の農牧業がきわめて有利な事業となったときであった。これを知ってか知らずか、一五四六年から四七年にかけて、ファン・インファンテはチチメカ族との境界付近の広大で肥沃な未使用地を、副王から牧用地の名目で貰い受け（Paredes 1984 : 129）、鉱山景気に乗じて、一五六五年頃までにこれを四〇余りの放牧地からなる広大なチチメカ農場へと発展させた。その面積は少なくとも五〇〇平方キロメートルにのぼった。先述のように一五五三年の貢租査定から、インファンテ家のエンコミエンダでも先住民の労役が廃止されたが、ファン・インファンテは翌年、一人当たり月五レアルの賃金を支払うことを条件に、従来通りエンコミエンダの先住民を使役する許可を副王から取りつけ、農場での人手を確保している。当時（一五六四年）、先住民の貢租は一人当り年一〇レアル余りであったから、農場での二ヶ月の労働で一年分の貢租を支払うことができたことになる。エンコミエンダ制の労役に代わって導入されたのが、王室の官吏の監督下で必要に応じて先住民労働力を割り当てる、レパルティミエント制と呼ばれるこのような有償の強制労働調達制度であった。

## 4　カトリック教会との関係

ファン・インファンテは、「湖水地区」のエンコミエンダの権利をめぐって、ミチョアカンの初代司教バスコ・デ・キロガと、熾烈な争いを繰り広げた。司教はファン・インファンテがこのエンコミエンダを拝領した経緯に疑問があると主張し、「湖水地区」を王室の直轄領に召し上げて、ミチョアカン司教区の首都として自ら設立した都市パツクアロの建設と維持にその貢租と労役を当てようとしたのである。およそ二〇年に及ぶ長い訴訟の過程で、ファン・インファンテもバスコ・デ・キロガもスペインへ赴き、植民地統治の最高機関インディアス枢機会議や国王に、この問題の有利な決着を直接働きかけている。一五五四年この裁判はファン・インファンテの敗訴に終わり、インファンテ家のエンコミエンダは「山間の村々」と「コマンハ」に限定された（Warren 1985 : 171）。

初代ミチョアカン司教バスコ・デ・キロガは、スペイン国王のあつい信任を受けた見識の高い人文主義者で、新大陸にキリスト教の理想郷を造ろうと情熱を傾けた人物として知られている（増田、一九八九、一八六～一二五）。その功労により、ドミニコ会士ラス・カサスと並んで先住民の擁護者として名高いこの人物と、エンコミエンダの帰属をめぐり激しく争った事実からだけみれば、ファン・インファンテは申し分のない悪役である。ところが、フアン・インファンテは、ヌエバ・エスパーニャで先住民擁護のもう一方の旗頭とされるフランシスコ会の、ミチョアカン地方における最大の後援者の一人であった。この事実は何を意味しているのだろう。

フランシスコ会はヌエバ・エスパーニャで最も早く（一五二四年）から先住民の布教に携った托鉢修道会であった。スペイン国王が、アメリカ大陸の先住民布教に最初の道筋をつけるという困難な役割をフランシスコ会、ドミニコ会、アグスティン会という三つの托鉢修道会に託したのは、当時のスペインで在俗教会組織が腐敗の極みにあったのに対して、これらの托鉢修道会が内部改革を成し遂げ、異教徒へのキリスト教布教に強い意欲を持つ優秀な人材を擁していたからであった。托鉢修道会は先住民の改宗に目ざましい成果をあげ、改宗した先住民は修道会宣教師の指導の下、ドクトリナと呼ばれる一種の教区に統括されていった。ところが、こうして一般信徒となった者への宗教的指導は、本来司教を中心に組織された在俗教会の役割であった。そこで、植民地で托鉢修道会の力があまりに強大になることを危惧したスペイン国王は、間もなく、在俗教会組織の整備に力を注ぐようになる。ミチョアカン司教バスコ・デ・キロガはその最も強力な推進役の一人であった。そのようなわけで、既得権を護ろうとする托鉢修道会と在俗教会の争いは、ミチョアカン地方で特に激しい衝突を生み、当然司教バスコ・デ・キロガとフランシスコ会の関係もきわめて険悪なものになっていった。バスコ・デ・キロガと激しく争うファン・インファンテがフランシスコ会に接近したのは、そのような事情からに他ならない（León 1997 : 169-170, 219-233）。

すでにみたように、エンコメンデロは「委託」された先住民のキリスト教化を義務づけられていたが、ファン・インファンテはこれをフランシスコ会の手に委ね、多大な援助を行った。ファン・インファンテが何らかの形で援助した施設の数は、ミチョアカン地方に同会が有していた施設総数のおよそ三分の二にのぼる。なかでも、バリャドリッドの修道院では、それまで粗末な日乾し煉瓦造りであった建物を一五五二年から石造りに建て替え始め、教会堂の内部にインファンテ家専用の埋葬所が与えられている（Paredes 1984 : 383. AGI Escribanía de Cámara）。フランシスコ会の同地方での活動において、彼の貢献は無視できないものであった。また、ファン・インファンテはバリャドリッドに女子修道院を設立する上でも重要な役割を果したといわれる（AGI Escribanía de Cámara）。

## 5　第二世代と入植地の変容

フアン・インファンテは、「湖水の村々」をめぐる訴訟のためスペインに帰国した折（一五三六〜三九年）、国王の書記官フアン・デ・サマノの親戚にあたる貴族の娘カタリナ・サマニエゴと結婚した。一五三九年、二人はヌエバ・エスパーニャに戻り、そこで七人の男子とおそらく三人の女子をもうけた（Dorantes de Carranza 1902 : 293–294 三三頁家系図参照）。

その子どもたちが成長すると、一族は次々と政略的な婚姻を取り結んでいった。まず長女のヘロニマを、ヌエバ・エスパーニャで副王に並ぶ権力を持つアウディエンシアの聴訴官として一五六七年にスペインから赴任してきたペドロ・ファルファンに嫁がせている。次女マリアナと長男フアンには、征服戦争に功あってミチョアカン地方に隣接するアバロス地方に広大なエンコミエンダを拝領したアロンソ・デ・アバロスの一人息子で相続人のフェルナンドと、同じアバロスの娘イサベル・デ・サンドバルをそれぞれ娶《めと》わせ、両家の間で二組の縁組を行っている。次男エルナンドは、アウディエンシアに奉職しかつメキシコ市の参事会で数々の役職を歴任した、アロンソ・マルティンの娘と結婚し、四男フランシスコは、コルテスの司令官として従軍した功労により大エンコメンデロとなったアントニオ・デ・カルバハルの娘レオノルと結婚した。五男フアン・デ・サンドバルと六男ペドロは、やはりエンコメンデロのロレンソ・デ・パヨの孫にあたる姉妹と、これも兄弟姉妹間で二組の結婚をしている（Dorantes de Carranza 1902 : 293–294. Porras 1982 : 225–229, 330–333）。こうしてインファンテ家は姻戚関係によって、ヌエバ・エスパーニャの中央政界との強い絆を維持したのであった。巧みに大農場主に転身し、巨大な財産を築き上げたインファンテ家の成功は、企業家としての資質によるところも大きかったであろうが、その背後にこのような姻戚関係の形成が要因としてあったといえる。

一五七四年フアン・インファンテが没すると、エンコミエンダは長男フアン・インファンテ・サマニエゴが相続した。次いで一五七七年次男エルナンドが若くして死亡するが、死後作成された財産目録から、彼がサン・ファアン農場に残した遺品の内容を知ることができる。目録には家畜、不動産の他にいく組もの豪華な馬具や武具、十数個にのぼるつづら箱を満たすスペイン直輸入の贅沢な衣類や宝飾品、さらに植民地で施行された法令集や勅令集、医学書などの書籍、農具や工具、「黒人奴隷」など一七九品目が書き連ねられている。これらの品々から、インファンテ家の暮らしぶりが、植民地の辺境の農場にあって驚くほど貴族的な贅沢さに囲まれていたことがうかがわれる。

しかし、一方でインファンテ家の二代目の時代すなわち一六世紀末から一七世紀の初めにかけては、ヌエバ・エスパーニャで大きな社会経済的変化が進行していた。一五四六年の最初の大規模な流行に始まり、いく度となくヌエバ・エスパーニャの先住民を襲った疫病は、その人口を急激に減少させ、それに反比例するように、鉱山の活況に促された農牧業の発展によって、一五七〇年代から八〇年代にかけてスペイン人の土地集積が進んでいった。そしてそれ以降スペイン人は先住民の生産する食糧への依存から脱却し、植民地にスペイン人優位の社会経済システムを確立したと考えられている。そして、一六二〇年代になると、それまで減少を続けてきた先住民人口が底を打ち、非常に緩やかながら増加に転じるが、これとほぼ時を同じくして銀の採掘量が下落し、ヌエバ・エスパーニャ植民地の経済発展は目に見えて鈍化する。この時点から植民地は低成長の時代に入るとされているが、それまで約一世紀にわたり植民地的気風や生活様式を育んできたクリオーリョ(植民地生まれのスペイン人)が、やはりこの頃スペイン本国からの精神的離反を見せ始め、植民地は緩やかな内発的発展へと向かうと考えられている(安村、一九九九)。インファンテ一族もこのような社会・経済・文化の変化に身を処しながら植民地へ定着していったといえよう。

## 6　一族の分岐点

インファンテ家の長男ファアン・インファンテ・サマニエゴが一五八五年に没すると、当時わずか九歳だった一人

インファンテ家系図

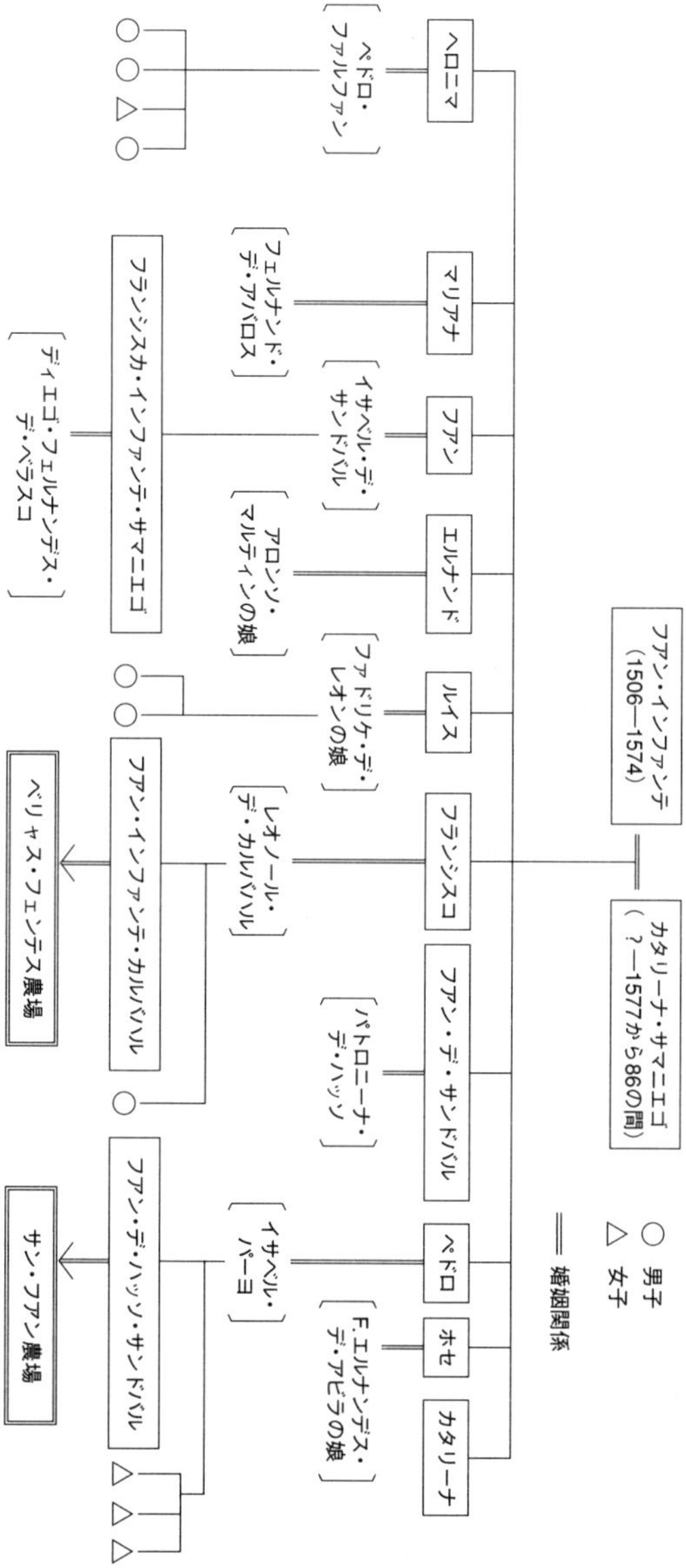
フアン・インファンテ（1506―1574）
カタリーナ・サマニエゴ（？―1577から86の間）
ヘロニマ
ペドロ・ファルファン
マリアナ
フェルナンド・デ・アバロス
フアン
イサベル・デ・サンドバル
エルナンド
アロンソ・マルティンの娘
ルイス
ファドリケ・デ・レオンの娘
フランシスコ
レオノール・デ・カルバハル
フアン・デ・サンドバル
パトロニーナ・デ・ハッソ
ペドロ
イサベル・パーヨ
ホセ
F.エルナンデス・デ・アビラの娘
カタリーナ
フランシスカ・インファンテ・サマニエゴ
ディエゴ・フェルナンデス・デ・ベラスコ
フアン・インファンテ・カルバハル
ベリャス・フェンテス農場
フアン・デ・ハッソ・サンドバル
サン・フアン農場
○ 男子
△ 女子
＝ 婚姻関係

娘フランシスカが、エンコミエンダとチチメカ農場を含む一族の世襲財産を受け継いだ。当時の慣習では、夫に妻の財産を管理する権利があったため、フランシスカが受け継いだこの莫大な財産は、彼女を三国一の花嫁候補にしたのであった。事実、フランシスカの伯父ペドロ・ファルファンは、一二歳になったばかりの彼女を、わずか九歳の自分の長男と強引に結婚させようとし、フランシスカの祖母フランシスカ・デ・エストラダは、自分の挙げた候補者ディエゴ・フェルナンデス・デ・ベラスコと結婚させようと画策した（AGI Escribanía de Cámara）。結局フランシスカの夫におさまるディエゴ・フェルナンデス・デ・ベラスコは、ユカタン地方の総督であり、ヌエバ・エスパーニャ副王ビリャマンリケ侯爵の義弟という申し分ない身分であった。こうして、インファンテ家の主たる財産とエンコミエンダの管理は、ミチョアカンに残るインファンテ一族の手を離れ、メキシコ市の有力者に握られることとなる。

さて、そのミチョアカンに残ったインファンテ一族であるが、二代目たちが一六世紀末までミチョアカン地方の中心都市バリャドリッドの市参事会役職を務めていることなどから、その頃まで地方社会において高い地位と名声を維持していたといえる。しかし世紀の変わり目に至って、彼らの生活様式には変化がみられる。先述のエルナンドの遺品は、先住民村と隣り合わせの農場に持ち込まれた贅沢で貴族的な一族の生活を物語っていたが、一六〇三年に没した弟フアン・デ・サンドバルが残した遺品の内容は、非常に質素であった。一六世紀が終りを迎える頃、一族の最盛期の生活を維持することは難しかったのであろう。このことは、若くしてインファンテ家三代目の当主となったフランシスカが、エンコミエンダと一族の世襲財産からなる豊かな持参金とメキシコ市の有力な親族の後楯とによって、メキシコ市の上流貴族階層にとどまり続けるのと対照的である。インファンテ一族はここで、メキシコ市に残る者とミチョアカン地方に定着する者とに分かれていったと考えてよかろう。植民地社会の変化の節目とされる一六世紀末を境に、インファンテ一族の境遇にみられるこの分岐は興味深いところである。

## 7　土着化

一七世紀の三〇年代までに、インファンテ家の土着化は急速に進む。一六〇三年ファン・デ・サンドバルが没する時点まで、一族は初代ファン・インファンテが石造りに建て替えた、バリャドリッドのフランシスコ会修道院教会堂の中に埋葬されていた。ところが、それから一六三一年までの間に死亡する六男ペドロとその妻は、サン・ファン農場にほど近い先住民村サカプのフランシスコ会修道院に埋葬された。この修道院は一五八〇年頃からこの村の先住民が石造りのものに建て替え始めており、ペドロ夫妻がここに埋葬されたことは、この修道院の建設にインファンテ家がまた大きく寄与していたことを物語っている。また、ペドロ夫妻がインファンテ家の慣例に反してバリャドリッドに埋葬されなかったという事実は、インファンテ家のこの都市での影響力が低下し、彼らの主たる活動範囲が一族の農場の周囲に集中しつつあったことを示しているともいえよう。

一六三〇年代ミチョアカンに残ったインファンテ家のメンバーは、依然として初代ファン・インファンテが最初に居を構えたサン・ファン農場と、これに隣接するベリャス・フエンテス農場を生活の場としていた。前者はペドロの息子ファン・デ・ハッソ・サンドバル、後者はペドロの兄フランシスコの所有であった（Obispado 1973：36）。一六三八年かそれ以前に、ファン・デ・ハッソ・サンドバルが農場の屋敷で死亡する。遺言も遺産相続人も残さない突然の死で、この青年のために、教区司祭が貴族に相応しい葬儀を整えてやらなければならなかった。遺体はサン・ファン農場にほど近いシピアホ村の教会堂に埋葬された。シピアホはその辺りでは比較的大きな先住民村であったが、フランシスコ会修道院があった記録はない。インファンテ家の三代目がなぜこの村の教会堂に埋葬されたのか史料は語っていない。しかしながらこの事実を、これまで検証してきたインファンテ一族の土着化の延長線上に位置づけることができよう。

## おわりに

一六世紀のヌエバ・エスパーニャ植民地で、当初はエンコメンデロ、後には土地を集積した大農場主などの有力入植者は、スペイン的社会を地方へ浸透させる推進役となった。彼らは地方都市を建設し、修道院を寄進し、先住民村に宣教師を招いて、入植した土地をスペイン的なものに造り変える上で重要な役割を果たしつつ、土地への強い帰属意識を育んでいった。インファンテ一族の例は、当初メキシコ市の上流貴族層と強く結びついていた地方の有力入植者が、時と共にそのつながりを弱め、植民地経済が縮小局面に入ると、一層入植した土地への土着化を強めたことを物語っている。一族のメンバーがメキシコ市からバリャドリッドへ、バリャドリッドからサン・ファン農場の周辺へと生活の場を移してゆく一方で、インファンテ家の直系が、その財産をバックに積み重ねた上流家系との姻戚関係を背景に、三代目においてもメキシコ市の上流貴族階層にとどまり続けたことは、メキシコ市を頂点とし、末端は地方の先住民村の周囲にまで及ぶクリオーリョのヒエラルキーが、一つの家系の中で形成されたことを示している。このようなつながりの総体としてのクリオーリョ層が、一世紀をかけて形成されたことによって、当初無限の先住民世界のなかに浮かぶ小さな島のような存在であったスペイン人集団が、先住民世界のなかに分け入り、これをがっちりと取り込むことを可能にしたといえよう。こうしてできあがったクリオーリョ社会が、一七世紀の植民地における内発的発展の基盤であった。

インファンテ家のエンコミエンダは、一六二八年三代目フランシスカが没した後、王室に召し上げられた。先に挙げたインファンテ家の二つの農場も、一七世紀の七〇年代にはすでにこの一族の手を離れていることが確認されている。興味深いことにサン・ファン農場を入手したのは、かつてインファンテ家のエンコミエンダを構成していた村の一つナワツェンの先住民で、彼らはこれを四〇〇〇ペソで購入し、村の共同財産としたのであった（安村、一九九二年、一〇〜一四）。先住民社会は、容赦なく後退を迫られながらも、可能な限り伝統的社会制度や文化的固有性を守り、一七世紀の植民地における内発的変化のもう一方の主体としてとどまり続けた。ナワツェンはその興味深い事例の一つといえよう。

†本章は、横山和加子「ファン・インファンテとその一族——一六世紀ヌエバ・エスパーニャの入植者とクリオーリョ社会の形成」(『西洋史学』第一六六号、一九九二年)を、新たな文献を参照しつつ書き直したものである。未刊行の原史料については、上記論文に出典を示したものは紙幅の制限上ここでは割愛した。

**文書館史料**


AGI(1538) Archivo General de Indias.［インディアス総合文書館］Patronato Real, legajo 169, no. 1, ramo 13, año 1538, folio 1 v.

AGI (1587) Escribanía de Cámara, legajo 163-B, año 1587, folios [ir-iir], 94 v-130 r, 249 r.


**参考文献**


Dorantes de Carranza, Baltazar. (1902) *Sumaria relación de las cosas de la Nueva España.* Imprenta del Museo Nacional, México.

Obispado. (1973) *El Obispado de Michoacán en el siglo XVII.* Fimax Publicistas, Morelia, México.

Himmerich y Valencia, Robert. (1991) *The Encomenderos of New Spain, 1521-1555.* University of Texas Press, Austin.

Inspección. (1960) *Inspección ocular en Michoacán.* Intr. y notas de José Bravo Ugarte, Editorial Jus, México.

León, Ricardo. (1997) *Los orígenes del clero y la iglesia en Michoacán 1525-1640.* UMSNH, Morelia, México.

Paredes, Carlos S., et al. (1984) *Michoacán en el siglo XVI.* Fimax Publicistas, Morelia, México.

Porras, Guillermo. (1982) *El gobierno de la Ciudad de México en el siglo XVI.* UNAM, México.

Warren, J. Benedict. (1984) *La administración de los negocios de un encomendero en Michoacán.* SEP/UMSNH, México.

Warren, J. Benedict. (1985) *The Conquest of Michoacan.* University of Oklahoma Press, Norman.

増田義郎(一九八九)『新世界のユートピア——スペイン・ルネッサンスの明暗』中央公論社。

安村直己（一九九二）「植民地期ミチョアカンにおける農村社会と法」（『史学雑誌』第一〇一編第四号）。

安村直己（一九九九）「クリオーリョ・啓蒙・ナショナリズム――スペイン帝国における言説のせめぎあい」（『岩波講座　世界歴史　第一六巻』岩波書店）。

染田秀藤（一九九〇）『ラス・カサス伝――新世界征服の審問者』岩波書店。

# 異文化間の接触と変容

## 植民地期パラグァイにおける改宗先住民の生活

田島久歳

### はじめに

一六〇八年から一七六七年までの間に、イエズス会士はパラクアリア（Paraquariae）と呼ばれるイエズス会布教区でミッション（レドゥクションとも呼ばれる先住民教化コミュニテイ）を組織し、先住民の改宗を行った。会士の行った先住民の「文明化」過程やミッションの経済的側面に関しては多くの記述がある。一九八〇年代半ばに話題となった、ロバート・デ・ニーロとジェレミー・アイアンズ出演の映画『ミッション』では、先住民はあくまで「高貴な野蛮人」として描かれていたが、これは数世紀にわたって存続する西洋における新大陸先住民のイメージに基づいたステレオタイプ通りの製作であるといえる。近年ではミッション跡を観光資源として開発するため、ミッションが地上のパラダイスであったかのように描く観光パンフレットや写真入りの読み物も登場した。

そこで本章では、ミッションに入所後のグァラニー先住民（パラグァイでは guaraní-tupí 系、ブラジルやその他の国では一般に tupí-guaraní 系と呼ばれる民族集団の一つ）の生活を通して、キリスト教（カトリック）という異文化を持つイエズス会士との接触を経て、彼らがいかに新しい文化を再解釈し、受容あるいは拒否し、適応・変容あるいはそれらと衝突したかをみることとする。

先住民は、讃美歌や宗教的色彩の濃い寸劇を除いて文字史料を残していないため、本章では人類学やエスノヒストリーの研究成果も取り入れながら、イエズス会士らが書き残した書簡や報告書を基に先住民の生活を再構成していく。

## 1　伝統的社会と新しい社会

### 伝統的社会

グァラニー先住民の伝統的な社会は、拡大家族の集合体で構成される部族共同体によって形成されていたと考えられる。生産活動は、同一拡大家族の成員同士が共同労働する形で行われていただろう。そこから得られた生産物の交換は互恵制に基づき、同一拡大家族や広くは部族共同体の他の拡大家族間で行われた（田島、一九九八、六七〜六八）。余剰生産の少ない、半定住生活を送っていたグァラニー先住民の社会は、生産物の均等な分配によって成り立っていた。

また、婚姻は拡大家族内では行われず、同一部族共同体の異なる拡大家族間で行われていたといわれる。それによって劣性遺伝の確率を減らす効果と、共同体間の互恵制を維持し、生存率を高める効果があった。

### 新しい社会の生活

一六〇二年にローマ教皇アクアビバは、イエズス会布教区として新たにパラクアリア地域を創設し、この地域でのカトリック教の布教を許可した。パラクアリアは今日のパラグァイ東部・南部、ブラジルの海岸地帯を除くパラナ州以南、ウルグァイのリオ・ネグロ以北、アルゼンチンの北東部を含む広大な地域であった。

最初に布教にあたったのは、ペルーからコルドバ経由でアスンシオン（現在のパラグァイの首都）に入ったイエズス会士たちだった。彼らは一六〇八年以降パラグァイ東部地域におけるグァラニー先住民の改宗に努め、改宗の戦略としてミッションを建設し、先住民の集住を図った。そして先住民は、家族、ときには部族共同体ごとにミッションに参加するようになったが、ミッションへの入所は必ずしも先住民の自発性によって平和裏に行われるわけではなかった。その原因としては数々挙げることができるだろうが、参加の代償があまりにも大きかったことが最大の理由であろう。代償とは、伝統的な社会、家族、生活形態を放棄することだった。ミッションに参加するためには、イエズス会士の説く新しい宗教や世界観、社会形態、生活様式を受け入れる必要があった。この「伝統的価値体系」の放棄と「新しいヨーロッパ的価値体系」の受容は、先住民にとって急激な文化衝突を意味し、容易に受け入れられるものではなかった。

### エンコメンデロやバンデイランテとの衝突とミッションへの参加

一六世紀の末ごろから、アスンシオンやシウダ・レアルといったスペインの植民地小都市近郊に住むエンコメンデロ［本書一二一頁、横山論文参照］と称するスペイン人は、先住民に攻撃をしかけて「捕獲」し、スペイン人やポルトガル人に販売して奴隷化しようとしていた（Lozano, 1970：165, 166）。同じころに東部地域では、サンパウロを拠点にポルトガル人とマメルコ（先住民とポルトガル人の混血）がトゥピー先住民を率いてバンデイラ（先住民狩り・奥地遠征隊）を結成し、グァラニー先住民をつかまえて奴隷としてミナス・ジェライス地方や、後にマト・グロッソ地方の金山やダイヤモンド鉱山、あるいは北東部のサトウキビプランテーションに販売しようとしていた（田島、一九九八、五七～五八。Lozano 1970：384）。グァラニー先住民は四方八方敵に囲まれていたと言っても過言ではないだろう。しかし、法的には先住民をスペイン国王の臣下と規定しており、先住民を奴隷化することは禁止され保護するべき対象であった。

このような状況に対処する方法の一つとして、パラクアリアのミッション内へスペイン人、ムラト、黒人、およびメスティソが立ち入ることはスペイン国王の勅令により厳しく制限された。彼らはミッション敷地内に設けられたポサダ（宿泊施設）に最大で三日間だけ滞在することが許された（Cardiel 1994 : 45. Palacios 1991 : 125. Sepp 1972 : 48）。もちろんそのような規制には、部外者から先住民の身を守るため以外に、善良なキリスト教徒とはいえないような悪い習慣を身につけた外来者と先住民との直接接触を最小限にとどめることを意図するイエズス会士のねらいがあったことは見落とせない。この規制は、一五四二年のインディアス諸法と一五七八年までに発布された一連の法律や王令によって定められていた。またこれらの法は会士がミッションを建設し、そこに先住民を定住させるようにとも定めている（Palacios 1991 : 123–124）。このように、先住民にとってのミッションはシェルターの役目をも持ち合わせていたといえる（ibid. : 125）。

一方、ミッションに入所せずに伝統的な生活をおくり、頻繁に攻撃される先住民もいた。ところが、一七世紀にポルトガルがサトウキビ生産地のペルナンブコ地域をオランダ人に支配され、アフリカからの黒人奴隷輸入のための海上ルートを失うと労働力不足に陥り、奴隷の価格が高騰した。そこで労働力として先住民が一層脚光を浴びるようになって、グァラニー先住民に対するバンデイランテ（バンデイラへの参加者たち）の攻撃は激化し、さらにはミッションまでもが攻撃の対象となり、グァラニー先住民は生活の場を追われるようになっただけでなく逃げ場をも失うことになった（Masy 1992 : 99. Navarro 1988 : 164. Anchieta 1988 : 111）。

このようにミッションの先住民でさえスペイン人やポルトガル人からの攻撃と捕獲の対象になったことから、スペイン国王は銃も含めた先住民の武装化を許可した。とはいえ、火器の数は、最も多いとされたミッションでさえ五〇丁程度と少なく、先住民は結局伝統的な弓矢で武装するのが一般的だったようである。武装したとはいえ、スペイン人やポルトガル人に比べると脆弱だったが、会士の指導の下、西洋式の軍隊組織を導入することにより、ミッションの先住民はバンデイランテの遠征隊に打ち勝つこともしばしばあった。その一例に一六六四年に大遠征隊に打ち勝った有名な戦いがある（Cardiel 1994 : 34–35,137. García-Villoslada 1940 : 226）。貧弱な武装とはいえ、自衛の手段を手にした先住民はその後、度重なるバンデイラやスペイン人の攻撃に対し自ら防衛できるようになり、三世紀近くにわたるミッション存続が可能になった（Reiter 1995 : 92–93）。

ミッションに対してスペイン人、ポルトガル人の攻撃は数多く行われたが、次の三つの時期が最も激しかったといえる。まず一七世紀初め頃にポルトガル人がパラクアリアの東部地域のミッションを攻撃した時期、続いてアスンシオンなどのスペイン人都市の住民やエンコメンデロが大規模な攻撃を仕掛けた一八世紀初め頃のコムネロスの乱の時期である（ANA-SH 1727 : vol. 109, no. 5, foja 38）。最後は、サン・イルデフォンソ条約やマドリッド条約によってミッションの位置するスペイン領土の一部がポルトガルに割譲され、東部地域（現在のブラジル・パラナ州北部）に建設されていたミッションの先住民がスペイン人、ポルトガル人双方から攻撃を受けるようになったため、先住民が移動を強いられた時期である（MHNM 一八世紀半ば : tomo 997 イエズス会士の書簡）。

## 2　先住民にとっての異文化接触

### ミッションの行政組織

ミッションの統治形態は、チャルカス（今日のボリビア）のアウディエンシア（植民地の最高司法機関）の聴訴官フランシスコ・アルファロによるリオ・デ・ラ・プラタ地域の巡察後、一六一一年に一連の勅令によって定められた（Angelis 1910 : 143–146）。それによると、ミッションはスペイン人の町と同様に、参事会を頂点とするピラミッド型行政機構を導入することになった。イエズス会士は、市参事会長や参事会補佐、助役や財務、厚生担当秘書など計一二から一三人の先住民からなる行政組織を築き上げた（Reiter 1995 : 74–76）。行政の任務には選挙で選ばれた先住民があたった。とはいえ、市参事会長にはイエズス会士の推薦する先住民の一人が就き、他の構成員にしても事前にイエズス会士が御膳立てし推薦した先住民が当選した。そして一六二八年には全てのミッションにこの制度が布かれ、ミッション全体が統一的な行政機構を持つようになった。

スペイン人町と同様の行政組織が導入され、先住民にとって異質な価値体系に基づく役割分担が課せられたことで、互恵制からなる伝統的社会制度は破壊され、先住民の階層分化が進む結果となった。もちろん、このような状況を先住民は無抵抗に受け入れたわけではなく、後述するように、あらゆる段階の抵抗がみられた。

**イエズス会ミッション**

ミッションでは通常二人のイエズス会士が改宗にあたった。彼らの自認する任務は、改宗、つまり先住民の魂の「征服」を行うことであったが、そのことは結果的に、市参事会長以下ミッション全体の行政機関を支配して彼らを統治するという政治・社会・経済的「征服」と「服従」に直結していた。

ミッションは一八世紀初め頃の最盛期には三〇を数え、その総人口は一三万から一五万人にのぼった。それぞれのミッションの人口規模は時期によって異なるが、大きいところでは八〇〇〇人、小さいところでは四〇〇〇人を少し下回った、と会士は報告している(Masy 1992 : 96–98, 267–275, 280–284. Lugón 1977 : 81. Sepp 1972 : 62)。またイエズス会士セップの報告によると、一つのミッションには七〇〇から九〇〇の家族が居住し、ときには一〇〇〇家族以上にのぼることもあったようだ(Sepp 1972 : 70)。

スペイン植民地における一八歳から五〇歳までの先住民成人は、国王に対して貢納の義務を負ったが、状況により免除される期間もあった。参事会長、首長およびその嫡子、一二人の教会香部屋係(司祭助手)、会士の畑の耕作人および雑用係は常に貢納の義務から免除された(Cardiel 1994 : 81)。この貢納の義務を逃れる目的で、会士はしばしば意図的にミッションの人口を実数より少なく報告するケースもあった。そのためミッションに参加した先住民の実数は会士が報告する数を上回るものと考えられる。

通常、グァラニー先住民の部族共同体成員は数十人から数百人単位だったといわれる。ミッションの先住民人口が数千人程度だったことは、拡大家族の部族共同体がいくつも共存していたことを示す。現にミッションは、二〇から四〇の部族共同体からなっており、同数の首長が同一ミッションに居住していたことになる(ibid. : 101)。

先住民の中から参事会長一人をはじめ、ミッション行政担当者を選出するには、困難な調整が必要であったろうことは容易に想像できる。実際、この調整作業にあたる会士に反発し、反乱を起こす先住民がしばしば登場した。特にミッションへの入所前に首長かシャーマンだった者は、ミッション内で重要な役割を得られない場合は、不満を顕わにした。

ミッションは、パルシアリダと呼ばれる共同体が八から一〇ほど連合した組織から形成された。それぞれのパルシアリダは四人から六人の首長を戴き、各首長の下には三〇から四〇人以上の先住民が配属されていた（ibid.: 47）。つまり、パルシアリダは伝統的な首長制に基づくものであり、従来の先住民社会における首長制と部族共同体をミッションの社会組織に組み込むことによって、先住民の伝統的社会秩序を一定程度維持しながら、新しい社会であるミッションでの生活を可能にしたといえよう。これも、先住民社会や伝統の変容を最小限にとどめ、先住民を統治・改宗するための会士の苦肉の策だったといえる。

**改宗する側の認識と改宗方法**

先住民と接触する際、イエズス会士はスペイン人やポルトガル人商人が採った方法を真似た。それはフルートなどで音楽を奏でて彼らの注意をひいたり、食料、釣り針、鏡など彼らに必要か興味があるものを贈ることだった（Galvez 1995 : 193-196）。そして関心を示す先住民に対し、聖書の内容を徐々に伝導して好感を得た。その後、先住民との共同作業を通じミッションを建設した。ミッション建設後、会士は新たな未改宗先住民を求めてパラクアリア地域を歩き回り、新しい先住民をミッションに連れてきては改宗をすすめた（Lery 1972 : 79-82）。ただ多くの場合、改宗作業、つまり聖書の内容を伝えたりする作業は会士が行ったが、ミッションに先住民を連れてくる、つまり未改宗先住民に「話をつけて」納得させてミッションまで足を運ばせるのは既改宗先住民である場合が少なくなかった。

このような経緯で先住民はミッションに入所したが、必ずしもその時点でキリスト教を受け入れたわけでなく、その後も継続して彼らの改宗にあたることが会士の任務となった。

もっとも一般的な改宗方法は、先住民の恐怖心にうったえることだった。機会をとらえて未知の不可思議な出来事や超自然的な現象を強調し、これを奇跡あるいは神の啓示と説いたり、場合によっては悪魔の仕業と位置づけて彼らの恐怖心を煽った。会士による話の落とし所は常に、先住民の以前の野蛮な生活や習慣や「邪教」を完全に捨て、神の御言葉を伝える自分たちの言うことに従って今後一層神の摂理に基づく生活をしなければいけないということだった。そうすることによって神の御加護が得られる、ということだった。

そのような生活をおくっているうちに、先住民たちは、現代でいうマインド・コントロールを受けたような状況に陥り、会士の説く教義に背いて強盗をはたらいていたり、神の力を軽視して神を冒瀆していた先住民でさえ、たまたま会士が毎日のミサで説く奇跡や災難、あるいは「悪魔の仕業」が起こると、ある日突然会士のいうことを信じ、その言葉を確信するようなこともあった。

また先住民は、想像であれ、幻影であれ、自分が体験したと信じる出来事をときおり会士に告げた。会士はそれを神の啓示や奇跡と断定した。このような奇跡や災難の体験者が改心すると、身近な体験談が功を奏してその親類・縁者や親友も改心・改宗することが多かった。

その他の先住民改宗の戦略の一つとして、まず子どもと接触し、教育するという方法があった。子どもを改宗した後に、その親と接触し、次第にその心をつかみ、親の改宗を行った。たとえば、前述のセップ会士は、ヤペユの既改宗先住民を三〇〇人ほど引き連れて近隣の未改宗の先住民共同体に入り、持参の縫針、釣り針とパンを先住民の肉と交換した。続いて、かわいらしくて人なつこい男の子を見つけ、彼の母親を訪ねた。セップ会士の言葉を紹介して、その際のやりとりを見てみよう。

「彼女にパンの一かけらを分け与えてから、縫針や装飾品が欲しいかと尋ねた。すると、母は笑顔で返事をしたので、そこの子どもと交換したいが、どれくらいの縫針、釣り針、煙草が欲しいかと尋ねた。そのとき私は彼女の子どもに新しい服を着させ、一生面倒を見ることを約束した。すると、そこに居合わせた野蛮な父親は私が子どもをあずかるのに賛成してくれた。しかし、結局のところ母親は取り引きに反対した。彼女にはたくさんの子どもがいるのだから一人ぐらいはかまわないだろうと私はいった。そして、私は別の女の子の頭に手をやり、母親に男の子を売りたくないのならばこの女の子でも構わないといった。装飾品、縫針、釣り針をもっとたくさんあげるといった。母親は、最初は賛成してくれる素振りを見せたが、縫針や釣り針を手渡そうとした途端、悪魔が彼女の母性にとりつき反対させた。結局取り引きは成立しなかったが、買い手は売り手より慈悲深かった。私はいつかその貴重なモノをただでもらえる日が来るという希望をいだきながら、神に祈りを捧げ、肉だけを取って筏に戻った」(Sepp 1972 : 53–54)。

セップ会士の行為は、キリスト教の神の名の下に詐欺ともいえる方法で人身売買を行おうとしたものといえる。それを、自らに課された使命として貫こうとしたのだろう。つまりその使命とは、先住民は子どものように純真無垢で、キリスト教でいう悪霊にとりつかれるだけでなく、悪いヨーロッパ人にだまされやすい存在だから、早急にキリスト教を伝導して彼らのさまよえる哀れな魂を救い、みすぼらしい生活から解放してあげなければならないという使命感にとりつかれているわけである。つまり、先住民を「文明化」してあげなければならない、という想いである。セップ会士の次の言葉がこの点を如実に物語っている。

「(前略) パラグァイ人キリスト教徒 (先住民) は慈悲深く、善い人びとで、まるで子どもが父親に対して注ぐ愛のように会士たちだけに従順である。このような人びとに私たちは服を着させ、指導し、教育する。彼らは努力家で見るもの全てを真似る」(ibid. : 9)。

逆にいえば、先住民が真似をしないよう、悪いキリスト教徒であるスペイン人をミッションにできるだけ近づけないようにする必要があった。

さて、子どもを改宗するため、ときどき、「会士の住居の前に集まった子どもたちに聖書の内容を伝え、質問する。答えられた者には釣り針、オレンジ、レモン、桃を褒美にやる。ときどき肉の断片を外に吊るし、それを的に弓矢で射るようにし、それができた子どもには褒美としてその肉片を与える」。そうすると「皆よろこんだ」ので、

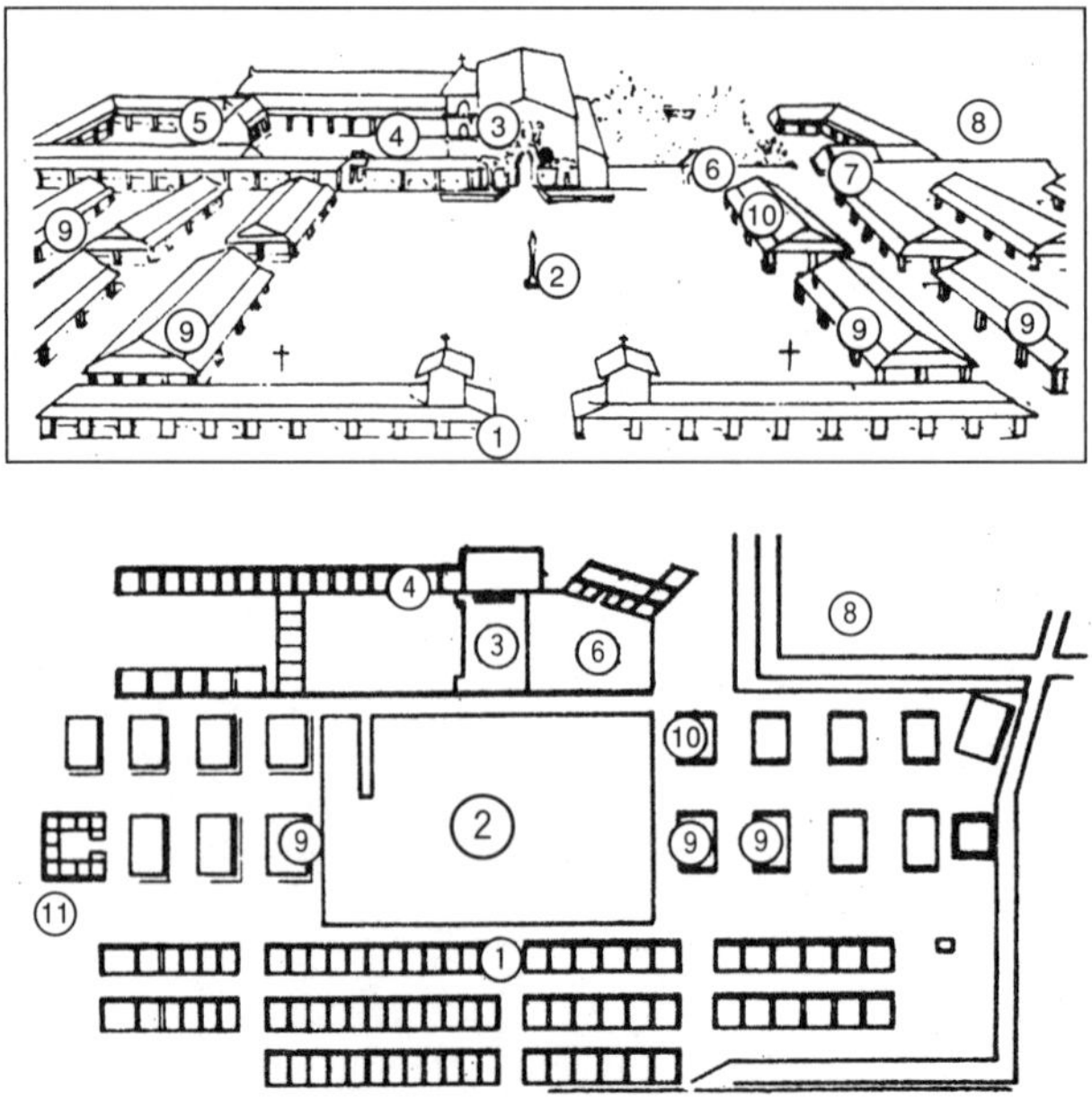

サン・イグナシオ・ミニのミッションの復元図（ケイレル，1898）
① 正門脇の礼拝堂　② 宗教的・社会的行事がとり行われる中央広場　③ 教会　④ 会士の寝室など　⑤ 修道院、作業場（タジェル）　⑥ 墓地　⑦ コティグアスーおよび病院　⑧ 耕作地（アバンバエー）　⑨ 先住民の長屋　⑩ ミッションの参事会場　⑪ 男性用牢屋

改宗にはこの方法をよく使った（ibid.：88）。子どもの改宗は大人のそれに比べるとそれほど難しいものではなかったことがわかる。昨今、社会化の過程を終えていない子どもはどの社会や時代においても同様であろう。

一五五七年ごろマヌエル・ダ・ノブレガ会士が書いた対話記録をもとに、ブラジルのサン・ビセンテ地方とエスピリト・サント地方の事例をみると、改宗の初期の頃は、婚姻形態を変えさせたり儀式的な人肉食を禁止するだけで、先住民の生活習慣や伝統を禁止したりはせず、改宗は、ミッション参加後に徐々に進められたことがわかる。改宗とは、宗教的改宗だけでなく、生活習慣、伝統、世界観、宗教観の変容も意味していた。ミッション参加者に対するノブレガらの改宗方法は、外面的変化ではなく、むしろ内面的変化を促すものだった（Nóbrega 1955：215–250）。これにもっとも抵抗し、反乱を起こしたのがすでに触れたシャーマンであった。多くの場合、彼らの祈禱行為は悪魔の儀式によるものだと会士は弾劾した（Angelis 1910：48–56）。

## 3　ミッションの日常生活

### ミッションの日課

ミッションでの会士の日課を通して彼らの教化の対象だった先住民の日々の生活を垣間見ることにしよう。

会士の日課は、午前中の祈りから始まり、その後先住民に踊りや音楽を教え、病人を見回り、ときには葬式を行った。先住民の労働現場を監督し、窯や製粉工場を見回り、パン工場を覗いた。冶金屋に会い、大工の仕事場をまわり、彫刻職人、絵描き、織物職人、刺繍職人、および肉屋の仕事ぶりも見回った。肉屋は毎日一五から二〇頭の牛をさばいた。ときどき庭師の仕事を見に行くこともあった。朝の九時半には、熱い牛乳の入った容器を担当の先住民に渡し、パンと肉を添えて病人のところに持って行かせた。一〇時半には担当の先住民が鐘を鳴らし、皆で神に祈りを捧げた。

### ミッションでの労働と生産

ミッションでは分業体制がしかれており、その主な仕事は農牧畜作業や職人作業だった。さきにも述べたように、そこには織物職人、鍛冶職人、大工、彫刻家、画家、パン職人、仕立て屋、肉牛屠殺職人、そして会士の助手である香部屋係も含まれていた（Masy 1992 : 99–101. Palacios 1991 : 241–267）。図のように、先住民の各種職人はタジェルと呼ばれる作業場で仕事を行った。一般的にいって、農地の耕作は午前中に、小動物の狩猟、蜂蜜あるいはマテ茶（ハーブティーの一種）の採集は午後に行われたようである。

トゥパンバエーと呼ばれるミッションの共同地と、アバンバエーと呼ばれ各家族に割り当てられた土地に、農牧場地が作られた。アバンバエーの土地は家族労働によって耕作され、そこで栽培されるトウモロコシ、マニオック（根茎が主食とされた植物）、芋類、野菜などの収穫物は家族の所有するところとなった（Masy 1992 : 166–171）。

一方、トゥパンバエーの土地では大人から子どもまで週に二、三日の耕作日数が義務づけられた。もちろん、職人、教会関係者の香部屋係や身体障害者はこの労働を免除された（Haubert 1991 : 216-217）。トゥパンバエーは広大な土地であり、首長と彼に従う先住民数十人が担当区画を耕す方法がとられた。その生産物は、綿花、肉牛、牛皮、果物、マテ茶、羊、運搬用ロバなどで、住民のニーズに応じて会士によって分配された（Lozano 1970 : 745-746, 749-750. Gálvez 1995 : 258-264. Cardiel 1994 : 52-60）。

ミッションの敷地内にはコティグアスーと呼ばれる大きな共同部屋があり、そこには病人、身体障害者、孤児、未亡人が収容された。彼らや働くことのできない高齢者には、トゥパンバエーの土地で収穫された食料やタジェルで生産された衣服、生活用具が支給された。さらにミッション内には共同貯蔵庫があり、そこには日用品や農具の他にトウモロコシ、綿花、マテ茶といった食料品も保管されていた（Cardiel 1994 : 66-67）。

それぞれのミッションで生産できない商品は、他のミッションと物々交換して入手したり、あるいは会士が出かけて行ったブエノスアイレスで購入することもあった。ときおりミッションを訪れる行商人から、靴、食用油、ビネガーや葡萄酒などの食料品、そして衣類などを購入することもあったようだ。

**教会の建物と住居**

イエズス会士ホセ・サンチェス・ラブラドルらによれば、ウルグァイ川やパラナ川のほとりの高台にほとんどのミッションが建設されていた。それには、雨の多いこの地域では、平地は度々洪水にみまわれ湿地帯と化すことから、それを逃れる目的もあったようだ。また先住民の炊事・洗濯用の水を調達したり水浴びをするのに便利であり、川が水上交通手段ともなったし、魚が豊富に獲れ食糧確保にも適していたからである。さらに、果樹が多くて、果物や薪がたやすく手に入り、風通しもよくて、厳しい暑さを凌ぎやすくする、というメリットがあった（ibid. : 130）。しかも、教会を高台の中心に建設することによって、そこが威厳に充ちた神の御言葉を伝導する建物と見なされ、近づく人びとを圧倒する効果が得られた。

教会と教会前中央広場の周りには、先住民の長屋がいくつか整列する形で建設され、それらを隔てる道路の幅は一三から一五メートルとかなり広く作られた。そしてこの長屋を六メートル弱四方の部屋に区切ったものが住居となった。長屋の天井は低く、椰子の葉の一種で覆われていた。それぞれの部屋の入り口は一つで、扉には牛皮が使用された。各家族の部屋は土壁一枚で仕切られ、窓も煙突もなかった。このため、いつも煙が充満した部屋は、内部が黒くなっていたようだ。夫婦、子ども、独身の兄弟姉妹、ときには夫の父母と妻方の父母からなる三世帯の家族が一部屋に同居することもあった。まれなケースのようだが、子ども夫婦と孫が同居することもあったらしい。室内の床は土で固められており、椰子の葉のハンモックを吊るか、牛皮一枚を土間に敷いて寝床にしていた。硬い石が枕代わりとなった。台所用品として粘土を焼いて作った鍋が一つか二つあり、食器やコップはヒョウタンをくり抜いたものを使用し、川から汲む飲料水もヒョウタンに貯めていた。炊事場は片隅にあり、冬の冷え込む夜はわざわざ炊事場の上にハンモックを吊るして寝ることもあった（ibid.：39–40. Sepp 1972：69–70）。

夏は朝四時、冬は五時、春と秋は四時半に起床担当の先住民が鳴らす鐘の音色でミッションの一日が始まり、夜九時の就寝の鐘で終わった。正午頃から二時まではシエスタと呼ばれる昼寝の時間となり、ミッションは静けさに包まれた。夕方の五時になると青少年の男性だけが教会に集まって一日おきにグァラニー語とスペイン語の祈りを捧げ、その後ミッションの全員が教会に来て祈った。そして夏は七時、冬は八時に夕食をとった（Cardiel 1994：94–95）。

先住民の日々の生活は以上述べたように進んでいったようだ。

**習い事と祝祭日**

キリスト教の祝祭日は年中行事として定められ、その日先住民たちは装飾品を身に着けお洒落をして歌い、踊った。なかでも聖週間の聖体行列とミッションの守護神の祭日はミッションを上げて祝う大きな行事であった（ibid.：113–117, 122–127）。またクリスマスには会士が、お菓子などを与えて子どもたちをよろこばせた。

結婚式はミッションのハレの行事だった。女性は一四歳から一五歳、男性は一六歳から一七歳ぐらいになると結婚した。会士は、親類縁者が教会に集う中、結婚式をキリスト教の教義に則って行った。これに先立ち会士は、結婚式の衣装を作るために新郎新婦に毛織物を提供した。さらに、ミサ後の宴会用の肉牛数頭の他に、結婚後新郎新婦が住むための新居用に長屋の部屋を一軒、寝床の牛皮を一つ、家事や農作業用の斧とナイフなどもそれぞれ提供した。結婚する女性は嫁入り道具としてヒョウタンを持参した。女性はこのヒョウタンで毎日水を汲む義務を負い、男性は料理を作るための薪を手に入れる必要があった。結婚式では踊りや遊びが許され、ミサが終わると親を招待して食事会が行なわれた。ある会士の報告によると、そのとき、牛肉、塩、一斤か二斤のパン、蜂蜜などを会士が提供したので幸せな宴会ができたという（Cardiel 1994 : 121–122. Sepp 1972 : 71–72）。

木曜日、土曜日と祝祭日を除く毎日、男女を問わず青少年向けの教理の勉強が行われ、また毎週日曜日には、ミッションの全成員を対象とする教理の勉強があったといわれる。そして祝日には説教もあった。ミッションには数十人からなる聖歌隊が結成され、土曜日と日曜日のミサのときは必ず楽器を奏で、讃美歌を歌ったものだ（Cardiel 1994 : 92, 100）。このように音楽を習う者の数はミッション全てを合わせると三〇〇〇人にのぼったという（Sepp 1972 : 72–73）。先住民は讃美歌を歌っただけでなく、楽器の作り方、讃美歌の作詞作曲、オルガン演奏、クラリネットやラッパ吹奏なども会士に教わった（Marzal 1992 : 378–380）。

「裸で純粋無垢な哀れな先住民の子どもがこのように美しく、エレガントに讃美歌を歌うことなど、ヨーロッパでは想像できないだろう」とセップ会士が回想するように、音楽の才能を持つ先住民がかなりいたことも明らかである（Sepp 1972 : 77. Palacios 1991 : 288–292）。

「この哀れな見捨てられた先住民をキリスト教に導いたのは誰か」とセップ会士が自問するように、その是非は別としても、宣教師は先住民を識字化し、職人に仕立て上げ、キリスト教に改宗し、「良いキリスト教徒」としてのマナー、道徳といった価値観を身につけさせ、「心を美しくする」音楽を教え、「文明化」した（Sepp 1972 : 73）。

また、会士に代表されるヨーロッパ人は、キリスト教文明を伝えただけでなく、病気をも持ち込んだ。具体的にはヤペユのミッションにおける先住民の病気と死亡の状況についてみてみよう。これに関しては、一六九二年にセップ会士は次のように書いている。「ここ（ヤペユのミッション）では疫病は知られていないが、（セップ会士の出身地）チロルではルセルンと呼ばれるペストの一種の病気がある。四年前にはこの病気で老若男女が二〇〇〇人も亡くなった」（ibid.：67）。この事例が示すようにミッション先住民の大きな死亡原因の一つには、ヨーロッパから持ち込まれた疫病があったと考えられる。

## 4　文化の衝突と変容

ミッションの先住民は、伝統的な社会とは異なる行政組織に再編されたことはすでにみた通りである。彼らの拡大家族は、ヨーロッパ人が理想とする家族観に基づいて核家族に分断され、その伝統的な首長制は廃止され、全く生活様式の異なる社会に再編されたのである。また、キリスト教への改宗の過程で、彼らの伝統的な宗教は邪教と決めつけられ、その神々は否定され、宇宙観や世界観の変容も余儀なくされた。

ミッションには一般的に男女から成る聖母マリアと聖ミカエルの二つの信徒団が設置された。これらの信徒団に入団する先住民には会士の定める厳しい規律が課せられた。一般の先住民は年に一、二回告白し聖体を授かったのに対し、団員は毎月一回は行う必要があった。そのためか、団員は、入団書が入った小袋をネックレスのように首から下げて誇らしげに持ち歩き、ミッションの他の成員との差異化をはかった（Cardiel 1994：109）。これは小袋に表象される新しい価値観に基づく先住民間の差異化過程を如実に物語るものである。

信徒団員はミッションの宗教警護隊の役割を果たし、夜の見張り番と警護にも当たった。彼らは、就寝時間後にミッションを歩き回り、ミッションを離れようとする違反者や、規律を乱しキリスト教の教義に背いてかつての「邪教」に舞い戻る者や、道徳的に禁止された行為を行う者を取り締まり、なかには裁かれて刑を受ける先住民もあった。全てのミッションには男性用と女性用の牢屋が一つずつあった（ibid.：128–129）。男性用の牢屋は広場の一角に教会に隣接して設けられ、女性用のそれはコティグアスー内の一角に建てられた。罪を犯した者は投獄されたが、ときには鞭打ちの刑に処せられることもあった。この刑に処せられた者で回数が多い場合は一日の上限が設けられた。その場合は一日に最大で二五回とされた（ibid.: 128）。女性への刑は、人目に触れないコティグアスー内で静かに実施された。

すでに触れたが、かつて半定住の狩猟採集・農耕民だった先住民には、長期間食料を備蓄する風習がなかっただけでなく、定住農耕民のように特定の単調な反復作業を長時間にわたって繰り返すという労働習慣もなかった。会士の目にはこれが計画性のない、忍耐強く労働する素質に欠ける野蛮な人間と映ったようである。このため、次のような場面がしばしば見られ、会士を嘆かせていた。「塩は毎日一日分ずつ分配し、その用途を丁寧に説明する。半分はスープ用で残り半分は肉用だと。さもないと一度に全部スープに入れてしまうからだ」（Sepp 1972: 64）。また、会士にもらった耕作用の牛を屠殺し、鋤を燃やして焚火をたいてその肉を食べてしまった先住民もいた（Cardiel 1994: 129. Sepp 1972: 86–87）。あるいは、畑仕事の最中に先住民が昼寝をしたので、耕作用牛が隣人の畑のトウモロコシを食べてしまった、という報告もある。このような事態は、会士の目にはあまりにも「怠慢」に映ったようである。これらの行為は処罰の対象となり、牢屋にしばらく入れられるか、鞭打ちの刑に処せられた。一八世紀当時のヨーロッパの基準からすると、ミッションに極刑がないのは、あまりに処罰がゆるやかだと映ったにちがいない（Azara 1943: 185）。

イエズス会士による布教・教化・改宗が引き起こした文化変容は、先住民のあいだに世代間断絶をもたらすこともしばしばだった。ブラジルの事例だが、伝統的な価値観を捨て切れず古い習慣に従って生活する大人たちが、ミッション内の学校教育でヨーロッパ文化がより優れ、先住民の伝統的文化はより後《おく》れたものと教化された子どもたちと衝突している。そうした大人と子どもの関係が親子の場合には、子どもが親を軽蔑するにいたった（Anchieta 1988: 95, 98–99）。大人の場合でも、肌を露出して生活する習慣が恥ずかしいことだと会士に説かれたことで、伝統的価値観に反し、公共の場に裸でいることを恥じて服を着るようになった例がある（Lozano 1970: 150–151,

765)。熱帯の暑いパラクアリアでヨーロッパ人のように服を身に着けて生活する先住民の苦しみはいかほどだっただろうか。また、先住民はヨーロッパ人と異なり、一日に数回水浴びする習慣があったが、これをとがめられて回数を減らしたりしたことも、ヨーロッパから持ち込まれた疫病を蔓延させた原因の一つになったことを忘れてはならない。

## おわりに

グァラニー先住民の視点から史料を読み直すと、彼らが平和的に改宗したという従来の見方とは異なる新たな側面がみえてくる。ミッションの先住民の新しい生活を伝統的な生活に照らし再構成してみると、核家族に分断されたはずの先住民が、会士に与えられた狭い住居の中で伝統的な拡大家族を一定程度残存させていたことがわかる。また、伝統的な首長制と部族共同体は姿をかえてミッションのトゥパンバエーやマテ茶採集の場において新しい役割を持って機能していることも明らかになる。しかもイエズス会士は、農耕労働に不向きな先住民に対しては強力な制裁は加えていないことも確認される。さらに、結婚の際、婚姻の誓いは教会においてキリスト教の教義に則って行われるものの、披露宴は伝統的な要素を多く残している。またミサや祝祭には先住民の好む踊りや歌が多く取り入れられていることがわかる。

以上のことから、改宗あるいは「魂の征服」は先住民にとって、一七、一八世紀的キリスト教文化と自らの伝統文化の衝突および、接触後の変容の過程であったといえる。換言すると、キリスト教文化を一定程度受容することを余儀なくされた新たな社会と文化の誕生であるといえる。もちろん家族生活や社会生活、それに宗教観の根本的変容は苦痛を伴う過程であって、先住民が喜んで平和的に「より優れたキリスト教文化」を受け入れた過程とは必ずしもいえない。

本章では主に成人の先住民についてみてきたが、子どもについても多少触れることができた。子どもの頃にミッションに参加し教化された者は、大人の価値観や生活方式に反発し、信徒団に入団するなど何らかの形でミッションに強い帰属意識を持ち、ミッション社会で一定の役割を果たそうと模索したと考えられる。

ミッションで生まれ育った世代の先住民については本章では考察することはほとんどできなかった。それは本章のテーマから大幅にはずれる事項もあるためだが、これらの子どもは、伝統的な社会をほとんど知らずに会士らに教化され、キリスト教的価値観を植えつけられていったものと考えられることを指摘しておきたい。

ポルトガル領では一七五九年に、スペイン領では一七六七年にそれぞれの国王の命によってイエズス会が追放された。その後ミッションはフランシスコ会などに管理されたものの、衰退は免れえなかった。まさにこの過程の渦中の一九世紀初め頃に、ヨーロッパ人が数多くこの地域を訪れ、旅行記を記している。それによると、定住し規則正しい生活を送り、ドイツ人などのヨーロッパ人を雇って小さな農牧場を営む先住民がみられる。これらの先住民はかつてミッションに参加した者か、その子孫であろう。つまり、会士らは、先住民成人の一世の集中定住と教化にはてこずったものの、二〇〇年にわたる教化過程のなかでそれ以後の世代はキリスト教化して、「キリスト教徒としての生活」を送る者を育成するのに成功した、ということである。なかにはウルグァイのアルティガスの解放軍に身を投じ、ラテンアメリカ南部地域の独立運動や内乱に一定の役割を果たした者もいた。

ミッションへの集中定住と教化の是非を不問に付すなら、会士らは後にこの地域の歴史の主人公となる人びとを育て上げた、といえるかも知れない。

**古文書館・博物館史料**

ANA-SH（Archivo Nacional de Asunción – Sección Historia アスンシオン国立古文書館・歴史部）

MHNM（Museo Histórico Nacional, Montevideo ウルグァイ国立歴史博物館、モンテビデオ）

**一次史料**

Anchieta, José de. (1988) *Cartas : informações, fragmentos históricos e sermões.* Cartas Jesuíticas 3. Editora Itatiaia Limitada, Belo Horizonte.［ポルトガル領ブラジルで布教活動に従事したイエズス会士アンシエタが、一五五四年から一五六八年に記した書簡、記録を収集したものである。］

Angelis, Pedro de. (1910) *Colección de obras y documentos relativos a la historia antigua y moderna de las provincias del Río de la Plata.* 2 a. edición, tomo 2, Librería Nacional de J. Lajouane y Cía. Editores, Buenos Aires.［本史料集収録のイエズス会士ホセ・ゲバラ José Guevara が一七世紀初頭に記した Historia del Paraguay, Río de la Plata y Tucumán. pp. 35-149. を用いる。］

Azara, Félix de. (1943) *Descripción e historia del Paraguay y del Río de la Plata.* Editorial Bajel, Buenos Aires.［初版本は一八〇九年にパリにおいてフランス語で出版されたものと考えられる。著者アサラはスペインとポルトガル領の国境線を確定するための測量技師としてリオ・デ・ラプラタにやってきた者であった。］

Cardiel, José. (1943) *Breve relación de las Misiones del Paraguay,* Ediciones THEORIA, Buenos Aires.［本書はイエズス会士カルディエルの記した報告書であり、初版本は一七七一年に出版。］

Lery, Jean de. (1972) *Viagem à terra do Brasil.* Livraria Martins Editora, São Paulo.［カルヴァン派の神学生だったレリは、一六世紀の半ばごろに今日のリオデジャネイロにあたる南部フランス領に滞在し、帰国後ブラジルで見聞したことを一五七四年にフランスで出版。］

Lozano, Pedro. (1970) *Historia de la Compañía de Jesús de la Provincia del Paraguay.* tomo 2, Guegg International Publishers, Westmead.［イエズス会士ロサノ著で、初版本は一七五五年にマドリッドで出版。］

Montoya, Antonio Ruiz de. (1989) *La conquista espiritual del Paraguay.* Equipo difusor de estudios de historia iberoamericana, Rosario.［一七世紀初期にパラクアリア地域で先住民改宗に従事したイエズス会士モントヤの初版本は、一六三九年にマドリッドで出版。］

Navarro, Aspilcueta de, et al. (1988) *Cartas avulsas.* Cartas Jesuíticas 2, Editora Itatiaia Limitada, Belo Horizonte.［本書は、一五五〇年から一五八〇年までにポルトガル領ブラジルで交された数人のイエズス会士の書簡を収録したものである。］

Nóbrega, Manuel da. (1955) *Cartas do Brasil e mais escritos do P. Manuel da Nóbrega.* Un. de Coimbra, Coimbra.［本書は、一五五六年から一五五七年にポルトガル領ブラジルで布教活動に従事したイエズス会士ノブレガとマテウス・ノゲイラおよびゴンサロ・アルバレスの間で交わされた対話や書簡を収録したものである。］

Sepp, Antonio. (1972) *Viagem às missões jesuíticas e trabalhos apostólicos.* Livraria Martins Editora, São Paulo. 〔一七世紀に布教活動をしたイエズス会士セップ著の初版本は一七一〇年にラテン語で出版。〕

## 参考文献

Gálvez, Lucía. (1995) *Guaraníes y jesuitas de la tierra sin mal al paraíso.* Editorial Sudamericana S.A., Buenos Aires.

García-Villoslada, Ricardo. (1940) *Manual de historia de la Compañía de Jesús.* Compañía Bibliográfica Española, Madrid.

Haubert, Maxime. (1991) *La vida cotidiana de los indios y jesuitas en las misiones del Paraguay.* Ediciones Temas de Hoy, Madrid, 1991. 〔初版本は一九六七年にパリで出版。〕

Lugón, Clovis. (1977) *A república "comunista" cristã dos guaranis 1610–1768.* Paz e Terra, Rio de Janeiro. 〔初版本は一九四九年にフランス語でパリで出版。〕

Marzal, Manuel M. (1992) *La utopía posible; indios y jesuitas en la América colonial.* Tomo I, Pontificia Universidad Católica del Perú, Lima.

Masy, Rafael Carbonel de. (1992) *Estrategias de desarrollo rural en los pueblos guaraníes (1609–1767).* Instituto de Cooperación Iberoamericana, Barcelona.

Palacios, Silvio & Zorroli, Ena. (1991) *Gloria y tragedia de las misiones guaraníes.* Ediciones mensajero, Bilbao.

Reiter, Frederick J. (1995) *They Built Utopia; The Jesuit Missions in Paraguay 1610–1768.* Scripta Humanistica, Maryland.

田島久歳（一九九八年）「植民地期パラグァイと近代ヨーロッパ——イエズス会教化コミュニティ参加に見る先住民の生き残り手段」（上谷博・石黒薫編『ラテンアメリカが語る近代——地域知の創造』世界思想社、五五～七八頁）。

# 奴隷と女の間

## 一九世紀リマ身分制社会の一側面

山脇千賀子

### はじめに――マヌエリタの半生

かつて女奴隷だったマヌエリタは、リマ近郊の農園でやはり奴隷の母から生まれたが、奴隷の母を持ったことを今では思い出したくもない。なにはともあれ、今は自由人として銀職人の親方と結婚して、不自由のない生活をしているのだから。

マヌエリタはいわゆるキンテロナである。キンテロナとは、文字通りにいえば五分の一という意味だ。白人と黒人の混血であるが、黒人の血が最もうすいカテゴリーで、キンテロナと白人の間に生まれた子は白人と分類される慣習があった。なかなかの器量良しだったマヌエリタは、家内奴隷として働くことが運命づけられていた。見栄えのする奴隷女性を邸宅に置くことを好むのは、主人にとって当然のこと。家内奴隷は、奴隷の中でも「出世頭」である。容姿によって奴隷の間に決定的な序列関係がつくられるのは、男性の場合でも同様だ。見栄えのする者がご主人様おかかえの御者となる。御者も当然奴隷の「出世頭」である。いわば、ご主人様たちにとっての「アクセサリー」なのだ。

マヌエリタは七歳から農園の邸宅で家事見習いをすることになった。もう少し成長して、一通りの仕事ができるようになってから、リマ市に住む農園主の町の邸宅で働かせるためだ。ペルー副王領の首都リマ市に住むご主人様たちの生活はヨーロッパの貴族さながらのきらびやかさ。そんなご主人様に仕えるのだから粗相があってはならない。マナーをしっかりとたたき込まれる。服装もご主人様以上に着飾ることはないにしても、邸宅の一員として恥ずかしくない体裁でなければならない。

そして、マヌエリタは一二歳になったときに町の邸宅に移ることになった。それから辛抱強くご主人様たちに仕えたことが気に入られ、一五歳のときに将来の解放を約束してもらった。二五歳になったら、ご主人様の財産を分け与えて自由の身にしてくれるというのだ。

ところが、彼女が一七歳のとき、仕えていたご主人様の娘の一人が結婚することになり、その新居で働くことになった。結婚相手はクリオーリョ（植民地生まれのスペイン人）の商人だった。ご主人様は伯爵だったので、貴族の身内という社会的名誉と引き換えに資産家の商人の財産をあてにできる申し分ない組み合わせと考えられたのだ。新しい生活を始める娘にとっては、使い慣れたマヌエリタを側に置くことは心強く感じただろう。

他方、マヌエリタの身には新居に移って数ヶ月もしないうちに大事件が起こることになった。そのクリオーリョ商人がマヌエリタをレイプしたことを彼女は訴えることになったのである。カトリック的慣習が強いリマにおいて、「処女の陵辱」は宗教的処罰の対象となる。カトリック教会は住民のモラル監視役として機能しており、教会に刃向かう者は人間にあらずといってよいほど、大きな社会的影響力を行使していた。マヌエリタは、モラル上不適切な環境に置かれることを拒み、「解放」を公的ルートで要求したのである。

マヌエリタのように、主人に性的虐待を受けた奴隷女性は決して少数派ではない。しかし、彼女のように訴え出ることができる場合は多くはなかったし、訴えても奴隷側の要求通り解決するとも限らなかった。訴えられたクリオーリョ商人は、マヌエリタに誘惑され罠にはめられたのだ、と主張した。リマはこじんまりした植民地都市であり、いわゆるご主人様クラスの人びとは何らかの顔馴染同士である。誰かが奴隷の「処女の陵辱」で訴えられたとすれば、噂は瞬く間にリマ市をかけめぐり、その「家」の名誉が傷つけられてしまう。スペイン的モラルからすれば「名誉を失うことは死に等しい」とさえいえる。それに対して、奴隷女性にはそもそも失う「名誉」はない。訴え出て自由の身になることができれば、奴隷の身でいるよりはずっといい。人生の大きな賭けといってよいかも知れない。

しかし、おさまらないのは名誉を失う家族の方だ。クリオーリョ商人がいくら弁解したところで、いったん傷つけられた体面の回復には相当な時間がかかる。商人の婦人の方はもっと深刻だ。夫に裏切られたという事実だけでなく、それが公にされるという事態を甘受しなければならないのだから。そうした怒りの矛先は夫には向けられず、当然のごとくマヌエリタに向かう。女主人による奴隷への虐待もまためずらしいことではなかった。

結局、真相は曖昧なまま、ご主人様たちがスペイン本国に帰国するため、マヌエリタは「解放」されることになる。しかし、今の生活に満足しているマヌエリタにとって、こうしたことは過去のことだ。もう、誰にも奴隷扱いされるものか、とマヌエリタは心のなかでつぶやいている[†]（Hünefeldt 1992）。

本章では、マヌエリタのような家内奴隷の多いリマを中心に、奴隷の日常生活を描き出す。それによって、今日まで行われ紹介されている奴隷制研究では充分な展開がされていない、奴隷と奴隷でない人びとがともに形成していた身分制社会の特質を浮き彫りにしたい。

†マヌエリタの人生についての記述は、史料をもとにして歴史を想像力によって再構成する試みを行なった Hünefeldt 1992. に基づいている。ただし、筆者による多少のアレンジがあることをお断りしておく。

## 1　奴隷とはどのような人びとか

### 奴隷ができること・できないこと

一般的な理解では、奴隷といったら、人間らしい生活をする権利が全く保証されていない、奴隷主が好きなように使うことのできる存在と思われているのではないだろうか。もちろん、そのような扱いを受けた奴隷が大部分であったことは否定できない。しかし、奴隷制においては奴隷の人間としての欲求が全て否定されていたというわけでもない。スペインおよびポルトガル領植民地の法律では、奴隷には次のような権利があったとされている（マーヴィン・ハリス、一九七八、八二）。

一、自由に結婚する権利
二、もし主人があまりに厳しかった場合、他の主人を探し求める権利
三、財産所有の権利
四、自由を買い取る権利

とはいえ、「法は尊重すれども遵守せず」という植民地社会の実態において、奴隷の権利が十分に守られたとは決していえない。特に、植民地期初期における奴隷の扱いは残虐だったといわれる。まさに、家畜のごとき「消耗品」という位置づけが一般的だった。しかし、一九世紀にむけて奴隷が権利を行使することのできる条件が徐々に整ってくる。

このような奴隷の権利が、一定程度ではあれ尊重される背景には、カトリック教会の力があったという。現代日本人には想像しがたい状況かも知れないが、それは現代のラテンアメリカの人にとっても同様である。カトリック

諸国におけるカトリック教会は宗教的権威であるだけでなく、宗教法（ley canónica）を通しての司法上の権威でもあり、社会生活の全ての面においてカトリック的モラルが浸透していた。

そもそも奴隷としてアフリカからアメリカ大陸に連行される際には、カトリック司祭によって形式上だけでも洗礼や祝福を受け、カトリック教徒としてアメリカ大陸の地を踏むことが義務づけられていた。しかし、実質的にアフリカ系奴隷がカトリック教徒として平等な扱いを受けたかどうかという点については、疑いなく否定的答えを用意できる。とはいえ、建て前上、奴隷主は奴隷が他の「人間」と同じように、良きカトリック教徒として生きるよう監視する義務があった。そのため、奴隷にも結婚して家族生活を営む権利、財産を保有する権利、人間としての尊厳を保つ権利がある、というカトリック的モラルの建て前だけは、一定程度ではあるが、奴隷主も受け入れざるをえなかった。

こうした建て前がただの建て前で終わらないようにするためには、制度的サポートが必要になる。リマの場合は、「弱者保護官」（defensor de menores）という官職があり、彼らは奴隷のような「一人前の人間」とはいえない「社会的弱者」の権利が侵害されているケースについての訴えを聴き、調停する役目を担っていた。たとえば、他の主人を探す権利を故意に妨害する目的で、奴隷の価格を不当に高く設定している奴隷主に対して、その時々の相場からみて公正といえる価格にまで引き下げるよう、奴隷が「弱者保護官」に訴えることができた。実際にこうした調停で、奴隷側が勝訴したケースも決して少なくない。

ただし、奴隷が優秀な「保護官」に調停を頼むためには、相当の報酬を支払う用意がなければならなかったともいわれている。つまり、金持ちの奴隷か、金持ちの親類縁者がいる奴隷でなければ調停に持ち込むことも難しかった。とすれば、奴隷には何よりも経済力が必要であった。

農園（アシエンダ）で働いていた奴隷の収入源は、多くの場合自分たちが作った野菜や飼育した家畜を市場で売ることだった。なぜそのようなことができたのかといえば、農園経営の視点からいって、奴隷に一定の菜園使用権を与えることにより、食料配布コストを節約することができるという農園主にとってのメリットがあるからだ。農園での仕事の支障とならない限り、奴隷が自分で農作物を作ったり売ったりすることが許されていたのである。

都市で働いていた奴隷に関しては、職種によって状況が異なるので詳述できないが、特にホルナレロ（jornalero 日銭稼ぎ奴隷）には蓄財のチャンスが大きかった。この点は次節で確認する。

**奴隷の仕事とは**

奴隷女性は皆がマヌエリタのように家内奴隷だったというイメージがあるとすれば、それは大きな誤解である。たしかに男性に比べたら家内奴隷として働く割合は高い。しかし、女性も男性とほとんど変わらない様々な仕事をこなしていた。

多くの読者が思い描く奴隷の仕事は、綿花やサトウキビプランテーションでの農作業ではないだろうか。「奴隷制」といったらアメリカ南部やブラジルなど、圧倒的多数の奴隷が農作業に従事していた地域が代表的だからであろう。この点では、リマの奴隷をめぐる状況はかなり異なっていた。

ペルー副王領に連れて来られたアフリカ系奴隷のうち、約四割がリマに集中したとされており、他の奴隷制社会に比べて、都市を生活の場にする奴隷の比率はかなり高い。アンデス山岳地帯にある鉱山で働かせるつもりだったのが、黒人が高山地帯での仕事にあまりにも慣れず、鉱山労働者には適さないと判断され、もっぱら先住民が鉱山での労働力になったという話は有名だ。そのため、ペルーでは黒人奴隷労働力を必要とするのは、農園と都市になったのである。

そこで、奴隷人口が集中したリマについて農園と都市との間の人口比を見てみよう。一八三九年のデータによれば、リマの奴隷人口のうち、農園居住者は三七%であるのに対し、都市居住者は六三%を占めている（Aguirre 1993 : 50）。つまり、過半数は農作業以外の仕事をしていることになる。

表1はリマの奴隷主の職業を示しているが、「農業＝農園経営」以外の職業をもつ奴隷主の下で働かされているのが都市居住奴隷と考えられる。都市居住奴隷の代表的な仕事は家内労働だが、商店における雑役、職人としての

熟練労働やその下働きなどの非熟練労働に従事する者も少なくなかった。そして、何よりも一九世紀リマにおける都市居住奴隷を特徴づけるのが、ホルナレロであろう。

ホルナレロの具体的な仕事内容については後述するが、こうした都市居住奴隷の存在は日本では意外に知られておらず、一般的な奴隷のイメージからはかなり異なった生活スタイルを持っていた。特に、一九世紀リマにおいてはホルナレロが激増したといわれているが、都市居住奴隷の労働スタイルとして植民地時代初期からあった。

ここでは、このような様々な都市居住奴隷が、一九世紀リマにおいては過半数を占めていたという点を、確認しておくにとどめよう。

| | |
|---|---|
| 無職の女性 | 38．9%（うち独身・未亡人 57．3%、既婚者 38．2%） |
| 農業＝農園経営 | 20.0% |
| 商業＝商店経営 | 14.4% |
| 不動産所有主 | 8.5% |
| 軍人 | 6.5% |
| 弁護士 | 2.4% |
| その他（パン屋、聖職者、書記、レストラン経営者、薬草屋、雑貨屋、牛乳屋、靴屋） | |

表1　19世紀半ばのリマにおける奴隷主の職業分布（出典：Carlos Aguirre, *Agentes de su propia libertad*, 1993 : 64–65）

**農園での仕事**

当時のリマの農業は、基本的に二つのタイプに分かれていた。つまり、プランテーションであるサトウキビ農園と、野菜などを生産する都市近郊型農園である。奴隷が集中していたのは少数のサトウキビ農園で、一八三七年のデータによると四つの農園がそれぞれ百人以上の奴隷を有し、全農園奴隷の四二・九%に当たる奴隷がそこに集中していた。中規模の農園では平均三〜四〇人の奴隷が所有されていたが、全農園の五八・四%は一人も奴隷がいない小規模の農園となっている（Aguirre 1993 : 52–53）。

では、農園での仕事は具体的にどのようなものだったのか。農業の性格上、重労働の仕事から比較的軽い労働まで様々であったが、労働時間の長さはほとんど共通といってよいだろう。一八二五年に定められた海岸部の農園における内部規則によれば、奴隷の労働は午前六時から午後六時までで、間に昼休みを正午から午後二時までとり、午後九時には就寝するものとされていた（Aguirre

1993：106-107）。しかし、これが実際に遵守されていたとは限らない。農園主はいわば一国一城の主であり、彼の采配次第で奴隷の扱いはどうとでもなった。午前四時から午後九時にまでわたる長時間労働を課していた農園が裁判に訴えられたりしているが、こうした農園がごく例外的だったとはいえないだろう。

**都市での仕事——職人、家内労働、ホルナレロ**

リマにおける都市居住奴隷の仕事の種類は、かなりの程度ジェンダーに対応している。職人の下で見習いができるのは男性に限られていた。また、家内労働では、現在の運転手に相当する馬車使いや門番は男性に限られ、乳母は当然女性に限られた。ただし、料理人や女主人の付き人には男女どちらがなることもできた。このように仕事が専門化している家内奴隷を持つのは、多数の奴隷を持つ裕福な家庭である。むしろ、どのような仕事にも対応できる奴隷が一人ないし数人しかいないのが平均的家庭といってよい。

「日銭稼ぎ奴隷」というべきホルナレロは、自分で街頭に出て日銭を稼ぐ奴隷で、仕事の仕方は奴隷の裁量にまかされており、奴隷主に対して一日いくらと決まった金額を貢げばよいというシステムになっていた。定額以上の稼ぎがあった場合は、残りを奴隷が自分の財産として保持できた。

ホルナレロの仕事の種類も男女別に特徴があった。女性の場合は、特有の「専門技術」を生かした料理・菓子・清涼飲料水などの製造・販売がかなりの割合を占める。男性の場合も集中した分野があり、特に飲料水運び屋や荷運び屋は多かった。水運び屋は、水道が発達していない都市において、生活に欠かせない職種である。

こうしたホルナレロの所有者の多くは、表1にみられる通り奴隷主の割合として最も高い「無職の女性」と考えられる。彼女たちは独身を通したか未亡人になって身寄りのなくなった上流家庭婦人であろう。上流らしい生活をするために奴隷は欠かせないからだ。財産が十分にある婦人の場合は、身の回りの世話をしてくれる奴隷が必要だ。また、財産が十分ではない婦人は、自らが労働をすることは名誉を汚すことになるのでできないが、ホルナレロをする奴隷を所有していれば収入が確保される。彼女らにとって奴隷は、まさに生活に欠かせない存在だったといえよう。

**奴隷でなくなるには**

奴隷が自らの意志によって奴隷でなくなるには、以下の三つの方法が基本的な手段だったといえよう。まず、自殺をすることである。それはカトリック教義には反するが、正しいカトリック教徒として生きる条件が全く整っていない状況下にいる奴隷には関係のないことだ。人間として扱われないこの世を見限ることによって、奴隷という身分から逃れようとした人びとが現実にたくさんいたことを確認しておこう。

第二の手段は、逃亡である。奴隷主の手の届かないところに、どのようにして逃げればよいのか、多くの奴隷が知恵を絞った。そのうちの何割かは成功したが、失敗した者は連れ戻され、見せしめのために奴隷仲間の目前で拷問を受けながら殺されるか、殺されないまでも厳しい罰を受けた。奴隷制社会においては、逃亡奴隷を探すのに懸賞金をかけた新聞広告記事を見つけるのに苦労することはない。それほど、逃亡は日常茶飯事だった。

では、逃亡に成功した人びとはどのような生活を送ったのか。大きく分けて二つの道があったといえる。一つには、パレンケ（palenque）と呼ばれた逃亡奴隷が作ったコミュニティに逃げ込むこと。こうしたコミュニティは、地理的にアクセスの難しいところに作られ、逃亡奴隷を連れ戻そうとする人びとを寄せつけないように様々な工夫がこらされたところである。もう一つには、盗賊団に代表される犯罪集団のメンバーになること、である。どちらにしても、いわゆる「社会の掟」の外側に生きるためのテリトリーを形成している人びととの集団に入ることに変わりはない。

第三の手段は、「解放」を勝ち取ることである。大きく分けると、「解放」には二つの形態があった。一つは、奴隷所有者の温情による「解放」であり、もう一つは、「解放」を買い取るという方法である。前者と後者の割合は、一八四〇〜五四年の間についてはほぼ二対八だったというデータがある（Aguirre 1993 : 215）。

前者の解放は、長年の誠実な勤務態度への報酬という意味で行われる場合が多かったという。解放されるためには、所有者に気に入られるよう最大限の努力をしなければならない。奴隷が行った努力の具体的な事例については、次節で紹介しよう。しかし、もっぱら所有者の人道的配慮によって解放が行われたと考えるわけにもいかない。奴隷が高齢者の場合は、労働力としての価値がなくなった奴隷を養う必要をなくすため、という功利的・経済的理由のために解放された奴隷が少なくなかったといわれている。

後者の解放は、誰かが奴隷所有者に対してその奴隷の価値に相当する金銭を支払うシステムである。支払う人は三つのカテゴリーに分けることができる。つまり、①奴隷自身、②奴隷の親・兄弟といった親類、③第三者である。一八三〇〜五〇年の間に、それぞれの解放が占める割合はおおよそ四対一対一だったという記録がある（Hünefeldt 1994 : 24）。つまり、奴隷自身の支払いによる解放が最も割合が高くなっている。この種の解放の可能性を高めるのは、奴隷自身の蓄財能力ということになろう。実際、奴隷は様々な工夫をこらして蓄財の努力をしたと考えられる。

以上のような経緯をたどって「解放」された奴隷は、所有者による「解放証明書（carta de manumición, carta de libertad）」をもらい、解放されたことを当局に届け出なければならない。しかし、解放が彼らの生活・人生の問題を全て解決してくれたと考えることはできない。解放奴隷は、社会下層の一員として再出発しなければならない厳しい状況に堪えなければならなかった。

## 2　家内奴隷の生活と「解放」ストラテジー

### 家内奴隷の職業と地位

マヌエリタの例でもわかるように、家内奴隷は奴隷の中でも「恵まれた」労働環境にある人びとと考えられる。大きな農園では、限られた人数の奴隷が選ばれて家内労働に従事した。家内奴隷は、奴隷主や農園監督のような明らかに身分の異なる裕福な人びとと生活空間を共有する。そのことによって、他の生産活動に従事する奴隷には与えられないような恩恵を享受できる機会が多かったと考えられる。

つまり、家内奴隷は奴隷でありながら社会上層との生活上の接触頻度が高いために、独特の社会的地位を持つ人びとである。この家内奴隷という者を社会でどのように位置づけることができるのか。特に身分制社会という観点からみれば、家内奴隷は複数の身分をまたにかけた「危険な」存在といえよう。身分制社会を維持するためには、こうした危険な存在をうまくコントロールする必要がある。

逆に、家内奴隷の立場から考えてみれば、身分制社会の枠組みを出し抜く絶好のポジションにいるといえよう。いかに奴隷という身分を越えた便宜を手にすることができるのか、どうしたら奴隷であることを辞められるのか、といった目的を達成するための手段が、家内奴隷の生活と人生にはたくさん見出せるに違いない。

家内奴隷がいる社会では、こうした両者の思惑と行動が複雑に絡み合った社会生活のドラマが展開されていたということもできよう。

### 家内奴隷はどのような生活をおくっていたのか

一九世紀後半にペルーで断続的に二五年間過ごしたドイツ人医師ミッデンドルフの記録によると、贅沢ではないが由緒正しい生活のできる経済状況にある「中流家庭」では、家内使用人を最低三人は確保している。その内訳は、料理人、マジョルドモ（mayordomo 家内の雑事一般を受けもつ）、女主人の付き人、からなる（Middendorf 1973 : 176)。

前節でも触れた通り、多くの家内奴隷を持つ家庭ほど、それぞれの奴隷が専門化した仕事だけを受け持つことになる。また、その仕事の種類によって、家内奴隷間にも序列が形成されたといわれている。奴隷主の信頼が高くなければできない責任の重い仕事ほど序列が上だったと考えてよいだろう。

男性の場合は、全奴隷の統括をする執事マジョルドモが最も上で、馬車の御者、女主人の付き人、料理人、門番、雑用係、庭師などがそれに続いた。女性の場合は、乳母（ama de leche）、女主人の付き人、料理人、裁縫係、洗濯

| | |
|---|---|
| 06：30 | 使用人起床。 |
| 07：30 | ご主人様起床。朝の沐浴。 |
| 08：00 | 買い物を済ませた料理人が到着。すぐに昼食用スープの仕込み。<br>マジョルドモがパン配達、牛乳配達、果物売りから必要なものを買う。 |
| 08：30 | ご主人様朝食。 |
| 09：00 | ご主人様仕事へ出かける。奥様・お嬢様ミサに出かける。 |
| 11：00 | ご主人様自宅で昼食。 |
| 12：30 | ご主人様仕事へ。お子様方は自宅で家庭教師と勉強／または学校へ。<br>（お嬢様は15歳までの数年間を寄宿舎のある修道女運営の学校ですごす。） |
| 17：00 | 公共機関は仕事終わり。 |
| 18：30 | ご主人様夕食。<br>その後、夜の社交時間。家庭の相互訪問。劇場見物などの娯楽。 |

表2　中流家庭の生活パターン
（出典：Middendorf 1973 : 175–186）

女、アイロンかけ係などの仕事があった（Aguirre 1993 : 53–54. Tschudi 1966 : 111）。

表2は、ミッデンドルフが描写した中流家庭の一日の生活パターンである。一九世紀後半は、リマにおける社会上層の生活文化が、旧宗主国であるスペイン式のものからフランスを中心にしたヨーロッパ式のものへと急速に変化した時期であり、生活のリズムも植民地期とは異なってきていたといわれる（Tschudi 1966 : 140–143. Fuentes 1985 : 120）。

家内奴隷らは奴隷主家族の生活上の実質的な仕事のほとんどをこなすため、奴隷主の生活スケジュールに合わせて、奴隷主の好みに合うような仕事をすることが求められた。奴隷主が朝起きて身支度を整える世話から始まり、三食の食事、着替えの手伝い、出かける際の馬車の用意・付き添い、帰宅してベッドに入るまでの身支度まで、一日中を奴隷主に額《ぬか》ずいて過ごす。そのほかにも、奴隷主の見えないところで邸宅の掃除・整理整頓、調度品の手入れ・管理、必要な買い物、洗濯などの仕事をこなさなければならない。

以上の仕事を、奴隷主家族が満足するように行うためには、彼らの文化習慣を熟知する必要があった。そうしているうちに奴隷主の価値観を奴隷自身が内面化して、奴隷主クラスの人びとと同じような生活をするようになる。特にマヌエリタのように年少時より奴隷主の付き人として生活を共にしてきたような奴隷の場合はなおさらだ。また、特に奴隷主が連れて歩くようなアクセサリー的奴隷には、世間に見られて恥ずかしくないような、奴隷主の社

（左）　聖人の祭りに参加するために着飾った女奴隷　頭にはたくさんの花をあしらったかごをのせて、行列に「花」をそえる。女主人が衣装・装飾品を貸すこともあった。（出典：Fuentes 1985 : 118）

（右）　女主人に仕える年少の女奴隷　由緒正しい家の女性は、出かけるのに顔を隠すマントを身につける必要があった。眼しか出さない独特の格好は、タパダ（tapada）とよばれた。（出典：Fuentes 1985 : 103）

会的身分に相応しい立派な格好をさせなければならない。一九世紀半ばのリマにおける奴隷女性のきらびやかな衣装はそれほどめずらしくもなく、頻繁に見かけたという記録もある（Macera 1977 : 64–8）。もっとも、その記録はそれを根拠にリマの奴隷制がいかにゆるやかなものだったかを訴える文章だから、多少割り引いて考えるべきではある。奴隷の人格を認めた上での厚遇というよりは、所有者の社会的評判を第一義的に考慮した扱いであり、こうしたアクセサリー的奴隷は、奴隷主が世間体を気にして、その身分を見せつけるための道具的存在だったとさえいえる。

ともあれ、以上のような多数の家内奴隷を所有する家庭は限られており、一人の奴隷主が保有する奴隷数は一〜二人程度が多数派だったとされる。一八〇八年当時、リマでも富裕層が多かったサンタアナ教区の場合でも、居住者全体の五七・八％が一〜二人しか奴隷を所有しておらず、三〜四人いるのは一四・五％、一〇人以上は七・二％となっている（Aguirre 1993 : 61）。つまり、少数の家内奴隷が家事全般をまかされる場合が多かったことになる。こうした場合、奴隷主と奴隷の関係は、一対一の顔が見える密接なものになる。つまり、奴隷とその所有者を「個人的関係」にさせやすい環境が生まれる。奴隷の交渉力次第で労働条件も左右される。奴隷主の側からみれば、「個人的関係」でありながら、いかに奴隷を奴隷として扱うことができるのかが課題となる。絶対的な奴隷主の優位体制を貫いて、奴隷に働いてもらいながら生活をするための工夫を要する。他方の奴隷の側は、「個人的関係」に持ち込んで自らの才覚によって「奴隷扱い」されないよう努力を重ねる。したがって、少数の奴隷しかいない家庭では、奴隷と奴隷主のスリリングな駆け引きが展開することになる。

**「解放」をめぐる戦略《ストラテジー》**

同じ奴隷とはいえ、「解放」を手にいれることのできる可能性は、奴隷間で格差があった。特に、男女別での格差は大きい。リマにおける一八三〇、一八四〇、一八五〇年の三年間の記録によると、女性が二人解放されるごとに男性が一人解放される、という比率だった（Hünefeldt 1994 : 139）。その要因は大きく分けて二つ考えられる。一つには、一般に女性の方が自由を買うための価格が安く設定されていたということである。経済力という点では、奴隷の男女に大きな格差はない。圧倒的に女性が有利なのだ。また、家族でメンバーを一人ずつ解放しようと考えた場合、まず母親を解放することが家族全体での蓄財のためには有利だと考えられるのである（Hünefeldt 1992 : 29）。なぜなら、女性の方が解放後、割に合う仕事を見つけることができる可能性が高かったからだ。特に都市では家内労働とそれに類した仕事の需要がいつでもあった。とはいえ、解放後の仕事探しには以前からの人脈づくりがものをいった。奴隷の時代に有力なコネを作ることが肝要だった。市場での商売の経験が豊富な女性は、この点有利といえよう。そうしたネットワークを活用しながら、家族で力を合わせて「解放」をめざすのが、一つの戦略だった。もちろん、家族の絆を保ち続けることができた奴隷が多数派とはいえないが、結婚生活についてはカトリック教会の介入があって、奴隷主に完全に支配されていたとはいいがたい状況がリマにはあった。たとえば、奴隷夫婦の一方をリマ以外の地方へ売る場合、教会の許可が求められた（Hünefeldt 1994 : 150）。

二つめの要因は、女性には自由人の子どもを産むという戦略があったということである。自由人が自分の血を受け継いだ子を奴隷として売るようなことがモラル上許されてはならないとしたら、子どもは自由人でなければならないし、その母親が奴隷であることも恥ずべきことだという論理に基づき、解放を求める手段が女性にはあった。もちろん、その父親が奴隷の母親が産んだ子どもを自分の子として認知・養育するか、という点については千差万別のケースが存在した。また、特に農業労働に従事する奴隷が多数必要な農園などでは、奴隷を再生産するのと買うのではどちらがコストを抑えられるのかという議論が絶えなかったが、それは奴隷女性の生殖能力が所有者によって厳格に管理されていたことを示している。ただし、特に都市奴隷の場合、状況次第では各人の選択によって子どもを産むことができる可能性は高かったといえよう（ibid : 140）。奴隷女性が自由人の子を産んで「解放」を求めるのは、ほとんどの場合その父親が奴隷主であるケースである。特に家内奴隷は生活空間を所有者家族と共有しており、奴隷主にとっては最も手近な「愛人」になり得る存在だった。こうした状況は、奴隷女性の側からみれば一種のチャンスということもできよう。マヌエリタの例でもみたように、「処女の陵辱」の罪で奴隷主に「解放」を求めることもできたが、奴隷主との性交渉と引き換えに労働条件を良くしてもらったり、欲しいものを手に入れたりすることもできたからだ（ibid : 130）。さらに、継続的な肉体関係を持つことによって子どもを産んだ場合、奴隷主に子どもを認知させて「解放」を求めることができる可能性は高くなるだろう。

極端な例では、奴隷主が奴隷女性との関係を深め、奴隷が女主人に対して暴力を振るうほどつけあがったのに対し、この奴隷女性を罰しもせず解放してしまったというケースがあった（ibid : 135）。この奴隷主は小規模の商人であり、この奴隷一人しか所有していなかったのだが、こうした実業家・商人のほか多くの官吏、軍人などの家庭は少人数の奴隷しかまかなえなかった。

女主人と奴隷男性の関係に関しては、関係が奴隷の解放につながることはまず望むべくもなかった。奴隷主階層における男女間の権力差があるからだ。この階層の女性に対して求められている性的規範が、同じ階層の男性と違うだけでなく、より下層の女性とも異なるのである。奴隷男性にとっては、女主人と性的交渉を持つことは大きな危険を背負い込むことを意味した。関係が発覚したときには、女主人は奴隷にレイプされたのだと主張して自らに名誉を汚す姦淫の罪がかからないよう、奴隷に全ての罪を被せてしまうことができたのだから、奴隷男性にとってはリスクが大きくて受けるべき恩恵が少ない関係だった（ibid : 137–138）。

### 「解放」をめぐる明暗

しかし、奴隷女性と奴隷主の性的関係がいつも奴隷の解放に有利に働いたというわけではない。奴隷女性には、確かに「失うものがない強み」があったのだが、奴隷主には圧倒的な社会的権力があったことを忘れてはならない。都市の奴隷主は奴隷の品行を「矯正」するという名目で、代表的懲罰であるパン屋での強制労働に就かせることができた。奴隷はほとんど牢獄のようなパン屋に閉じ込められて、誰もが嫌がるきつい仕事をさせられることになる。また、農園では鞭打ちの刑が代表的だ。一八二一年には自由人に対する鞭打ちの刑は廃止されたが、奴隷への懲罰としての鞭打ちや幽閉などは存続した（Aguirre 1993 : 163）。首尾よく解放された場合でも、その後の人生がバラ色だったとはいえない。奴隷は多大な時間と労力を費やして解放を獲得する。本来であれば、自分の能力開発のために使うことができた時間・労力は、所有者に対して仕えることと解放のための蓄財に注がれる。そのため、解放後に経済力を高める条件の多くが失われてしまっていた。また、国による解放奴隷に対する組織的援助策など望むべくもない状況だった（Hünefeldt 1994）。

また、解放後の人生がどのようなものであることが望ましいのかという社会的モデルがなかったのは不幸であった。生産活動に従事しない社会上層しか目指すべきモデルを持たないという不幸である。肥大した消費癖をもち、労働を厭う社会上層の真似をしたところで、解放奴隷の人生が明るいものになるわけはない。

リマの社会下層を構成していたのは、黒人系住民のほか先住民やメスティソであったが、黒人系住民は多くの場合先住民とは敵対的関係にあったといわれる。支配者層である白人にとっては、両者を対立させておくことは利害にかなう。分断して統治するのが都合がよい。特に、ペルー全体からみれば人口統計上多数派である先住民を押さえ込んでおくために、黒人系を白人に近しい存在にしておくことは重要だ。こうした支配者層の思惑は十分黒人系住民に受け入れられ、内面化されたといえる事例がある。前述した逃亡奴隷が入り込む盗賊団は、スペイン人を襲うだけでなく、先住民もその標的にしていたという（Flores Galindo 1990 : 62）。また、一八世紀末から一九世紀初めにかけて裁判にかけられた盗賊団員には一人も先住民が含まれていなかった（ibid.）。それほど黒人系住民は先住民への敵対意識を持っていたのである。このようにして、黒人系住民は「遅れた」先住民を軽蔑し、白人の生活スタイルこそが理想と思う社会的価値観が出来上がっていた。それは、結局のところ自由になった黒人系住民に社会生活での成功をもたらさないモデルだったのだが。

**おわりに**

過去は振り返らないはずのマヌエリタも、ときどき考えてしまうことがある。それにしても、私が自由人になってから私の生活の何が変わったといえるのだろう。奴隷のころも実際何不自由なく生活できた。住むところにだって、衣服にだって、食べ物にだって困ったことはなかった。一八五四年には奴隷制廃止が宣言されたけれど、だからといって奴隷でなくなった人びとの生活が楽になったともいえない。奴隷ではないはずの中国人労働者が農園で働かせられるようになったけど、彼らと奴隷のどこが違うというのだろうか。ご主人様の奥様やお嬢様のことも、思い出すことがある。お年頃になったお嬢様は男の人とはまともに口をきくことさえできなかった。街に一人で出歩くことも禁止されていた。由緒正しい家柄に傷をつけることは許されないからだ。「名誉」を気にすることなく市場で自由に買い物をしたり、おもてを出歩くことのできた私は、お嬢様よりずっと「自由」だったのかもしれない。それでは、なぜ、私たちはこんなに「解放」を望んだのだろうか。

### 参考文献


Aguirre, Carlos. (1993) *Agentes de su propia libertad : los esclavos de Lima y la desintegración de la escravitud 1821–1854*. Pontificia Universidad Católica del Perú, Lima.

Flores Galindo, Alberto. (1990) "Bandidos de la costa", Carlos Aguirre y Charles Walker (eds.), *Bandidos, abriegos y montoneros*. Instituto de Apoyo Agrario, Lima.

Fuentes, Manuel A. (1985) *Lima : Apuntes históricos, descriptivos, estadísticos y de costumbres*. Banco Industrial del Perú, Lima. [初版本は一八六七年に出版。]

Hünefeldt, Cristine. (1992) *Lasmanuelos, vida cotidiana de una familia negra en Lima del siglo XIX*. Instituto de Estudios Peruanos, Lima.

——(1994) *Paying the Price of Freedom : Family and Labor among Lima's Slaves, 1800–54*. University of California Press, Los Angeles.

Macera, Pablo. (1977) *Trabajos de Historia, Tomo IV*. Instituto Nacional de Cultura, Lima.

Middendorf, Ernest W. (1973) *Perú, Tomo I*. Universidad Mayor de San Marcos, Lima. [初版本は一八九三年に出版。]

Tschudi, Johann Jacob von. (1966) *Testimonio del Perú 1838–1842*. Consejo Consultivo Suiza–Perú, Lima. [初版本は一八四六年に出版。]

マーヴィン・ハリス（一九七八）「親切な主人という神話」（スタンリー・エルキンズ他／山本新他編訳『アメリカ大陸の奴隷制』創文社）。

# 入植・自然保護・観光
## ガラパゴス史における人と自然

新木秀和

### はじめに

「住民は貧乏なことに不平を訴えていたが、大した労力を払わずに、生活の手段を得ていた」（ダーウィン、一九五九、一二）。

一八三五年ガラパゴス諸島に上陸したダーウィンは、住民の暮らしぶりをこのように描写している。周知のように、ここに生息する固有の動植物は進化論のきっかけとなり、科学や観光に恰好の材料を提供してきた。しかし彼の観察眼は島に住む人間の姿もとらえていた。実際、それよりずっと以前から人間の足跡はあり、二一世紀初めの現在では、住民人口は一万五〇〇〇人を下らない。にもかかわらず、孤島であり無人島のごとく思われるガラパゴスには、「生物の楽園」とか「原始の世界」というイメージだけが定着している。これはなぜなのか。

ガラパゴスに先住民はおらず、その人間社会は人の移動によって創り出された。しかし生物と自然の存在ばかりが強調されることで、島民の生活も研究や観光に従事する滞在者の姿も、私たちには見えにくくなっている。本章では、こうしたイメージと現実のギャップが生まれた理由を探るべく、ラテンアメリカ史やエクアドル史と関連づけながら、ガラパゴスをめぐる人間の営みを入植や自然保護、観光の諸相を軸に考えてみたい。

## 1　イメージのなかのガラパゴス諸島

### 「生物の楽園」「原始の世界」

ガラパゴス諸島と聞いて人はどのようなイメージを抱くだろうか。本や写真集を見たりガイドブックを開くと、必ず紹介されているのは珍しい生物の生態であり、それがきっかけとなってダーウィンが進化論を生み出したというエピソードである。この物語はあまりにも有名なので、私たちは「ガラパゴスといえば〈進化論のふるさと〉」という固定観念をもっている。すなわち、「ダーウィンの島」としてのガラパゴス像である。だが実際には、ダーウィンはガラパゴス滞在中に進化論の着想を得たわけではない。ガラパゴスとダーウィンを直結させて進化論の誕生を説明するのがいわば「ダーウィン伝説」に過ぎないことを、現代の生物学は明らかにしている（横山、一九九七、四九〜五〇）。

進化論やダーウィンという固有名詞から連想されるのが「生物の楽園」というイメージである。エクアドルの海岸から一〇〇〇キロの太平洋上、赤道直下にガラパゴス諸島は浮かぶ。だが同じ太平洋の島々であるのに、ハワイやタヒチと違って南海の楽園とは見なされない。「無人島」だと思われることで、むしろ人間が住まない「生物の楽園」になる。太古の姿をとどめ、人を恐れないゾウガメやイグアナ。グンカンドリ、飛べない鳥コバネウ、赤道直下のペンギン。スカレシア、サボテン……。棲息する固有の動植物と原生自然（手つかずの自然）がイメージの源泉である。このためガラパゴスは「進化の実験室」や「太平洋のノアの箱舟」とも呼ばれる。

熱帯の島々といっても、ガラパゴスの風景はハワイやバリ島、あるいはカリブ海のそれとは様相がかなり異なる。

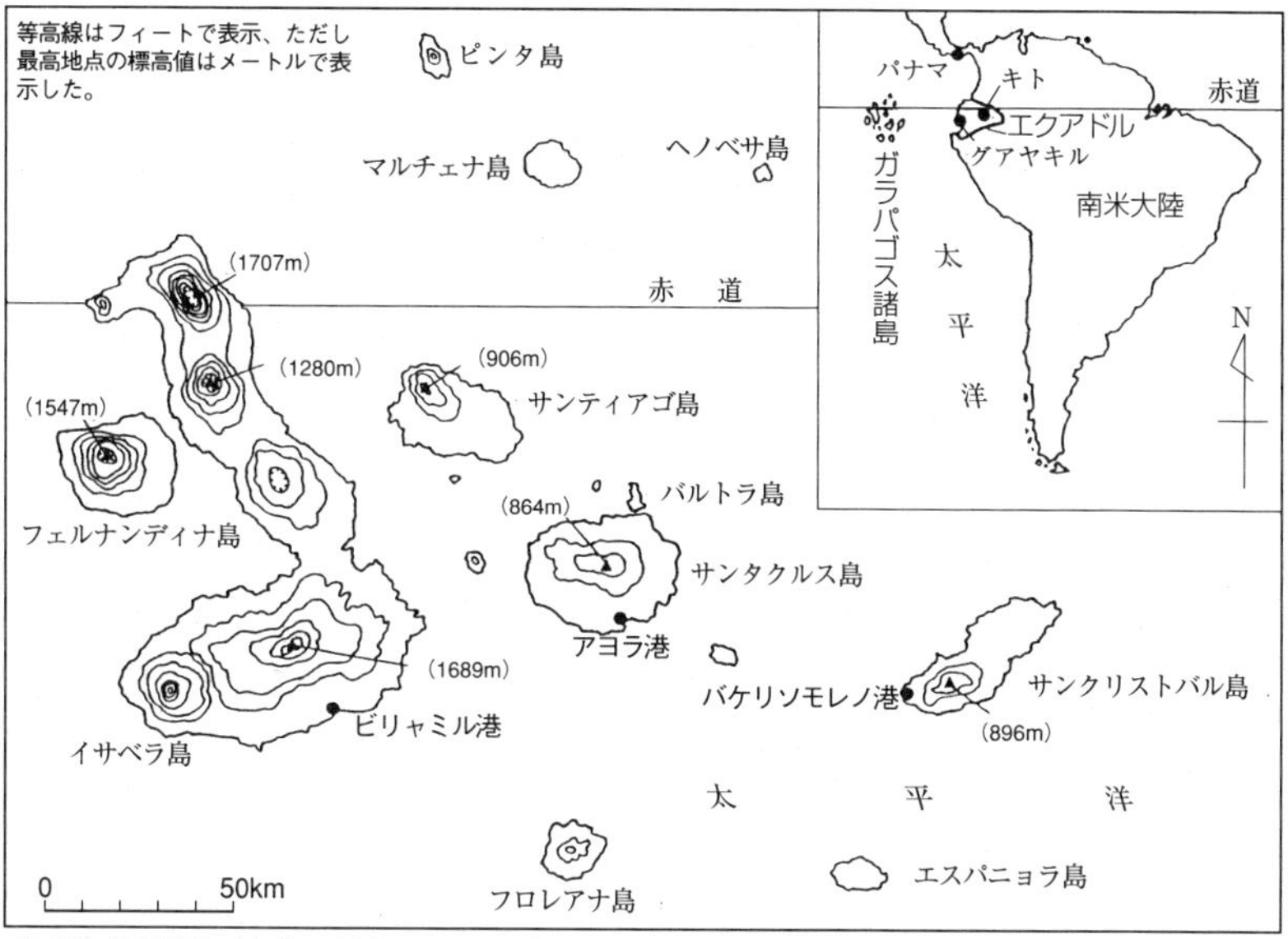

ガラパゴス諸島（出典：新木 1996：103）

火山や熔岩原、乾燥しきった不毛の大地……荒涼とした「原始の世界」というイメージ。まるで時間が止まった「不変の太古」。地球的時間のなかで生物の進化（＝変化）が語られるその場所で、逆説的ながら、有史以来の歴史（すなわち人間の営み）が存在しないかのような原生自然（＝不変）のイメージが固定化してきた。そして、こうした自然条件の違いは観光のあり方にも反映する。ハワイなどで民族文化が観光の対象になるのに比べ、人や文化の匂いがしないガラパゴスでは、生態観光（エコツーリズム）が奨励されている。

近年、進化の実験室というガラパゴスのレッテルは小笠原諸島にも向けられている。固有種が多いこの諸島はしばしば「東洋のガラパゴス」とか「日本のガラパゴス」と呼ばれる。

**なぜ、人間の姿が見えないのか**

ガラパゴスにまつわるこうしたイメージの形成と拡散・定着には、メディアが決定的な影響を及ぼしている。だが、それだけではない。後述するように、生物進化の研究や自然保護にかかわる博物学や自然科学の眼差し、それに研究者自身も、「進化論の聖地」というイメージを普及させるのに大きな役割を果たしてきた。科学の眼差しのなかで、ガラパゴスは進化論と結びつけられ、「生物の楽園」としてイメージ化されたのである。

こうした一連のイメージが固定観念になっているので、ガラパゴス諸島における人間の存在が見えにくいのではなかろうか。荒々しい自然ばかりに注目すると、文明世界から隔絶した「絶海の孤島」という見方が必要以上に強調されてしまう。観光客の多くは住民などいないと思うようになる（Gylbert 1995 : 54）。だがそのようなイメージとは裏腹に、また生物学の領域としてガラパゴスを看過してきたラテンアメリカ研究のあり方にもかかわらず、諸島の歴史過程にはラテンアメリカ史やエクアドル史との密接な関連が見い出される。実際、ガラパゴスはイースター島などよりずっと南米大陸に近く、たびたび漂流者や訪問者を受け入れてきた。そして人間世界との接触が繰り返された結果、現在、島によっては何千もの人びとが暮らす港町が、原生自然のかたわらに発達している。確実に生活世界が拡大してきたのである。彼らはどこから、どのようにやって来たのだろうか。次にガラパゴスへの入植の歴史をひもといてみよう。これは人間居住に伴う開発の歴史でもある。

## 2　入植の歴史

### 「発見」から併合まで

ガラパゴス諸島が初めて西欧世界に紹介されたのは、一五三五年、パナマの司教トマス・デ・ベルランガが偶然そこに漂着し、スペイン国王宛ての書簡により訪問の証言を残したことによる。コロンブスに発する新大陸征服事業の延長として、スペイン人の視野に入ったのであり、ガラパゴスと人間の歴史的関係はラテンアメリカ史の一環をなす。こうして南米大陸部と同様、ガラパゴス諸島もまたスペイン帝国の領土になったが、しかし火山性の不毛な大地であることに加え、資源も飲み水も乏しいため、重視はされなかった。むしろ人間を寄せつけない魔の島々という否定的な意味合いを込め、スペイン語で「魅入られた島々」（Islas Encantadas）と呼ばれていた。

一七世紀にはスペイン船をねらうイギリス、オランダなどの海賊が出没し、カリブ海と同じくガラパゴス海域も「略奪の海」となった。彼らは諸島を休息地、隠れ家、それに真水と新鮮な食糧（特にカメ肉）の補給基地に利用していた。ついで一八世紀後半から一九世紀半ばまで、イギリスやアメリカ合衆国（以後アメリカと表記）の捕鯨船が海域で操業する。

その間、新大陸ではスペイン植民地の解体が進んだ。一八三〇年、グランコロンビアから分離独立したエクアドル共和国は、領域確定がままならぬ新興国としては手際よく、太平洋上の島々に目を向ける。二年後の一八三二年、諸島はエクアドル領に編入された。当初そこはエクアドル諸島と命名された。

**入植と開発の諸相**

このエクアドル諸島への実質的な入植が始まるのは、併合後のことである。一八三二年からはフロレアナ、サンクリストバル、イサベラ、およびサンタクルスの四島を舞台に、開拓と定住化、そして資源開発の試みが繰り返されてきた。ガラパゴスにおける人間の居住条件は厳しく、現在、住民の集落が存在するのはこれら四島のみに限られる。

一八三二年から一八七〇年代にかけて、まずフロレアナ島が入植の拠点になった。事業の先鞭をつけたのは、併合の立役者ホセ・デ・ビリャミル将軍である。彼はカメ油の抽出や農牧生産物の育成、それにグアノ（海鳥の糞が堆積したもので、肥料となり、一九世紀半ばにはペルーからヨーロッパへ大量に輸出された）の開発などを試み、その一環として家畜を持ち込んだだけでなく、労働力にすべくエクアドル大陸部から囚人を移し始めた。三三年にエクアドル政府が諸島を流刑地に指定したからである。二年後の三五年、フロレアナ島を訪れたダーウィンは入植地の住人について記録している。「住民の数は二〇〇と三〇〇との間である。ほとんど全て有色人種で、キトQuito に首府がある赤道の共和国エクワドルから政治犯で追放された人たちであった」（ダーウィン、一九五九、一一二）。

しかし、ビリャミルの入植地は一八四一年に瓦解する。もう一つの失敗例は一八七〇年代におけるホセ・バルディサンの場合であり、彼はオルキル（紫色の染料が採れる地衣類）の栽培にも取り組むが、七八年、労働者の反乱にあって殺されてしまう。これら二度の挫折を経てフロレアナ島の入植地は放棄され、入植者や労働者たちはサンクリストバル島とイサベラ島へ移り住むことになった。

一八八〇年代からは、サンクリストバル島とイサベラ島でより本格的な入植事業が展開された。諸島を流刑地と見なすキトの中央政府と島の事業主が結託したため、そこには大陸部から囚人が移され住民への抑圧機構が生まれた。一種の「ミクロ国家」（Sylva Charvet 1992 : 282–293）といえるもので、その典型はサンクリストバル島におけるマヌエル・J・コボスの砂糖プランテーションであった。労働者の生活と労働の状況は苛酷を極め、「過失や反抗的な態度への懲罰や報復は、鞭打ちから無人島への島流し、さらには銃殺にまでわたった」（ラトーレ、一九九五、一〇一）。一九〇四年にはコボスは彼らの手で殺され、農園は解体を余儀なくされる。アントニオ・ヒルが一八九七年からイサベラ島に拓いたサントトマス農園でも、同様に労働者への厳しい統制が行われた。

ここで一九世紀後半のエクアドル史における諸島の位置づけを述べると、一八六一年にガラパゴス県となった諸島は、八五年にはグアヤス県（中心地はグアヤキル市）に編入され、行政上の名称が島嶼領域（Territorio insular）に変更される。そして九二年には、コロンブス（スペイン語でコロン）のアメリカ大陸「発見」四〇〇周年を記念し、エクアドル政府からコロン諸島という正式名称を付与されている。この時期には諸島を構成する島々は個々に南米大陸と結びついており、諸島内部の人的・物的循環は乏しかった。

諸島の名称についてまとめるならば、前述のように当初はエクアドル諸島とされ、一九世紀末にはコロン諸島と命名されたものの、現実には当時から今日まで、ガラパゴス諸島という名称の方が普及し定着してきたといえる。

二〇世紀になるとヨーロッパから入植者がやってくる。まず一九二六年、ノルウェー人の集団がフロレアナ島とサンタクルス島に入植地を築き、缶詰工場を建設するが、計画の無謀さがたたって二八年までに撤退した。その直後フロレアナ島に到来したのは一群のドイツ人である。二九年にリターとドールのカップルが、また三二年にはウィットマー一家に加え、男爵夫人と呼ばれる奇妙な女性とその取り巻きが相次いで上陸する。これら三つの集団をめぐっては三四年までに奇怪な事件が続き、結局、定住を果たしたのはウィットマー家のみであった。ではなぜ彼らは、太平洋のかなたまで足を運んだのだろうか。冒険心（ノルウェー人）やナチズムからの逃避（ドイツ人）という理由を別にすれば、共通したのは一種の「楽園幻想」であろう。そのきっかけは、二四年に出版されたウィリアム・ビーブの著作『ガラパゴス──世界の果て』だったらしい。本書は研究と保存の対象にすべき諸島の美観を紹介して大きな反響を呼んだという。つまり「世界の果てにある（生物の）楽園」というイメージが入植者を引きつけ、安易な者たちが島の厳しい現実に裏切られる一方で、地道な者だけが受け入れられたのである。

**移住社会の形成**

外国人が移住を試みる一九二〇年代頃から、島々の内部には港と内陸部との結びつきが生まれ、農牧産品や海産物が細々とではあるが大陸へも輸出され始める。しかし第二次世界大戦を機にアメリカがガラパゴスを占拠してバルトラ島に軍事基地を建設すると（一九四二～四六年の間）、そうした経済活動も移住の試みも中断を余儀なくされた。その後、二〇世紀後半になると島々への移住が次第に盛んとなり、人口増加や集落の拡大が顕著になる。ガラパゴス諸島にも移住社会の形成と呼べる状況が生まれたのである。

一九世紀を通じ八〇〇人に達しなかった諸島の人口は、一九五〇年には一三四六人を数えた（第一回人口調査）。それは大陸部からの散発的な移住が続いた結果だが、アンバト地震やマナビ、ロハ両県での旱魃などの自然災害をきっかけとする渡島（つまり国内移住）もみられた。移住者の中心はアンデス高地部出身の零細農であり、生存維持水準の小規模農業に従事した。彼らが持ち込んだ外来の動植物はやがて野生化してゆく。

ガラパゴスが流刑地に使われたことは前述したが、この悪しき慣行は何と二〇世紀半ばまで続いた。一九四六年に三つの囚人キャンプが建設されたイサベラ島では、五九年に囚人暴動が発生しキャンプは閉鎖される。「こうしてガラパゴス諸島の歴史の中で、そこが、最も好ましくない者たちを送り込むのに一番手頃で確かな監獄だと考え

| 島名＼年 | 1974年 | 1982年 | 1990年 |
|---|---|---|---|
| サンクリストバル | 2014 | 2377 | 3499 |
| バケリソモレノ港 | 1311 | 1777 | 2952 |
| 農村部 | 703 | 600 | 547 |
| サンタクルス | 1577 | 3138 | 5318 |
| アヨラ港 | 900 | 2390 | 4294 |
| 農村部 | 677 | 748 | 1024 |
| イサベラ | 446 | 630 | 864 |
| ビリャミル港 | 170 | 408 | 696 |
| 農村部 | 276 | 222 | 168 |
| フロレアナ | 41 | 56 | 104 |
| ベラスコイバラ港 | 36 | 51 | 71 |
| 農村部 | 5 | 5 | 33 |
| 合　計 | 4078 | 6201 | 9785 |

表　主要4島における人口の動態　人口は1974年が第3回人口調査、1982年が第4回人口調査、そして1990年が第5回人口調査による。（出典：Rodríguez Rojas, 1993, p. 54.）

られていた、暗い時代が終幕した」（ラトーレ、一九九五、二五一）。

それは同時に、大規模かつ無秩序な移住の時代が始まったことを意味していた。一九六〇年代以降はエクアドル海岸部の都市住民が移住者の主流になる。彼らは資本を持って渡島し、アヨラ港（サンタクルス島）、バケリソモレノ港（サンクリストバル島）、ビリャミル港（イサベラ島）といった港町で商業やサービス業に従事したり、公共機関に勤め始めた。こうして港町の社会経済基盤が築かれ、諸島に賃金経済が広まった。行政面では一九七三年、ガラパゴス諸島はグアヤス県の管轄をはずれて県に昇格し、バケリソモレノ港に県庁が置かれた。一九六二年に二三〇一人（第二回人口調査）を数えた諸島の人口は、港町を中心に一段と増加していく。第三回から第五回までの人口調査に基づき、主要四島における人口動態をまとめたのが表である。これを見ると、アヨラ港とバケリソモレノ港における人口増加の傾向が著しい。後述するようにアヨラ港の場合は、一九七〇年代を通じて観光の中心地となり、これが人口増の要因になった。

## 3　自然保護の動き

### ダーウィン研究所の設立まで

博物学の回路でガラパゴスが進化論に結びつけられると、固有の生態系や動植物相が世界中の生物学者を惹きつけることになった。一九世紀後半から学術探検隊のガラパゴス訪問が始まり、二〇世紀になってピークを迎えた。調査研究および保護の対象として、諸島における自然の価値を見い出すのは、そうした外部者の眼差しであった。

一方で、人間の侵入が固有の生物に打撃を与え続けてきたのも確かである。海賊と捕鯨船の時代から一九世紀半ばまで数多くのゾウガメが捕獲されたし、入植者の活動や、彼らが持ち込み野生化した移入動植物（ヤギなどの家畜や繁殖力が強い雑草）が、土着の生物や生態系を圧迫してきた。とはいえ幸いながら近年まで人間の居住は拒まれ続けた。「現在、ガラパゴスの自然が比較的に原始の状態のままで残されているのは、ひとえに水の乏しさによるものだといってもさしつかえない。もしガラパゴスが豊富な水に恵まれていたなら、人間はもっと早くから、もっと集中的にこの地に住みつき、その結果、自然破壊はより激しいかたちで進行していたにちがいない」（伊藤、一九八三、一七八）。

国際的にみれば、自然保護という用語や概念は一九三〇年代から使い始められ（沼田、一九九四、二一一）、一九四七年には国際自然保護連合が発足し、世界的な取り組みに着手している。ガラパゴスの自然保護が本格化するのは一九五〇年代になってからである。諸島への注目を喚起したのは、一九五七年ユネスコと国際自然保護連合に提出されたアイブル・アイベスフェルト＝ボウマンの報告書であった。そこでは、生物と自然を含む諸島の自然界全体を保護すべきことが説かれ、そのために研究所を設立する必要性が強調されていた。これを受けて国際的な動きが進展し、五八年の国際動物学会を機にダーウィン委員会が組織され、翌五九年にはダーウィン財団（本部ブリュッセル）が設立される。こうして六〇年から、サンタクルス島のアカデミー湾の一角にダーウィン研究所の建設が開始され、六四年に完成した。研究所は現在、生物研究と自然保護活動の中心的存在になっている。

**国立公園と自然遺産への道**

国際的な動きと並行して、エクアドル国内でも自然保護への取り組みがなされた。もっともそれ以前に動きがなかったわけではなく、一九三四年エクアドル政府は諸島を動物保護区に指定している。だが入植や環境破壊は規制の対象にされず、しかも国立公園化と研究所設置の案が早くも三七年に国内学者筋から提言されたにもかかわらず、具体的な政策はとられなかった（Acosta Solís 1979 : 29–30）。その原因は、〈南〉の国という科学の未発達状態だけでなく、島々を流刑地や移民送出先と見なす中央政府の否定的な眼差しにも求められる。つまり自然保護という思想面では「外圧」が必要だったし、囚人キャンプを廃止し暗い過去を清算するまで、国際的な取り組みを追認する余裕も生まれなかったのであろう。

それ以後、エクアドル政府は一連の自然保護政策を推進し、一九五九年、ガラパゴス諸島は国立公園に指定された。より正確にいえば、原生自然の保護空間（全陸地面積の九七％）と人間の居住空間（同三％）に二分され、前者が国立公園になったのである。自然保護の考え方によれば、諸島の大部分を占める国立公園部分は人間から徹底的に保護されるべき空間であり、その基本理念はプロテクション（保護）となる。これに対し人間の居住部分は資源の有効利用が可能な社会経済活動の空間であって、そこでは自然の保護と利用を含むコンサベーション（保全）が基本理念となる（Rodríguez Rojas 1993 : 25–27. 沼田、一九九四、八）。ただ、九七：三という比率は諸島全体の話であり、実際の比率は人間居住の状況に応じて島ごとに異なる。その比率はサンクリストバル島で八五：一五、サンタクルス島で八八：一二、フロレアナ島で九八：二、そしてイサベラ島では九九：一となっている（空港の島であるバルトラ島は国立公園に含まれず、反対にこれら五島を除く残りの島々＝無人島は全面積が国立公園に属する。Rodríguez Rojas 1993 : 28）。

国立公園に指定されたガラパゴス諸島へは、一九六八年から国立公園管理官が派遣され、ダーウィン研究所と共同で自然保護に乗り出した。次いで七六年には国立公園管理事務所が設置され、両機関の協力の下で自然保護教育や観光ガイドの養成も行われるようになった。そして七八年、諸島はユネスコにより「人類の自然遺産」に登録される。自然遺産はユネスコの世界遺産条約（一九七二年）に基づく世界遺産の一つであり、アメリカのイエローストン国立公園などと共に、ガラパゴスは世界初の指定を受けたのだった。

こうして「進化論の聖地」は〈遺産〉として権威づけられた。と同時に国際社会はガラパゴスの自然保護を叫びはじめ、近年では「楽園の危機」を強調する傾向をみせている。「政治や人口過密、経済、それに最近では異常気象による大災害のせいで、この世界遺産は非常事態宣言の一歩手前まで来ている。エクアドル政府は九八年、ガラパゴス諸島特別法を設けて、移住の制限や、観光収入から国立公園に充てる予算の増額、さらに、周辺の海洋保護区の拡大や外来種の持ち込み規制を打ち出した」(ベンチリー、一九九九、七一。「ガラパゴスにせまる環境危機」〔『ニュートン』一九九九年一〇月号〕も参照)。

## 4　観光開発の光と影

### ガラパゴス観光の成立

国立公園や自然遺産というモニュメント化の動きが進むにつれ、ガラパゴスの自然には「観光資源」としての価値が「発見」されていく。最初に目をつけたのは学術探検隊に同行した自然愛好家や、ヨットで来島したアメリカの資産家だったであろうし、自然を愛でる心性は入植者にも無縁ではなかろう。ただ一九六〇年代末までは、観光といっても物資調達船がまれに観光客を乗せる形に過ぎなかった。本格的な観光開発は、空港の開設(一九六八年、バルトラ島)をにらんで、一九六九年、エクアドル国内大手のメトロポリタン・ツアリング社がクルーズに着手したことに始まる(Gylbert 1995 : 48)。その後、他社もこぞって参入してきた。八六年にはサンクリストバル島にも民間航空が乗り入れている。

一九七〇年代から観光業が急成長すると、諸島に人が押し寄せた。観光で潤う諸島は、本土よりも経済状態が良好で失業率は低く一人当たりの所得も高い、と思われ始めた。とても人が住める土地ではないというかつての否定的な評価は、貧しい人がおらず仕事が豊富な〈楽園〉のイメージへと変わっていく。こうしたイメージの変化で、本土から移住者が殺到したのである。同様に観光客数も一九七二年の六七七一人から年々増加し、九〇年代には四万人台を超え、九七年には約六万三〇〇〇人に達した。その大半は外国人である。諸島では経済活動人口の約二五

%が観光業に関与しているとみられる。移住者の到来と共に、観光がもたらす様々な影響（たとえば、イメージと現実のギャップの拡大、現地社会の変容など）について、人間活動の実態が明らかにされる必要があろう（新木、一九九六、一〇五～一〇七）。

　観光開発で特に変貌が激しかったのは、その中心地といえるアヨラ港であった。理由は二点に集約される。まずそこが諸島の中央に位置し、近郊にダーウィン研究所があること。そして、一九七〇年代前半にサンタクルス島内陸部の道路が整備され、アヨラ港から島を横断しつつ波止場に出て、船でバルトラ島（空港）へ向かうアクセスが容易になったことである。

（上）ダーウィン研究所内を散策する観光客たち。彼らは「進化論の聖地」を訪れる〈巡礼〉である。
（下）アヨラ港の海岸通りでバスの出発を待つ人びと。教会の向かいに露店が立ち、横道を入れば島民の生活世界が広がる。
（筆者撮影）

### クルーズ客と島民の間

　人はなぜガラパゴスへと旅立つのか。それは珍しい動植物を観察し、荒々しい原始的な自然の世界を体験する旅である。「世界の始まりへの旅」（Maldonado 1986 : 47）ともいえる。火山、熔岩の台地、不毛の地に根づく植物、恐竜のごとき太古の動物たち……、地球誕生のころを彷彿とさせる光景を見ようというわけだ。あらかじめ仕入れたイメージを確認しようと、観光客は出かけてくる。危機に瀕するかけがえのない自然というメッセージ（「失われゆく自然」という消滅の物語）に惹かれたのかも知れない。

ガラパゴス観光の目玉といえるクルーズ。それは宇宙船からの月面観察に似ている。観光客は「非日常的な環境に囲まれながら、安心して、異なった自然環境、人々、そして文化に触れることができる」（江口、一九九八、一一三）。「宇宙船」が豪華なほど、また秘境観光のように船内と観光スポットの落差が激しいほど、体験は鮮烈になる。世界に類をみない「原始の世界」と「太古の生き物」を非歴史的な空間で確認する作業、これがガラパゴス・クルーズのしかけなのである。

クルーズ客は三泊四日、四泊五日、ないし七泊八日で島々をめぐり、スポットで上陸して生物と自然を観察する。ほとんどのクルーズ船は途中でアカデミー湾（アヨラ港）に立ち寄る。目当ては歩いて一五分ほどのダーウィン研究所である。「生物研究の聖地」への〈巡礼〉。生き残りのゾウガメを哀れみ、進化論の父に思いをはせるもよい。だがここは港町であった。海岸沿いに広場がありホテルが並ぶ。教会も学校も見え、漁船や観光船が頻繁に出入りする。観光客とて道すがら土産物屋で買い物をし、喫茶店に飛び込んでカラカラの喉を潤すだろう。だがそこに暮らす普通の人びとの姿がどれだけ意識にのぼるだろうか。横町を入れば島民の日常生活が展開しているのに、自由に歩いて彼らと話してみなければ、眼の前の光景はたんなる風景にしか写らないに違いない（江口、一九九八、一一二～一一一五）。

自然遺産としてのガラパゴス、そこに繰り広げられるエコツーリズム。〈南〉の国ではエコツーリズムと地元民の関係はまだまだ疎遠といわれる。観光客と島民の関係だけでなく、そこに介在する人と組織（観光業者や観光ガイド、国立公園管理事務所やダーウィン研究所、政府など）をも視野に入れつつ、ガラパゴス観光のあり方を考えていくべき時期がきている。

## おわりに――ガラパゴス史に映るラテンアメリカ近代

ガラパゴス諸島と人間の歴史的関係を入植、自然保護、および観光にからめて概観してきた。人間と無縁のように思われる諸島だが、少なくとも一五〇年に及ぶ入植と開発の歴史があり、現在の居住者人口は合計で一万五〇〇〇人を越える。にもかかわらず、彼らの存在は外部世界にはほとんど認識されていない。入植者と前後して博物学者・自然科学者が到来し、貴重な生態系が研究と保護の対象として称賛された（その後、世界遺産というブランドと化す）。次いでやってきたのが観光客である。ガラパゴス観光は一九七〇年代以降の比較的新しい現象だが、メディアの力は大きな影響力を持ち、「生物の楽園」とか「原始の島」という漠然としたイメージを流布し、私たちをエコツーリズムや秘境観光へと誘っている。こうした観光メディアによるイメージ操作は、「進化論の聖地」という自然科学的な正統性によって保証され、かつ権威づけられてきた。面積で諸島全体の三％に過ぎなくとも、ガラパゴスにおける人間の生活空間が重要性を増してきたことは疑いない。ガラパゴス史の理解には、人間の存在と活動を捉える視点が不可欠であろう。

発見と人の移動を軸に成立したラテンアメリカ世界。ガラパゴス史を鳥瞰すると、同様の図式が見出される。外部の眼差しの下で諸島は寄港地や居住地、囚人の流刑地、原生自然や生態系、あるいは観光資源として何度も「発見」され、また繰り返し意味づけられてきた。「自然が発明され社会が否認（非歴史化）されてきた」という点で、ガラパゴスにもアマゾンと同質の力学が作用している（古谷、一九九九）。大陸部の歴史経験と異なるのは、欧米近代により創られた先住民の「野蛮」と「未開」の空間が、ガラパゴスの場合は、生物（人間以外の動植物）と原生自然からなる「野生」と「原始」の空間に置き替えられている点に過ぎない。人間の進出や眼差しの圧力を受けて形成されたガラパゴスの空間と、そのイメージ。諸島をめぐる「人＝文明」と「生物＝野生」の関係性には、征服以来のラテンアメリカ史を貫く「文明」と「野蛮」の構図が投影している。この意味で、ガラパゴス地域史は近代世界の歴史過程につながっているといえよう。

〈追記〉二〇〇一年一月半ば、ガラパゴス諸島海域（サンクリストバル島西岸の沖）で燃料運搬船が座礁し、ディーゼル油が大量に流出する事故が発生した。その後、国際的な支援も受け、エクアドル政府とダーウィン研究所が中心になって、油の回収作業や被害調査などの対策を進めているが、動植物や海洋資源への深刻かつ長期的な影響が懸念されている。ガラパゴス諸島の生態系が人間世界との微妙なバランスの下で維持されていることは、この事件をみても明らかである。

**参考文献**


Acosta Solís, Misael. (1979) *Galápagos y su naturaleza : geografía, ecología y conservación*. Publicaciones MAS, Quito.

Gylbert, Cécil. (1995) *Destino de Galápagos : la exploración de un espacio protegido*. Fundación Charles Darwin para las Islas Galápagos / ORSTOM, Quito.

Hickman, John. (1985) *The Enchanted Islands : The Galapagos Discovered*. Anthony Nelson, Shropshire-England.

Latorre, Octavio. (1999) *El hombre en las Islas Encantadas : la historia humana de Galápagos*. Producción Gráfica, Quito.

Maldonado, Víctor. (1986) *Galápagos : Patrimonio Natural de la Humanidad*. Edibosco, 5 a.ed., Cuenca-Ecuador.

Rodríguez Rojas, José. (1993) *Las Islas Galápagos : estructura geográfica y propuesta de gestión territorial*. Abya-Yala et al., Quito.

Sylva Charvet, Paola. (1992) "Las Islas Galápagos en la historia del Ecuador", Enrique Ayala Mora (ed.), *Nueva Historia del Ecuador*. Vol. 12 (Corporación Editora Nacional / Grijalbo, Quito).

新木秀和（一九九六）「ガラパゴス諸島と人間——入植から観光まで」（『地理』第四一巻第四号）。

ピーター・ベンチリー（一九九九）「ガラパゴス諸島：危機に直面する楽園」（『ナショナルジオグラフィック日本版』四月号）。

チャールズ・ダーウィン（一九五九）『ビーグル号航海記（下）』島地威雄訳、岩波書店。

江口信清（一九九八）『観光と権力——カリブ海地域社会の観光現象』多賀出版。

古谷嘉章（一九九九）「開発のなかのアマゾン——発明される自然・否認される社会」（清水透編『ラテンアメリカ——統合圧力

と拡散のエネルギー』大月書店）。

伊藤秀三（一九八三）『新版ガラパゴス諸島――「進化論」のふるさと』中央公論社。

伊藤秀三（二〇〇〇）「ガラパゴスに学べ――エコツーリズムの光と影」（『季刊ＥＣＯツーリズム』vol. 3-No. 2）。

水口博也（一九九九）『ガラパゴス大百科――大洋に浮かぶ進化の小宇宙』ＴＢＳブリタニカ。

沼田真（一九九四）『自然保護という思想』岩波書店。

オクタビオ・ラトーレ／新木秀和訳（一九九五）『ガラパゴスの呪い――入植者たちの歴史と悲劇』図書出版社。

横山輝雄（一九九七）『生物学の歴史――進化論の形成と展開』放送大学教育振興会。

# ライオンの行進、シスタの進言

## 変貌するラスタファリアン

柴田佳子

### はじめに――「バビロン」のなかのラスタたち

ラスタファリ運動は、ジャマイカの黒人大衆の間で始まった、エチオピアのハイレ・セラシエを神聖王／救世主とし、黒人選民思想を展開してきた宗教社会運動である。同運動は一九三〇年から、反体制的思考／志向を強化しようと、また時代や体制に迎合的になろうと、ジャマイカ内外の政治経済・宗教・社会文化現象と連動して展開してきた。黒人ディアスポラ（アフリカ大陸から離散した黒人とその子孫）にとって威圧的、蹂躙的な「体制《システム》」（ラスタファリアンは shit-stem と呼ぶ）を聖書で言及される「バビロン」とみなすラスタファリアン（以下、ラスタ）は、それからの解放を訴え、黒人ないし「アフリカ」人意識の高揚、アフリカ帰還など、多様な試みや実践を披露しつつ、柔軟に変化している。

本章では変貌し続けるラスタの近年の動き、特に統合化と女性のエンパワーメントに注目し、運動の変遷と社会的潮流の推移との関連をみてみよう。その秘儀的部分も今日では多少知られるようになり、一部の思考／志向、象徴や文化的記号は大衆消費の対象にもなり、また国の下位文化とさえ評価されるようにもなったが、彼らに対する反社会的スティグマは払拭されてはいない。運動内に多様性が見られる中、レゲエやＤＪなど大衆メディアを通して根強い人気を誇る「文化」派もあれば、別の志向で一部のグループのみが拡張するといった面も見られる。その一方で、カリスマ的指導者を欠いた近年、一時の「流行」もなく、運動は弱体・衰退化しているという見解も表面化している。ドレッドロックスや赤黄緑黒のラスタ・カラーの採用など、可視的な符牒を多く付帯する者はラスタの一部にすぎず、そのためかつてとは異なり、運動が見えにくくなっている部分があるからである。

運動は当初から情報、モノ、人間のグローバルな移動とネットワークのもとに形成されてきたといってよい。ジャマイカと他のカリブ海地域やアフリカ、また欧米へ再ディアスポラ化した人びとと、さらにそことアフリカとをもつなぐダイナミックスを通し、あるいは他地域の被差別マイノリティとの共振的交信と交歓を経つつ、ラスタも多彩な共鳴者を得て拡張し続けている。しかしそのような相互交渉を繰り返す中で、運動内部の差異も明らかにされてきた。差異の増殖がラスタとしての統一性に亀裂を入れ続ける契機になる限り、「バビロン」に対する自己主張は求心的指導者を欠き、大小の組織やグループ、またそれらと無関係なあまたの個人が雑居する運動のままでは、その政治力が分散されてしまい、有効に機能しにくい。それらを乗り越える動きはこれまでにもあったが、困難は大きかった。そのような中で、一九九六年に結成された「ラスタファーライ統合化組織」（以下、ＲＣＯと表記）は、これまでの経緯もふまえた上で、傘下に独立した個人や組織を多く取り込んで展開している。

また、男性中心主義的で家父長主義的な運動とみなされてきたラスタの内部で、それまで声を聞かれることのなかった女性自身から、教義や解釈を批判する声が高まってきた。従来、女性ラスタは男性に従順で、家族のために奉仕するよう義務づけられ、多くの面で保守的だった。それが一九七〇年代からの人民国家党（ＰＮＰ）政権の革新的政策による女性のための法的整備や労働・生活環境の改善、また「国際婦人年」の後押しによる女性自身の覚醒と組織化、多数のＮＧＯの設立、政府機関との試行錯誤の協力といった流れのなかで、ラスタ女性も自己の批判的吟味、「アフリカ」人としての責任ある自覚、ジェンダー観の検討などを経験することになった。

## 1　ジャマイカは本当に「ジャー・メック・ヤ」か

一九八九年、総選挙で大勝し九年ぶりに政権をとったPNPは、七〇年代の急進化、左傾化で国家経済を破綻させ、暴力のエスカレート、頭脳／技術／資金流出、国民のイデオロギー的分断といった悪夢の経験をふまえ、前政権労働党（JLP）と同様の緊縮財政、自由化、西側との協調路線をとった（柴田、一九八〇）。九〇年代初頭から、社会経済環境の悪化や暴力の増加などはあったが、九三年の総選挙でもPNPが圧勝した。歴代の首相や影響力の多大な指導者層の中で最も顕著な黒人的容貌を持ち、真に国民を代表するといわれたP・J・パタソンがその前年から首相に就任しているが、前任者のM・マンリィほどのカリスマ性はない。九七年の総選挙では、これまでつきものだった政治的暴力が表面化せずに与党が勝利したものの、現政権への批判は実はくすぶり始めて久しい。経済的困窮を訴える層は増大傾向にあり、景気の低迷、経済格差の拡大で、欲求不満は蔓延しつつある。九七年の労働参加率は一四歳以上の労働力の六六％前後、失業率は一〇％以上であるが、都市部より地方で、また男性より女性が就職面でかなり不利であり、それは特に一年以上の失業者に顕著にみられる。九六年では就労人口の八〇％が非熟練労働者であるなど、労働力の質も問題になっている（The Statistical Institute of Jamaica 1998 : i–xxiii）。構造調整で一時の危機を脱したものの、事態は大幅に改善されているわけではなく、多くの国民は苛立ちを隠せない。

市民は左傾化の失敗以来、かといってアメリカ合衆国（以後アメリカと略す）寄りの自由主義にも幻滅し、経済疲弊に対する有効な処方箋を提供できない政府に対し、「何をしても生活は根本的に変わらない」という一種の諦観を、世代を越えて共有しつつある。国政選挙時には敵味方がはっきりした血みどろの闘いさえあったが、近年では、政治的無気力、無関心と無力感が強まる傾向さえみられ、それを強く憂慮する声も大きくなっている。地方選挙では従来の熱狂もみられず、投票率も低い。九八年の地方選挙で与党は圧勝し、マスメディアを通じていかに国民の支持を得ているかをアピールしたが、野党は、有権者リストも不備なままで実施した与党の愚を揶揄し、真に民主主義的な選挙に向けて憲法改正を行うとした公約の実現を先決せよ、と息巻いた。そして庶民はそのような言葉合戦にもうんざりしていた。

また同地方選を意識して、政治絡みのギャング抗争で名高い首都のあるスラムで、敵味方混成のサッカー・チームを即席に結成し、ワールドカップに出場したナショナル・チーム「レゲエ・ボーイズ」のメンバーとの歴史的友好親善試合が披露された。しかし試合終了直後、ギャング抗争がまた勃発し、かえって政略の手ぬるさが露見した。近年は麻薬絡みのギャング抗争が増加し、しかも従来の勢力争い、政治暴力とも深く関連しており、特に下層階級の間の欲求不満、体制批判の風潮には予断を許さない部分もあり、激情が暴発行為に、さらに暴動にまで発展する可能性が常に潜在している。九八年九月、九九年四月、七月等に起きたキングストン下町などでの暴動も、その延長上の出来事として捉えることができよう。

激動の社会情勢に揺さぶられながらも超然と時代と事態を観察し、また意味づけをしてきたラスタは、一般に政治不参加の態度をとってきた。それは独自の聖書理解に基づくが、それに加えて六二年、八〇年の総選挙で立候補したごく少数のラスタが惨敗し、また七二年、七六年には巧みなレトリックと演技で登場したPNPのM・マンリィに裏切られた経験などからの教訓による。彼らの政府へのいく度とない抗議や提言は無視され、政治とは「バビロン」の策略「ポリトリックス（politricks）」であると解釈されている。政治家たちの欺瞞、偽善を見抜いているラスタからみると、不透明感の強い現状と力量不足の政治家への依存は言語道断であり、ラスタの真の神ジャー（Jah　旧約聖書の神エホバ Jehovah が語源）を最高権威とし、それに選ばれた者たちが治める「神権政体」こそが正しい聖治／政治であり、昨今の国民の政治的無関心は当然の帰結であるとみなされている。

時代はアメリカに逆らうことをよしとしない。特に近年、アメリカが打ち出してきた麻薬関連対策では内政干渉を辞さない。ジャマイカでも、アメリカの後押しで八八年に麻薬乱用防止協議会が設立され、地方にも進出して麻薬の危険性を説き、中毒者や常習者へのリハビリも行ってきた。しかし、ジャマイカが南米からの密輸ルートの中継基地になってから、ハード・ドラッグの流入量が急上昇し、無知で無防備の若年層を急速に汚染し、しかも低年齢化が進んでおり、事態は深刻だと憂慮する声が高まっている。輸入される麻薬は下層階級には手っとり早い現金獲得手段と鬱憤ばらしとなっており、彼らは生命を賭けて仲介や密売に参入している。

このような現状をラスタは笑う。貧民が最も簡単に潤うことができるのはガンジャ（マリファナ）によるほかないのに、大国の圧力に屈して非合法を続けるから国家も人民も貧困に喘ぐことになるのだ、と。それゆえ、大地の恵みである「聖なるハーブ」ガンジャを合法化し、「全知全能の創造神ジャーがここに造り給うたジャメイカ」（Jamaica と公式には表記するが、現地語パトアでは、ジャー・メック・ヤ　JAH mek ya'=Ja (h) make here とも表現できる、とラスタは解釈する）を、その語義の示すごとく、本来的な意味で祝福された場所にしなければならない、と主張する。その一部の動きが先鋭化したのが、九八年三月のガンジャ合法化を訴えた行進だといえよう。

## 2　ライオンの行進

### ラスタ統合化の動き

ラスタは、一人の教祖の下に統一ないし中央集権化された組織をもたない無頭型、あるいは小指導者が複数存在する多頭型の運動と類型化されてきた。一九九〇年代に入ると、国内外に散在し、拡張を続ける多種多様な組織やグループ、またラスタのネットワークの中で自在に生きる個人を統合する動きが本格化し、実現した。実はマイノリティとしての自らの存在を強固にすべく、類似の試みは以前からあった。ラスタの一部がそうであるように、世捨人的隠遁生活を送るのではなく、「バビロン」への積極的介入を是認する一派によるものだが、政治的急進派でもある。

八〇年には、某委員会が結成され、全面的結集が促された。政権交代で弱者に厳しい情勢となった八〇年代前半、彼らは小規模だが自助的村落連盟の形成を促進し、主に地方の農産物の商品化と英国への出荷を推進した。八四年にはコミュニティの自給化のために広大な農地を購入したり、都市部ではラスタが集中する西キングストンでの自助的コミュニティ・プロジェクトを多数実施するなどした（McPherson 1991 : 291–292）。これらは貧困に喘ぐ民衆の置かれた非人間的状況に対する抵抗、植民地主義への抗議といった従来の運動路線の延長上にある。

政治的目標や提言についての集団討議や分析は「ラスタ学」と呼ばれ、最高学府西インド大学でいく度も会議を開催したりして、政治経済的、社会文化的問題点も発表してきた。それにはエチオピアの王政（ソロモン朝）復古、メンギスツ政権の不承認、共産化反対といった政治的発言も含まれた。これらを正当化するために、英国に亡命中のハイレ・セラシエの息子で王位継承者とされるアセファ・ウォッセンが主導する「国際エチオピア協会」とほぼ一体となり、そのジャマイカ側の指導者を中心として影響力は拡大していった（McPherson 1991 : 291–296）。知識人層を含んだこの一派は欧米を拠点とする国際的なネットワークを活かしつつ、勢力を伸ばしてきた。

他方、アメリカに亡命中のセラシエの孫ダウィット・マコネンを指導者とする「エチオピア国際統一委員会」がジャマイカにもでき、同調者を増大させていった。しかし彼らはその政治的立場から、「国際エチオピア協会」派と反目することになった（McPherson 1991 : 295）。この二組織との関係は、好むと好まざるとにかかわらず現実のエチオピア政治へジャマイカ人ラスタが介入することへの妥当性を疑問視し、その危うさを露呈することになった。このような組織への参入は、他方では、ラスタ個人の意見の軽視や所属する自集団の性格の歪曲化につながり、またジャマイカ人ラスタが影響力をもつ国際組織の下位集団になり下がりかねないと危惧され、賛同者は限定された。ラスタは政治家やセラシエ一族にも利用されるだけだ、と警戒する意見が多く、結局一つにはまとまらなかったのである。

ところで、抑圧的な「バビロン」体制を拒否し、聖書で言及される「シオン／ザイオン」を目指し、かつラスタ共同体とネットワークの中で自給自足すべきだと主張して、人里離れた海岸や山中、荒廃地でスクォッター（公有地の無断居住者）となったラスタは数知れない。彼らは雑然としたスラムでも超然と瞑想や論証、談話に長じている。ラスタは中央集権化とは対極的な運動であり、組織化に伴う権威や権力の偏在は教義を侵犯する可能性がある、とみる者は多い。長老格は尊敬され、またグループによっては特定の指導者が絶対的権威を体現することもある。しかし、個人の思考や行動の指針は至高神ジャーとの個別の関係で決められるはずで、内部の権威筋からの指示には反発する傾向はみられる。このため、独自の解釈が増殖されることになり、それがまた作用して全体の組織性が弱くなる傾向は否めない。統合化が困難なゆえんである。

組織の各々が独自の変化・盛衰の歴史をもつが、どれ一つとしてラスタの代表と万人が認めるようなものはない。それでも、自組織また自らが代表性を象徴すると自認したい潜在的欲望はみられる。無名の個人でも組織の指導者でも、固有名詞をあまり出さず、ラスタ全般の代弁者であるがごとく語ることは多い。組織の具体名を出すときでも、差異としての他者は問題にしつつも、あくまで同信の輩であることを強調する。しかし、他集団や指導者の解釈や行動において不服があれば、ライバル意識を見せたりもする。そのように内部では代表権をめぐる微妙な齟齬があり、ラスタとしての一致をみることは難しい面がある。

このような動向は海外のディアスポラ・コミュニティでラスタの支部が形成され、それらのネットワークが国際的に機能し、また一方で欧米の黒人ディアスポラ起源のラスタ関連の組織や動きが軌道に乗るようになってから、むしろ顕著になったと考えられる。欧米ディアスポラの方がホスト社会との関係にも大きく影響され、カリブ地域内でより一般にマイノリティ意識、被差別者意識が先鋭で攻撃的でさえある。マイノリティのなかのマイノリティ、被差別者ラスタも同様である。そこでのラスタ関連組織は独自の展開をしている。彼らはグローバルな情報、通信や金融の流れ、アフリカとの直接的関係において、ジャマイカ人よりはそのアクセス上、優位にある。また亡命中のセラシエ一族を含むラスタとの駆け引きを先導する動きも複雑に絡み、アフリカ諸国内のラスタとの連携においても、国際的ネットワークが進展するにつれ、運動の中心がジャマイカから微妙にずれる部分もないわけではない。

### ＲＣＯとライオンの行進

以上のような展開をやや危機的に感受し、ジャマイカのラスタには強力なまとまりが必要で、組織化と統合化はジャーによる至上命令だと解釈する長老格と知識人層の有志が中心となって、一九九六年三月、超教派的RCOが結成された。

実はこれは、六九年に登録された「ラスタファリ運動協会」(RMA)が発展的に継承されたものと捉えることもできる。RCOの現議長はRMAの設立指導者の一人ラス・ダ・シルヴァ、労働組合の指導者も務めた人物である。RMA設立指導者の一人でRCOの主要メンバーでもあるラス・ヒストリーも、数多くの労働者階級の小規模商い従事者ヒグラーを全国的に組織化した立役者でもあった。RMA自体は六〇年代のブラックパワー運動の影響下で結成されたが、当時から指導者層は「ラスタ政府の設立」やラスタ全体の組織化、統合化は緊急重要課題だと認識していた。RCO設立にあたって、六〇 - 七〇年代のジャマイカ政治の推移に鑑み、また八〇年にJLP政権に交代してからの社会の保守反動化、個人主義化とそれに影響されたラスタの減退、無徴化の進行、さらに九〇年代に入ってからの国民全体の覇気の低下、加えてラスタ世界内でもみられた同様の傾向などを憂え、そして海外のラスタ組織との関係においての主導権保持をめざす、といったことが契機となったと考えられよう。

多種のラスタ・グループと有力な個人が賛同したRCOは、戦略的に国内のみならず、東カリブ諸社会、欧米やアフリカのディアスポラ・コミュニティ、またアジアのマイノリティ・コミュニティ内ですでに拡張していたジャマイカ起源のラスタ組織の支部や、居住地で新しく起こった運動全てを統合の対象にしていた。しかし、その中心はあくまでもジャマイカにある、という形をとっている。本部はキングストンの国家英雄公園のすぐ近くに設けられ、しかも国家記念碑の一つ、シモン・ボリーバル像の目の前にある。外壁にはハイレ・セラシエの大きな似顔絵とラスタ旗、また「人生が私に教えてくれたことを学びたいと願う人びとと分かち合う」と題する説教の重要文言を描いている(写真2)。本部建物内にも壁面に所狭しと有名な象徴的絵画、ポスター、写真、新聞の切抜きなどが飾られ、「途上のラスタファリ国家」や「組織化と統合化」といった標語が、王冠を被り口を開けてラスタの旗を振りかざして行進するライオンの絵(写真1)と共にラスタ・カラーで大きく掲げられるなど、士気を鼓舞するに十分である。古い机や椅子、汚れたソファの他は何もない「事務室」には電話やファックスなど現代文明の利器も置かれ、また別室では海外で編集・印刷された小冊子を含むラスタ関係の資料の展示販売も行い、海外との提携、協力の様子もアピールする。定期的に開かれる会合には、乳幼児連れも含め三〇人前後の男女が常時集い、海外の情報も盛り込んだ「講義」を傾聴し、質疑応答も活発に行われている。

結成時に第一回年次大会が開催された時から大勢のラスタが参集し、翌年の第二回大会でも「私的」会合には一八〇人、「公式」会議には五〇〇人が参集した、とRCOは発表した。ともあれ、ばらばらで脆弱なラスタでなく、強力な意見団体となりうる母体をもったことになる。RCOはこれまで以上に組織立って、ラスタがいかにラスタであるというだけで差別されてきたかを、国連人権委員会など国際機関へも抗議し、憲法に保障されているはずの信仰の自由の権利に対する蹂躙の「実態」を提訴したりしている。国内的にも同様の主張を続け、その脈絡で正当化されるはずだとするガンジャ合法化へ向け、現行

（上）写真１　RCOの旗。
（下）写真２　RCOのオフィスの壁面。（筆者撮影）

法の撤廃、もしくは少なくとも大幅な修正を求める提言を効果的に推進することに勢力を傾けてきた。

### ＲＣＯとガンジャ合法化運動

ジャマイカでは麻薬全般への規制は強まる一方である。現実にはラスタ以外の大勢の住民も民間療法や気付け薬、清涼剤のような心身に有効な飲食喫煙物としてガンジャを利用してきた。ガンジャ非合法のナンセンスに同調する意見は巷でもよく聞かれる。民主主義を国是としながら、民衆文化を国家圧力で潰す権利があるのか、という憤怒の声である。そして、ラスタもその現状をたてにとっている。

九八年三月、ガンジャ合法化を訴えるため、ライオンの行進姿をあしらったラスタ・カラーの旗などを振りながら、数千人ものラスタがデモ行進に繰り出した。首都圏の重要な目印である下町の中心地にある聖W・グラント公園から下町と山の手の境のハーフ・ウェイ・トゥリーにあるマンデラ公園まで、徒歩やバイク、車、トラック、改造バスなどを使い、警官らがただ見守る中、ラスタはガンジャを吸い続けて歩を進めた。行進の起点は植民地時代からの島の中心地で、終点がアパルトヘイトの闘志であり黒人解放の象徴的存在であるマンデラを記念する地というのも、きわめて意味深長である。途中で、首相官邸を通過することは警官が「やんわりと」阻止したが、大した混乱もなかったという。マンデラ公園へ着く頃には興味津々の傍観者もさらに大勢加わっていた。指導者の一人ラス・マニングがこの「勝利の行進」は一九三五年にエチオピアがイタリアの侵攻を阻止した記念と重なる、と二重の勝利宣言を声高に発表し、儀礼ナイヤビンギ音楽（Shibata 1984）の演奏者が大きな山車の上でドラミングと詠唱を始めると、この一大絵巻はクライマックスに達した。

多くはラスタ・カラーの衣装をまとい、百獣の王ライオンのたてがみのような威勢と王冠のごとく威厳を放つドレッドロックスを露わにし、旗に描かれるライオンと同じように、自らもラスタの旗やキャンペーンのロゴを振りかざし、衆目を集める威風堂々の行進をした。牙をむいたライオンは力強さに溢れ、まさに王者としての尊厳をもって「合法化せよ」と叫ぶがごとくである。フォーサイスが分析したように、ライオンはキリスト教世界でも国際的な象徴体系のなかでも、たてがみ、容貌、雄叫び、体力、知性、そして全体的動きを通して、壮大な自然の全体性と力強さの普遍的な見本を示しているが、ラスタの登場により、「ユダ族の勝ち誇る獅子」と呼ばれるハイレ・セラシエのみならず、アフリカやその躍動性、アフリカ／エチオピアへの「帰還」、黒人の始源・創造力・永遠の生命といったラスタの理想と真髄を表象してきた。ラスタによる新しい文化表象「ライオニズム」は、ジャマイカ民衆文化の代表であるトリックスター的存在、蜘蛛人アナンシを象徴とする「アナンシイズム」とクレオール文化に対峙する対抗文化として、強力な求心力を作用しうる代替だと解釈されてきた（Forsythe 1985 : 72–75）。この行進もライオンとしてのラスタの自己主張と「バビロン」への勝利宣言を具体化したものだったといえよう。

戸外の公共空間を占拠しつつ、夥しい数の有徴のラスタが「平和的に」デモ行進などを行うのはじつに前代未聞のことだった。アメリカからの圧力もいや増し、国家の締めつけが強化される中、市井のラスタのみならず知識人をはじめ一般市民の中からも、様々な理由でガンジャ合法化に賛成する意見がこれまで陰に陽に表明されてきた「現実」を、ＲＣＯは自らの主張への同調と読みとっている。また自らがラスタの代表としてこのライオンによる「勝利の行進」を「成功」させたことで、ＲＣＯに組織立てられたラスタが強大な勢力になりうることを内外にアピールできたと自負している。

## 3　「クィン」、「シスタ」もの申す

### 代弁されてきた「シスタ」たち

ラスタの間では女性は相互に「シスタ（姉妹）」、男性は「ブラ（レ）ダ／ブレズレン（兄弟）」と呼び合う。「シスタ」は男性が女性を呼ぶときにも使われ、固有名詞を伴うこともあるが、男性から女性に対して同信の者同士の敬意が表されている。同様に、女性は男性を「ブラダ」と呼び、同じジャーをいだく「家族」共同体内でほぼ対等な関係にあることは暗示される。もっとも、男性は女性を指すのに呼称「ダータ（娘）」も使うが、女性は男性を

「息子」とは呼ばない。女性が目下である「娘」とみなされることに、ラスタの男尊女卑の態度が現れている、と批判することもできよう。パートナー同士は、最高の敬意をはらう「王」ないし「クィン（女王）」という呼称を第三者に対して使う。それはセラシエ皇帝とその妻の皇后の関係を象徴するもので、「王」・夫の方が格が上という解釈は根強くあるが、パートナーとしての双方の平等性は示唆される。子どもは「王子」や「王女」と呼ばれる。頻繁に使われる「国王陛下」という表現はハイレ・セラシエにのみ使われるが、「女王陛下」は歴代の英国女王、すなわち植民地主義、帝国主義、抑圧者の権化を連想することから、禁句である。「エチオピア・アフリカ国際会議」という名のグループでは、そのコミューン「ボボ・シャンティ」において、男女の差なく互いに右手を胸に当てて、ときには深くお辞儀までして互いに尊敬の意を表すが、「わが主」と呼びかけるのは女性が男性に対するときのみである。

呼称からみると、一部を除き、ラスタの男女の地位は一見対等で、家族のような親密性を保ちながら相互に礼儀正しくある。たしかに場面によってはその通りである。実際、男性は女性を尊重し、合法的でなくとも夫婦の関係はことのほか大切にし、子どもの養育にも十分な時間と責任をとる良き家族の長、父親というステレオタイプまでできあがったほどである。それは、一般のジャマイカ／カリブ黒人男性のマッチョで利己主義的で、性的放縦と男らしさをむやみに結びつけ、女から女へと渡り歩き、妊娠とわかるや逃げ出すような無責任者、また賭事や飲酒にも奔放といったステレオタイプのアンチテーゼに匹敵するものである。ラスタの家族像は、「伝統的」とさえみなされてきた父親／夫不在の母親中心家族の頻出とその存続に対抗する代替モデルにさえなってきたといえる。

もっとも、男性ラスタには正反対のイメージが根強くある。それは家父長主義的なボスという一般ジャマイカ男性のものと共通する部分であり、ラスタ教義ないし神学的解釈で女性をさらに従属的立場に置くものである。重要なのは、その解釈自体も男性がほぼ独占してきたことである。ユダヤ・キリスト教的世界観のもと、女性は聖書の権威と規範に恭順であることが要求された。女性がそれに対し不服を表明したり反抗すると、懲戒され、また個人として発言するだけでも訓戒されることさえあった。従来、ラスタの男女が集う、またパートナーが同席する場面では、前面に出て主導的役割をとるのは常に男性だった。男性こそがメッセージ、あるいは言葉の発信者であり、男性による紹介や許可や指示があって初めて、女性は公的に第三者や同志の前で発言や演説ができたほどだった。女性ラスタが自らの判断により個人の声をあげる際には注意が必要で、特に教義内容に関しては、女性が独自の解釈をし、それを公開することはほとんどタブーであったといえる。

その様相は、ジャマイカや他のカリブ黒人系社会にみられる女性の威勢のよさや、社会生活で彼女たちが主導権をとることも多い状況から判断すると、異様なほど女性が後退した印象を与えてきた。もっともそれも形の上での従順さで、男性がいない場では雄弁に自説を展開したり、「血の汚れ」などに関する女性のある領域は男性不可侵であるがゆえに、限定された場ではあっても、女性は独自の目的と役割で主体的に生活していることを証言することもないわけではなかった。ただ、伝統的なクレオール性の一つの社会指標でもあった母親優勢のアンチテーゼとして、父性の「復権」とその前面化、さらに男性主導と男性の権威づけといった側面は、男女を問わずラスタ全般に強力に意識化されたといってよい。

## 自己主張する「クィン」「シスタ」たち

ラスタは下層階級の男性主体の反体制的運動という色彩が濃かったため、女性の参入は当初から少なかった。ガンジャなどの違法性、官憲をはじめとする「体制」側との衝突、ドレッドロックスの増加とそれへの世間の偏見と憎悪、一九六〇年代初期に特に恐れられた武装化とゲリラ活動、ルーディと呼ばれたチンピラとの混同、殺人といった暴力性が頻繁に世間でクローズアップされていたことも背景にあった。それが、ブラックパワーの盛況、レゲエの世界音楽化といった時代の潮流も後押しして、ようやく黒人意識の覚醒、アフリカ中心主義的思想などに感化され、また既存の価値観や生き方にも賛同できない女性たちの中から、いわば「もう一つの選択肢」としてラスタは徐々に明らかな増加をし始めた。ただし、そのような女性ラスタの間でも、男性主導の解釈を受容する態度は一般にみられた。

写真3　B. マケダ・ブレイク・ハンナ（筆者撮影）

七〇年代に社会全般でみられた「革新的」変化により、ラスタファリ運動は時代精神とマッチする部分もあって、階級や階層、人種・民族、世代といった既存の障壁を破りつつ拡張していった。ボブ・マーリィらカリスマ的レゲエ関係者の世界大の人気と彼らのラスタとしての代弁性への信頼の増加、「十二支族」など中産階級の若者を多く巻き込んだ組織の急成長、ラスタ知識人の増加と個人の有徴化といった運動自体の変質と伸長により、女性ラスタ、中でも高等教育を受け、尊厳ある黒人意識に目覚めた独立的で知的な女性の参入が目立つようになった。

西インド大学発行の学術雑誌『カリビアン・クォータリィ』が八五年に組んだラスタ特集号で、M・ロウはラスタ女性について「内側」からの見解を示し、ジェンダー意識も先鋭な知的なラスタ女性が「シスタ」たち自身を客体化し、自己分析できることを証明した。彼女とイマニ・タファリ＝アマは「シスタ」の代弁者的役割を帯び、一般書でもラスタ女性としての「論証」（reasoning）や見解を公表している（Rowe 1985 & 1998. Tafari-Ama 1998）。

ラスタによるラスタについての初めての本といわれた八〇年出版の『ラスタファーライ：新しき創造』や九二年発表の小説『ジョゼフ：ラスタ・レゲエ寓話』、新聞のコラムなど文筆業でも知られ、七八年を皮切りに四本の映画製作、ジャマイカでの国際映画祭の開催など広くジャーナリズムと芸術の世界で華々しく活躍してきた才女は、長いドレッドロックスを誇るB・マケダ・ブレイク・ハンナ（写真3）である。六八〜七二年は英国で黒人初のテレビ・ジャーナリストとして知られ、八四～八七年は上院でジャマイカ政治に貢献し、現在も映画製作のほか創造的な芸術活動をし、多彩な才能を発揮中である。が、最近彼女を有名にしているのは、一人息子の「天才少年」マコネン・デイヴィッドの母としてであろう。高齢出産で危機的状況にあった乳児にラスタ賛美歌を歌って「救い」、「ガンジャの効用も手伝って」母乳を六年間与え続け、ほとんど女手一つで育て上げた。彼が学校教育に合わなかったため、自宅のコンピューターを使うなどして自ら教えたが、いつしかコンピューター関連の知識で比類なき才能をみせ、政府のIT関連の青少年特別顧問という破格の待遇を受けた。ラスタの元夫のカリブ男性的マッチョさに我慢できなかった彼女は、「クィン」／妻の道は今しばらく閉ざし、母でありラスタ女性であることを心から誇る。そして、ラスタ女性一般の男性従属的イメージがいかに貧困で歪曲されたものか雄弁に論駁し、解放され、男性と対等で自由であることを証明するかのような独自の発言と独立した歩みを続けている。

S・オルコットは弁護士で、ジャマイカ・ポピュラー音楽家連盟の長としても活躍中である。娯楽関連法の専門家であるが、ラスタのガンジャ喫煙の権利に関しても法廷で弁護するなど、「バビロン」法に精通した知力を弱者のために用いている。ラスタの中からすでに有能な弁護士が数名頭角を現し、RCOとも協力しつつ、九八年八月の国際ラスタ会議でも協議されて結成することになったラスタ法協議会の核となるよう期待、要請されているが、彼女もこれに名を連ねている。彼女自身は、外見より実務の内容と生き方によってラスタ女性としての証をすべきだと考える社会介入派で、「伝統的な」恭順な女性像を強要するような偏狭な男性はラスタの本質を誤解しているとみる。彼女の高い社会的地位と、長いドレッドロックスなどラスタとしての有徴性との「アンバランス」に度肝を抜かれる人は多いようだが、個としても女性としても自立し、時代錯誤のジェンダー観に対しては権威的存在にさえ対抗し、論駁する姿勢を崩さない態度に、男女双方から尊敬の念が寄せられている。

RCOは、優秀な女性の活用はラスタファリ運動全体へ資するという立場から、組織のいくつかの役職に女性を登用し、女性の理解者であることをアピールする。ただし各々「副」が付く役職で、トップはやはり男性であるべきだと主張する声は大きい。それでも、RCOに限らず、組織内であろうとなかろうと、ラスタ女性が重要で目立つ役割を徐々に果たし、物怖じすることなく自らの意見を雄弁に明瞭に表明し、また行動するようになったことは、様々な場面で確認されてきた。フリーランサーで多様な分野で生活の糧を得つつ、公的教育機関では疎外され差別されがちなラスタの子弟の特別な教育に情熱を傾ける「シスタ」もいる。弁が立ち、知性も、企画力や組織力にも優れ、指導力も発揮できる人材は確実に増えつつある。「バビロン」での女性のエンパワーメントは、明らかに「シスタ」たちにも福音をもたらしたといえる。

## おわりに

以上、ラスタの二つの動向について述べたが、これらは地球規模で進展しているディアスポラ状況と、特に「国際婦人年」以降拡大した女性の発言力の増大や地位向上といった潮流とも連動しており、ラスタも時代の申し子であることが頷ける。ラスタの統合化の動向は多様で脱中心化していた従来の特徴的傾向を強めた結果、内部から生起した反動的潮流ともいえるが、決してアンチテーゼというわけではない。女性のエンパワーメントは明らかに時代の流れを汲んだ内部からの自己改革の試みであるし、運動のあり方もこれからさらに変質するだけの力を内在しているといえよう。これらの動きは今後も拡張するものと予想されるが、従来のラスタのステレオタイプにおさまらない自由な「ライオン」たちは、さらに胸を張って闊歩するようになるだろうか。

## 参考文献

Blake Hanna, Barbara Makeda. (1997) *Rastafari: The New Creation.* Masquel Ltd, Kingston. [1980 New York, 1981 Kingston, 1982 London の諸版もある。]
Forsythe,Dennis. (1985) "West Indian Culture through the Prism of Rastafarianism." *Rastafari (Caribbean Quarterly)*, University of

the West Indies, Kingston, Jamaica, pp. 62–81.
McPherson, E.S.P. (1991) *Rastafari and Politics : Sixty Years of a Developing Cultural Ideology, A Sociology of Development Perspective.* Black International Iyahbinghi Press, Clarendon, Jamaica.
Rowe, Maureen. (1985) "The Woman in Rastafari", *Rastafari. (Caribbean Quarterly)*, pp. 13–21.
——(1998) "Gender and Family Relations in Rastafarl : A Personal Perspective", N.S.Murrell, W.D.Spencer,and A.A.McFarlane (eds.). *Chanting Down Babylon : The Rastafari Reader.* Temple University Press, Philadelphia, pp. 72–88.
Shibata,Yoshiko. (1984) *Rastafarian Music in Contemporary Jamaica : A Study of Socio-religious Music of the Rastafarian Movement in Jamaica.* Tokyo University of Foregin Studies,Tokyo.
Tafari-Ama, Imani M. (1998) "Rastawoman as Rebel : Case Studies in Jamaica", N.S.Murrell, W.D.Spencer and A.A.McFarlane (eds.). *Chanting Down Babylon : The Rastafari Reader.* Temple University Press, Philadelphia, pp. 89–106.
The Statistical Institute of Jamaica. (1998) *The Labour Force 1997.* The Statistical Institute, Kingston, Jamaica.
柴田佳子（一九八一）「八〇年ジャマイカ選挙を見て——経済悪化と社会主義政権の終焉」（『アジア経済』第二二巻第八号、一〇五～一一四頁）。

# 信仰を芸術する人びと

## ブラジルの「カトリック離れ」とパーフェクトリバティー教団信者

山田政信

### はじめに

ブラジルのパーフェクトリバティー教団（以後ＰＬ教団と略す）では、どの教会でも入口の壁に必ず二枚の写真が掲げてある。その写真には、現ブラジル教区長の須田正昭氏とサンパウロ大司教アギネロ・ロッシ氏が握手を交わしている姿が写っている。初めて訪れるブラジル人がこの写真を見ると、日本から伝えられるＰＬ教団がキリスト教（カトリック）の一派であるとの印象をもつという。このことは、日本の宗教がキリスト教をはじめブラジルに存在する数多くの宗教の一部として宗教文化に受容されていることを如実に物語っている。

ブラジルにおける日本の新宗教教団には、戦前に渡った大本教、天理教、生長の家、そして戦後に渡った世界救世教、ＰＬ教団、日蓮正宗創価学会などがある。このうちＰＬ教団は、一九五七年のブラジル開教以来着実に伸展し、九八年八月現在では入会者数が約六〇万人であるといわれる。この教団は、信者数約二五〇万人の生長の家や約三〇万人の世界救世教などと共に、全信者数に占める非日系人信者の割合が高く、ブラジル社会で活発に活動している日本の新宗教教団の一つだといえる。

本章は、日本の新宗教教団の一つであるPL教団の受容の問題を事例にあげて、「カトリック離れ」というブラジルの宗教風土の変容過程の中で新しい宗教への入会が果たす役割を分析することを目的とする。

一五〇〇年のポルトガル人によるブラジル「発見」後、カトリック教会は民衆の生活に大きな影響を与えてきた。一八八九年には政教分離が行われたものの、今日もなおカトリックは国教的な地位を保っている。このようなことから、一般的にブラジルは宗教の側面においてカトリックが支配的な社会だと考えられてきた。しかし、カトリック人口の割合を全国レベルでみると、一九八〇年の八八％から九四年には七四・九％と減少傾向にあり、数字で見る限り全般的にブラジル人の「カトリック離れ」が進んでいる（Sanchis 1997 : 103）。

非常に大ざっぱな区分であるが、カトリック以外の宗教では、アフリカから連れてこられた奴隷と共にブラジルに定着したアフロ・ブラジリアン宗教、一九世紀末にフランスから伝えられた心霊主義のカルデシズム、またこれらに先住民の宗教の要素が習合して生まれたウンバンダ、そしてプロテスタントをあげることができる。キリスト教の一派であるプロテスタントは元来ヨーロッパ移民によって伝えられたが、とりわけ二〇世紀初頭からみられるようになった聖霊主義的なペンテコスタリズムの教会が都市部の貧困層や中間層を中心に近年著しく受容されるようになってきている。そしてカトリック内部においても、聖霊主義的なカリスマ刷新運動が九〇年代頃からメディアを通じて人びとの関心をひくようになり、歌って踊る若手の神父がポップスターとして人気を博している。この運動は、停滞していたカトリック教会に新風を巻き起こしているとして非常に注目されている。

新しく参入した日本の宗教は、これらの宗教（運動）と共にブラジルの宗教風土を多元化する要素になっており、それは変容を続けるカトリック社会の新しい姿だといえる。

## 1　ブラジルのＰＬ教団と信者

### ＰＬ教団を受容する人びと

筆者は、一九九八年八月にサンパウロ市とレシフェ市にある二カ所のＰＬ教団の教会で、会員（ＰＬ教団での信者の呼称）および会員の紹介で教会に参拝に来ている人びとに質問紙と面接による調査を行った。サンパウロ市とレシフェ市の教会で調査を行ったのは、二つの市の比較をすることによって宗教の受容に何らかの違いがみられると想定したからだ。ブラジル地理統計院の調査（一九九六年）によると、南東部に位置するサンパウロ市は人口約九八〇万人を擁するブラジル最大の都市であり、レシフェ市は約一三四万人の北東部の大都市である。南東部は日系移民が集中しているところであり、北東部に比べると非日系ブラジル人に与える日系文化の影響が大きいことが考えられる。そのためＰＬ教団への改宗にもこのことが何らかの影響を及ぼしていると思われた。しかし、調査結果を眺めてみると、二つの地域では日系・非日系のエスニック構成が異なる点以外、改宗状況に関してはほとんど差がみられなかった。

質問紙による調査対象者は、サンパウロ市が六〇人、レシフェ市が九九人で、そのうち面接調査を行ったのはそれぞれ二〇人と三七人である。エスニック構成における日系人の割合は、サンパウロ市では二一人（三五％）で、レシフェではわずか三人（三％）とサンパウロに比べて日系人信者の割合がきわめて低い。また、二カ所とも非日系ブラジル人が教会長に登用されている。こうしたことから、レシフェ市のＰＬ教団は非日系ブラジル人による非日系ブラジル人のための教団組織として機能しているといえる。ＰＬ教団はほぼブラジル全土に拠点を持っているが、日系移民の集中するサンパウロ州やパラナ州以外ではレシフェ市と同じような受容のされかたをしているとみられる。

どのような人びとがＰＬ教団の教えを受容しているのだろうか。両都市の信者の年齢構成をみると、三〇歳から四九歳までの壮年層が四七・二％を占め最も多い。このことは、壮年層が家庭で経済活動の中心的存在になっており、社会的に何らかの責任を負わなければならない立場にあるため、日常生活で苦難を体験する可能性が他の年齢層に比べて高いことを意味するとみられる。また、男女比では男性が二五・九％（四一人）であるのに対して、女性は七四・一％（一一七人）となっている。女性の参与の度合いが非常に高いことはＰＬ教団に限らず、他の日本の新宗教教団の活動やペンテコスタリズム、カリスマ刷新運動の活動状況を眺めてみても同様である。このことは、女性の社会的地位と無関係ではなく、現にブラジル地理統計院の調査によると、女性の経済活動への参加率は、一九八〇年に二〇・九七％だったのが一〇年後には三〇・〇六％に増加している。また、女性が家長となっている家族の割合が一九八一年では一二・四％だったのが、九〇年には一五％になっており、別居と離婚の率もそれぞれ二・五％と一・二％から九・一％と一〇・一％へと急増している（Machado 1996 : 117）。すなわち、家計を支えるための社会的・経済的負担が、近年ますます壮年女性たちの肩に重くのしかかってきていることが数字から読みとれる。後に詳述するように、女性会員とのインタビューでは、夫との離婚問題から生じた生活苦、シングルマザーとしての悩みなどが語られたが、それらの体験談はこのような社会背景を反映している。

入会理由については経済的な問題が最も多く（三二・九％）、恋愛・夫婦の問題（三〇・五％）、病気（二四・四％）、仕事（九・八％）、その他（二・四％）の順となっており、これらの理由は互いに関連し合っている場合が多い。

**ＰＬ教団の組織と教義**

ここでＰＬ教団の組織と教義について少し触れておく必要があろう。

文化庁の『宗教年鑑』（平成九年度版）によると、日本国内におけるＰＬ教団の教勢は会員数が約一二〇万人にのぼり、補教師を含む教師数は二万一五三五人、教団の拠点は四一五箇所となっている。これに対し、ブラジル本庁によると一九九八年八月現在のブラジル国内における教勢は、会員数約六〇万人、補教師を含む教師数二八九七人、拠点の数三五六箇所である。このことから、PL教団にとってブラジルでの活動は重要な意味を持っていることがわかる。なお、教師は聖職であり、補教師は教師とほぼ同等の資格を与えられた在俗信者のことである。

会員指導の特徴は、教師と補教師たちが会員の苦悩（「みしらせ」）に個別に対応する個人指導にある。「みしらせ」とは個人が苦痛を感じる多くの現象（病気・不幸・災難）を指す教団用語だが、「単なる苦痛ではなく、その個人の自己表現の歪んでいるところを是正せよとの神意」であると理解される。こうした「みしらせ」に対して同様で、会員が「みおしえ」や「解説」（オリエンテーション）と呼ばれる個人指導が行われる。それはブラジルにおいても日本と「みおしえ」を願い出る際には、教会で教師らが本人に代わって苦悩の諸症状を書面に書き込むようになっている。ポルトガル語で書かれた用紙はいったんサンパウロのブラジル本庁に集められ、日本語に翻訳されて大阪府富田林市にある大本庁に送られる。やがて大本庁から個人宛の「みおしえ」が送られてくるが、それをブラジル本庁でポルトガル語に翻訳し、各自に届けることになっている。この「みおしえ」は、当代教主（おしえおや）により直々に書き記された個別指導であり、『処世訓』およびそれを解説した『生活心得』と共に聖典として位置づけられている。また、これらの指導をはじめ教団のいっさいの活動には教主の全責任における固い決心（遂断＝「しきり」）が込められているとされ、その遂断に対する全幅の信頼がPL教団の信仰の要となっている。

ここで会員が語る個別指導の魅力を事例に即してみておこう。

生活苦が原因で入会した四七歳の女性は十年前に入会し、現在では補教師として信者の個別の苦悩に対するオリエンテーションを行っている。彼女は、二四歳の時に就職の機会を求めてサンパウロに出かけ、そこで知り合った日系人と結婚した。しかし、酒癖が悪い夫との間で口論が絶えず、一二年後に離婚。やがて出身地のレシフェに戻りPL教会に通いはじめた。三人の子どもは彼女の姉妹の援助を得ながら育てあげた。

「それでもなお、仕事を見つけるのは大変でした。（レシフェに戻ってから）三ヶ月たってようやく掃除婦の仕事が見つかったんです。私は当時四〇歳でしたから、もうその年で仕事を見つけるのは難しかったんです。レシフェのような町では仕事を見つけるのは大変なんです。サンパウロだったらきっかけも多いんですが。色々な問題がありましたが、教師に解説してもらって乗り越えることができました」。

彼女にとって「解説」は、レシフェで彼女が再出発するための代え難い指針になった。次に挙げる、四〇歳の時に入会した歯科医師の男性（調査時点で五五歳）の場合もレシフェの女性と類似している。彼は、リオデジャネイロで開業した当初、患者が思うように集まらず経営不振に陥ったため、これを契機に入会した。彼の次の言葉は個人指導に対する入会者の大多数の意見を代表しているといえる。「PL教団は個人指導をするんです。それが他の宗教ととても異なっている点です。個別に問題を解決してくれるんです。カトリックの教会では、神父は説教をしますが、それで終わりです。オリエンテーションは神父のつとめではないのですから」。

個人宅で行われた集会での体験談の風景。（筆者撮影）

先にも示したように、PL教団の信仰にとって教主に対する信頼は不可欠である。個別指導が宗教的意味を発揮するのも教主の遂断があるとされるからである。ある会員は、教主とは「みおしえ」によって「何が正しいのか、何が間違っているのか、何をすべきなのかを示してくれる人」だと指摘する。また、「教主を通じて私たちは神様と話ができるんです。教主はPL教団の法王ですよ」とも語る。キリストあるいは法王に比肩する教主から直々に下される「みおしえ」は会員たちにとって貴重な信仰の動力源となる。「救済者が現実に生きている」という現在性がキリスト教世界の会員には強いインパクトを与えている。

### 私的領域の宗教性

さて、ブラジル人たちはPL教団の個人指導から何を学んでいるのだろうか。
質問紙調査の結果をみると、PL教団の教えの魅力は何かという自由回答の問いに対して、最も多い答えは「人生は芸術である」（二六人、一六・四％）というもので、続いて「全て」と「隣人（社会）のために有益であれ」（共に二一人、一三・一％）という回答が同数あった。教団出版物によれば、ＰＬ教団の教えの理念は「人生は芸術」に集約されると説かれており、人生の真義は神から与えられた自分独自の個性を世のため人のために具体的に実行に移してゆくこと（「自己表現」「芸術」）にあり、人はそれを全うすることによって人生の喜びを得て幸福感に満ちた生活（芸術生活）を営むことができるとされる（パーフェクトリバティー教団文教部、一九九七、一）。つまり、ＰＬ教団における「自己表現」と「芸術」は教えの根幹である。それゆえ教団用語には「表現」を冠したものが多い。たとえば、「個性表現」「適応表現」「真実表現」「表現の態において生きる」などだが、このことから会員は日常生活における他人との接し方や不慮の出来事に対処するための心構えというような、個人の精神的な「表現」方法を学んでいるといえる。

ところで、「自己表現」に関して、宗教社会学者ルックマンの次の議論が参考になるだろう。ルックマンは、個人的な救済と意味の追求が各自の私的領域に退いてしまったとする世俗化命題を説いて、近代社会では個人の存在の自律性が問われるようになってきたことを明らかにした（ルックマン、一九八二、一一五）。近代社会における制度の分化は社会構造の裂け目をもたらし、そこに「私的領域」が頭をもたげる。個人の意識は社会から解放され、「私的領域」の「自由」が近代社会の標準的な人間にみられる自律感覚の土台となる（ルックマン、一九八二、一四五）。個人は生涯にわたって主観的に納得できる意味の根拠（自律性）を見つけだすために、「自己実現」と「自己表現」を求めて旅立つようになる、というものである（ルックマン、一九八二、一六六）。ルックマンはさらに、個人の行為は公的制度によって規制されるから個人は直ちに自己の「自律性」の限界を悟って自己実現の探求を「私的領域」に限定するようになるという。そのような営為が従来の教会志向型宗教と位相を異にする「見えない宗教」をもたらしていると彼は論じる。その意味では、「自己実現」と「自己表現」がわれわれの時代の宗教性においても見逃すことのできない特質になっているといえる。教会志向型宗教では、社会的文脈において自らの存立を保持するために、その内部において個人の「私的領域」での「自己実現」と「自己表現」をうまく引き出すことが肝要であろう。このような視点から宗教と宗教を求める人びとを眺めたとき、ＰＬ教団はまさに現代社会の宗教性の特質を巧みに内在化させ展開していると考えられるのである。

## 2　宗教文化の変容

### キリスト教文化との位置関係

ここではＰＬ教団に入会した人びとがどのような宗教意識を持ち、入会以前に持っていた信仰とＰＬ教団の教えとの間にどのような折り合いをつけているのかという点を考察しよう。

筆者の調査では、一七人がＰＬ教団の会員であると同時にカトリック教徒であり、一人がＰＬ教団とプロテスタントの信者だと答えている。こうした二つあるいはそれ以上の宗教に入信する傾向は、ＰＬ教団に入会して間もない会員たちにみられるものだが、彼らはほぼ共通して次のような理由を語っている。

「私は、ＰＬ教団の信者でもあるし、カトリック教徒でもあります。というのも、今もなおＰＬ教団が宗教であるとは考えられないからです。ＰＬ教団は宗教施設なんです。ＰＬ教団はとても美しい教えをもった人生哲学なんです」。

最初に述べたように、このようなことはＰＬ教団の教会を初めて訪れたブラジルの人びとが持つ第一印象と一致する。つまりＰＬ教団はキリスト教のいわば下部組織に類し、キリスト教を補完して支援する団体であるという認識である。この認識はカトリック文化に馴染んだブラジル人に安心感を与え、彼らが新しい宗教であるＰＬ教団に違和感をもたないで入会できるようにする効果がある。これはＰＬ教団の巧みな布教戦略を反映しているともいえる。こうしたことは、ブラジルのＰＬ教団の正式名称（Instituição Religiosa Perfeita Liberdade）に宗教施設（Instituição Religiosa）という用語が使われ、カトリックとは異なる宗教団体であるというイメージを前面に打ち出していない点からも裏づけられる。

「宗教施設という言葉を初めて耳にした時、ＰＬ教団がキリスト教と異なる宗教だとは思わなかった。だから、すんなりと教会に足を運ぶようになったと思う」と語る者が面接調査では少なくなかった。サンパウロのある女性教会長もそのように語る一人である。

次に、カトリック教会のミサに出席するＰＬ会員たちについてみてみよう。

ブラジルのある調査結果によれば、一週間に一度は必ずミサに出席するプロテスタント信者の割合が八八％という高い数値を示す一方で、カトリック信者の割合は一八％、また一年間で数回出席するという割合も二二％にとどまっている（Fonseca 1998 での引用）。カトリック信者のこのような宗教行動はブラジル人の「カトリック離れ」を裏づけている。一方、筆者の調査結果では、ＰＬ教団会員がカトリックあるいはプロテスタントのミサに年数回出席する割合は、全体で三五・二％となっており、カトリック信者の比率より高い。ちなみにＰＬ教団会員のカトリック出身者は七四・八％だった。カトリック教会のミサへの全国平均出席率と筆者の調査結果を単純に比較することは不用意すぎるが、カトリックの信仰に熱心だが現行のカトリック教会の指導に満足できなくなった人びとが宗教的浮動人口となり、ＰＬ教団会員となり、教団のかなり高い割合を占めるようになっていると推測できる。しかも、そのような人びとは、カトリック教会から離れてもカトリック信仰との精神的つながりを完全に絶ったわけではない。この「カトリック離れ」の傾向を示すブラジル社会において、ＰＬ教団への入会はカトリックの信仰には熱心な宗教的浮動人口が見いだした新たな寄る辺の一つでもあると理解できよう。つまりＰＬ教団にみる「カトリック離れ」とは、カトリック教徒がカトリックの信仰から離れたのではなく、これを全うするためにＰＬ教団に入会し、信仰の場として活用することを意味する。

では、プロテスタントとの兼ね合いについてはどうだろうか。一歳になる一人娘のシングルマザーである四十歳女性の事例から検討してみよう。彼女の入会理由は「仕事を見つけるため」だったが、娘の父親との間に子どもの認知をめぐる問題を抱えていた。彼女は、アセンブレイア・デ・デウス（Assembleia de Deus）を信仰する両親に育てられ、成人するまでその教会に通っていた。一九一一年にブラジル北部で創設された初期ペンテコスタリズムの一派であるアセンブレイアは、レシフェ市ではペンテコスタリズム全体の約六割を占める（IBGE, 1991）。アセンブレイアでは男女間の節度に厳格で、ミサでは男女が左右に別れて座ることになっている。そして、服装について規制が多いことは元信者が指摘するところであり、女性は男性に対して従順でなければならないとも説く。

「アセンブレイアでは、『知恵ある女は家庭を築く。無知な女は自分の手でそれをこわす』（旧約聖書、箴言第一四章‐一）という聖書の句を引用しますが、その内容の伝え方は表面的でした。どのようにすればそうなるのか、ということまでは説明できていなかったと思います。PL教団の場合にはいかに実践すればよいかを教えてくれるのです。男性に求めず、男性と違う意見を言い張るようなことはしないのが知恵だと教えてくれるのです。それが従順であり、知恵を使うということなのです」と彼女は述べている。四十歳女性の理解によると、アセンブレイアの説教は強圧的で「厳しくて信者をロボット扱い」し、PL教団は個人の自由をいかに引き出すかを説く点に違いがあるという。

近年のブラジルでは女性の社会的地位が向上し、女性自身も活躍の場を幅広く求める傾向にある。PL教団の教会では「女の道」という講座が開かれ、未婚女性や結婚を希望する年輩の女性が受講する。彼女らはPL教団の教えを支えに変化する社会への対処方法を模索しているといえる。一方、「男性に求めず、男性と違う意見を言い張るようなことはしない」という思考法は、同様に男性も自分の意見を他人に強制せず、自己の変革をはかって状況に対応せよ、とのメッセージであると伝えられている。この点は次に論じる「心なおし」に関係するものである。

変化する社会において男女間のジェンダー（社会的性差）の境界が揺らいできていることは、現代社会の一つの特徴であり、ブラジルに限ったことではない。しかし、アセンブレイアでジェンダーを強調され、意識させられた前述の女性には、社会変化の波が一層敏感に感じられた結果、それに対応するための具体的な指針が必要となったと考えることもできる。社会の変化は、ジェンダー意識の変化も含め価値観を転換させ、多様化させる。彼女の事例はこうした価値観の多様化が生んだ結果ともいえるが、彼女にはアセンブレイアよりPL教団の教えが柔軟に映ったといえる。

## 心なおしとカルデシズム

では、ＰＬ教団に入会した人びとは教団からどんな新しい要素を学び、各々の生活にどのように活かしているのだろうか。

ＰＬ教団の信仰が、各自の「自己表現」を促す個別指導によって伝えられることはさきに示した通りである。夫の女性関係に悩み、背中の異常な痛みに苦しめられ、精神的に落胆して入会した六一歳の女性（当時四〇歳）は次のように語る。

「医者に通い薬も飲みました。ＰＬ教団の教会長は、私の性格が変わらない限り同じような苦しみをするようになると話しました。（中略）オリエンテーションでは笑うように指導されました。『日の如く明らかに生きよ（処世訓第八条）』と教えられました。良い面だけを考えるように教えられました。大切なことは人を変えるということではなく、自分自身が変わるということなんです」。

ここに示されるように、自分自身の心のあり方を変え救済を得ようとする考え方は、日本の新宗教研究の領域で「心なおし」と呼ばれる。ブラジルに渡った多くの日本の新宗教の教えに共通するこの考え方は、心を入れ替えることで神や仏などの超越的存在によって守護を得ることができるとする。これは個人の救いや幸福を実現するための倫理的基盤となっている（島薗、一九九六）。

ＰＬ教団では「心なおし」の考え方を、「個人の心（表現）の歪みである『心癖』をとる」と表し、教化の柱の一つにしている。ＰＬ教団における「心なおし」の特徴は、聖典に示された具体的な信仰徳目を信者が学び、それを実践するところにある。ＰＬ教団の信仰が「わかりやすい」「実践的だ」と会員から評価される根拠はここにある。

また、「心癖」をとることの必要性が説かれるのは単に当人の幸せを願ってのこと、すなわち現世的な意味においてのみではない。ＰＬ教団の「心なおし」は「家の流れ」をきれいにし、ひいては世界平和を実現することを究極的な目標に置き、その実践は祖霊信仰にも結びつけられている。俗なる時間においては「芸術表現」を、聖なる時間においては「祖霊信仰」を心がけることがPL教団の信仰である。筆者のインタビューで、レシフェ教会のある女性布教師は参拝者が最も多く教会に集まる日は祖霊祭だと指摘した。「家の流れ」とは先祖から伝えられた徳・不徳を意味し、それらは自分や自分の子孫に伝わるとされる。会員たちは不徳を払い、徳を積むことを心がけ、自分たちの過去（先祖）、現在、未来の幸福を願って祖霊祭に参拝しているといえる。

ところで、PL教団会員には、この「家の流れ」という考え方をカルデシズムが説く輪廻転生の教えと同様のものだと理解する傾向がみられる。しかし、PL教団としては「輪廻はない」という立場に立っている。PL教団の教えでは、人は亡くなると神のもとに帰ると理解されているからである。元来キリスト教世界においても輪廻の考え方は異質だが、ある社会調査によるとブラジル人の四五・四％が輪廻を信じているという結果がある（Hostal 1991：22）。「家の流れ」に関して会員たちが教学的理解をしないのは、カルデシズムによって変容させられたブラジルの宗教風土の一部が、PL教団への入会にも影響を与えているためと考えられる。

（上）個人宅で行われた個人指導。正面左は補教師。
（下）レシフェ教会で行われた「先祖の日」の儀礼。祭壇手前には慰霊のための献花がみえる。（筆者撮影）

カルデシズムの信者だった四六

歳の女性は、「なぜかお金が貯まらなかった」ことを理由に弁護士を辞め、不動産業に転業して現在に至っている。彼女は自分の入信のきっかけと、PL教団およびカルデシズムとの共通点を次のように語っている。

「去年の年末、この教会の前を通りかかったとき、教会の人たちがビーチパラソルを拡げて『祝福を受けませんか』、と誘っていたんです。『祝福願い』という用紙があって、そこには経済的な問題、夫婦関係、などの項目に印をつけることになっています。私は、経済的な問題のところに印をつけました。（中略）カルデシズムでは神を信じ、前世をも信じます。私はカルデシズムを知っていたからこそ、PL教団の教えも早く理解することができたんです」。

今回の調査では、以前カルデシズムを信仰していた人は全体の約一割だったが、彼らはPL教団の教えがカルデシズムと非常に似ていると証言する。日本の新宗教とカルデシズムの教義の連続性は他の研究でも指摘されており（松岡、一九九七・山田、一九九九）、このことが彼女の入会を容易にさせたといえる。しかし、彼女をPL教団に定着させたのは、そのような観念的な部分よりもむしろ人間関係という社会的な側面だった。カルデシズムと比べると、PL教団の活動を通して信者同士の親密な人間関係が体験できると感じたことが彼女を教団に定着させる要因になったとみられる。彼女の語りによれば、カルデシズムでは一人一人が読書を通じて自分の霊の成長を心がけることが信仰生活の実践において重要であり、PL教団では個別指導や多くの人の体験談を聞くことによって喜びや悲しみを「ときには兄弟のように、ときにはセラピストのように」共有できるという。その意味において、カルデシズムはPL教団に比べると「互いのつながり」の感覚が非常に薄いという。彼女はまた、都市生活の匿名性とそれを解消することのできるPL教団の連帯性について語っている。隣に住む人の名前さえわからない無味乾燥な都市での生活。人びととの心の乾きを、教会における個別指導によって生み出される対面接触的なつながりが潤しているといえる。

変容する祖霊信仰

祖霊信仰は、先祖の霊を弔うことが現世に生きる人びとの救済につながるとする考え方である。カルデシズムやアフロ・ブラジリアン宗教では、先祖や死者の霊、守護神や悪霊が霊媒を介してメッセージを送ったり、憑霊によって実体視される場合があるから、ＰＬ教団の会員たちの中にも実体的な先祖の霊魂が災因と救済に係わっていると解釈する者がある。その結果、ＰＬ教団の教えをブラジルの宗教文化の枠組みで解釈するケースがみられる。面接調査を行ってみると、ＰＬ教団に入会し祖霊信仰を指導された結果、霊の働きが強くなったと考える者がいる。これはＰＬ教団のブラジルにおける独自の展開を示すものとして興味深い。たとえば、元修道女で公立学校の教壇に立った経験を持つ五八歳の女性は、次のように語る。

「妹に『何をしているの』と聞かれることがあるんですが、そんなとき私は先祖と話をしているのです。家の火を消さずにこの教会に来てしまったことがありましたが、先祖の霊が消してくれました。ＰＬ教団が先祖を重んじるということを教えてくれたから、そのような経験をするようになったのだと思います」。

ある日本人幹部は、ＰＬ教団の祖霊信仰を非日系ブラジル人に伝える際に心がけている点を次のように語る。

「先祖を拝むということは物事が客観視できるようになる、ということなんです。自分自身ががんじがらめになって、どこに問題の糸口があるのか分からないときに、神様や先祖を拝んで一歩二歩下がってみると見えてくるようになるんです。実際には、霊が何かをしてくれるということではなく、個人が、自らの努力によって、実相を観入（客観視）することで問題が解決されるようになります。しかし、会員たちは霊が何かをしてくれるのだ、というふうに考えています。実際にそれで救われているのだから、それでいいんです。またそれで客観化できるのだから、それでいいんです」。

ＰＬ教団は、教義の「ブラジル的な展開」を教義学的あるいは教条主義的に正すことはせずに、会員らがブラジルの宗教的文化のなかで彼らなりに教義を理解することにたいして寛容であるようだ。ＰＬ教団の思想はブラジルの風土に移植され、会員たちはそれをブラジル的な枠組みで解釈し、受容する。ＰＬ教団の祖霊信仰は、こうした過程を経て展開しているとみられる。しかし、ＰＬ教団本来の基層的な信仰がそれによって変容を免れない場合があることは事例でみた通りであり、同時にブラジルの宗教文化はそれによって変化していくのだ。

## おわりに

以上、ブラジルの社会におけるPL教団の受容の問題を通して宗教風土の変容過程の一側面をみてきた。

総じてカトリック的であると考えられてきたブラジルの宗教文化は変容をつづけ、その結果一九八〇年代からカトリック信者の「カトリック離れ」が顕著になり始めた。そして、このような宗教風土に新しい宗教集団が加わることによってこの「カトリック離れ」は一層動態的になった。そこには社会変化に伴う価値観の変化という要素が大きく関係している点を指摘した。

本章では、一見「カトリック離れ」しているようなカトリック信者が、補完的な宗教として新しい宗教団体に加入するという現象をPL教団の事例から見てきた。こうしたことはPL教団会員のキリスト教会のミサへの出席率の高さから裏づけられる。この「カトリック離れ」の特徴は、ことPL教団の入会事例をみる限り、吸引力を失った制度的な宗教集団から他の魅力的な集団に個人の帰属が変更されたに過ぎず、信仰そのものの内容の変化には至りにくいというものである。とりわけ、PL教団の場合には会員にとっての魅力が、オリエンテーションという指導方法にあると指摘されたことを考えると、入会はPL教団の教えの中身よりもむしろ、教え方、導き方に影響されているといえる。その意味において、ブラジルのPL教団は、カトリックの教会活動の補完的要素として人びとに受け入れられる傾向にあるとみることができる。つまり、例外はあるものの、PL教団の教えは、カトリックに対する補完的性格を持つものであり、人びとにとっては自己実現のためのアドバイス、あるいは精神的なセラピーを提供するものとして受け入れられる傾向にあるということである。

## 参考文献

Fonseca, Alexandre Brasil. (1998) "Nova era evangélica, confissão positiva e o crescimento dos sem religião", VIII Jornadas sobre Alternativas Religiosas na América Latina. mimeo, São Paulo.

Hostal, Jesús. (1991) "Panorama e estatísticas do fenômeno religioso no Brasil", *A igreja católica diante do pluralismo religioso no Brasil.* tomo 1, Estudos da CNBB no. 62, Edição Paulinas, São Paulo. pp. 9–61.

IBGE. (1991) *Censo Demográfico.* Instituto Brasileiro de Geografia e Estatística, Rio de Janeiro.

Machado, Maria das Cores Campos. (1996) *Carismáticos e pentecostais.* Ed. Autores Associados, Campinas.

Sanchis, Pierre. (1997) "O campo religioso contemporâneo no Brasil", Ari Pedro Oro e Carlos Alberto Steil (orgs.) *Globalização e religião.* Vozes, Petrópolis, pp. 103–116.

トマス・ルックマン／赤池憲昭他訳（一九八二）『見えない宗教』ヨルダン社。

松岡秀明（一九九七）「霊の進化——ブラジルにおける世界救世教の受容をめぐって」（『東京大学宗教学年報』第一五号、一三～二五頁）。

中牧弘允（一九八五）「ブラジルにおける日系多国籍宗教の現地化と多国籍化——パーフェクトリバティー教団の場合」（『研究レポートⅨ　ブラジルの日系新宗教』サンパウロ人文科学研究所、五七～九八頁）。

パーフェクトリバティー教団文教部（一九九七）『ＰＬ信仰生活心得解説』芸術生活社。

島薗進（一九九六）「心なおしとは何か——新宗教の日常的倫理実践と日本の『心』観の伝統」（『宗教学論集』第一九輯、駒沢大学宗教学研究会、一七～三五頁）。

山田政信（一九九九）「改宗を正当化する語りの論理——ブラジル北東部における天理教を事例に」（『ラテンアメリカ研究年報』第一九号、日本ラテンアメリカ学会、二九～五五頁）。

二〇〇〇年四月ペルー総選挙における首都リマ・最高裁前広場、フジモリ支持者集会の様子。

# 第二部 権力をめぐる世界

歴史的にヨーロッパ人による植民地支配の結果として形成されてきたがゆえに、ラテンアメリカの社会では、支配層と被支配層の間に大きな政治的・経済的隔たりがみられる。第二部では、権力を持つものと持たざるものとが、近代民主制という建前の下でどのような関係をとりもってきたのか、多様な視点から論じられる。

# 民衆の帰依と裏切り
## 二〇世紀フォロワーシップの政治学

遅野井茂雄

### はじめに

二〇世紀は「極端な時代」（E・ホッブズボーム）というように、様々に総括されるであろうが、民衆（people）が市民生活のメインストリームに登場する「民衆の時代」であったという点に異論をはさむ者はいないだろう。ラテンアメリカでは独立後、植民地支配を継承した少数の白人貴族の時代が続くが、二〇世紀に入ると都市化に伴って民衆層が登場し、大都市を中心に「大衆社会」が出現した。街頭やプラサ（中央広場）に溢れる民衆の姿が、政治の日常の光景となる。膨れ上がる民衆の存在と、要求・参加の動きを、いかにコントロールしつつ国民生活や政治に統合するか。エリートに突きつけられたこの難題は、「民衆の名による政治」ともいうべきポピュリズム（Populism）によって回答が与えられた。

ポピュリズムは、情緒に訴えて民衆の心をつかみ操作しようとするリーダー（ポピュリスト）と、そのカリスマの磁力に惹かれたフォロワーズ（支持者）の忠誠を特徴とする。リーダーシップという観点だけではなく、フォロワーシップという言い方が許されるなら、そこからはポピュリストを利用し、ときに他のポピュリストに乗り換えて、生活改善や社会上昇を実現しようとする民衆たちの計算高い姿も見えてくる。

## 1　ポピュリズムのイメージ

### ポピュリストの群像

一九世紀末にかけてラテンアメリカでは、先進国での第二次産業革命の波に促される形で、一次産品輸出経済による初期近代化が本格化した。砂糖、綿花、コーヒー、ココア、バナナ、肉牛、小麦、銅、スズ、石油といった資源開発に外国資本が群がり、輸出が進んだ。開発のダイナミズムは、二〇世紀初めには農村構造の崩壊や、内外の移住者の都市集中による首都人口の急増など伝統社会の変容をもたらし、また失業やスラムの広がりといった社会問題を発生させた。こうした初期近代化による社会経済の変動と危機を背景に、第一次世界大戦後から、世界恐慌で輸出経済が危機に直面する三〇年代、そして第二次世界大戦後にかけて、各国で強力なリーダーが出現している。

ウルグァイのホセ・バジェ、チリのアルトゥロ・アレサンドリ、ブラジルのジェツリオ・ヴァルガス、メキシコのラサロ・カルデナス、アルゼンチンのファン・ペロン、パナマのアルヌルフォ・アリアス、ベネズエラのロムロ・ベタンクル、コスタリカのホセ・フィゲレス、ボリビアのパス・エステンソロ、エクアドルのベラスコ・イバラ、ペルーのアヤ・デラトーレと、六〇年代までに限っても、強い個性を放つポピュリストの群像は尽きない。性格やスタイル、政策内容には色合いの違いを残しながらも、いずれも各国の現代史に大きな足跡を刻んだ指導者たちであった。

## ポプラールとは

民衆の登場は、伝統的支配層の目には危機と映るが、権力を競う者には権力獲得の新たな資源となる。特に三〇年代以降の普通選挙の導入は、古い植民地的な少数寡頭支配（オリガルキー）をくつがえし得る画期的な出来事だった。近代化に伴って登場する新興エリート、少数支配に不満を持つルサンチマン、上昇指向の野心家アリビスタにとり、数の原理がものをいう「人民の支配」、つまり民主主義は、政権到達の格好の乗り物を提供する。エリートは「民衆」（スペイン語で pueblo、ポルトガル語で povo）の支持に訴え、「人民の意思」に立って権力を正当化しようとした。こうして「民衆の」「人民の」（popular　ポプラール）という形容詞を持つ政治運動が数多く誕生する。ペルーの代表的ポピュリズム運動、アプラ（ＡＰＲＡアメリカ革命人民同盟）は別名「民衆の党」で、アルフォンソ・ウガルテ通りの党本部は「民衆の家」と呼ばれている。ベネズエラの民主行動党（ＡＤ）はチョルードス（サンダル履きの人びと）の、アルゼンチンのペロン党はデスカミサドス（ワイシャツを着ない労働者）の党であった。特権のない大多数の貧しい民衆たちが、たとえフィクションであれ、誇りを持って政治の主役となることが想定された時代の到来である。

## カリスマ

共和制時代のラテンアメリカにおいて、ボリーバルからカストロやフジモリに至るまで、リーダーはフォロワーズを包み込む男らしく力強いマッチョであり、カウディジョ（統領）であった。一九世紀前半の混乱した独立期を彩るカウディジョたちは、共和国が直面した深刻な政治空白を私兵と派閥を率いて埋め、中央の覇を競った実力者たちだが、この言葉が二〇世紀において死語とならなかったのは、この地域の政治文化における指導者の資質と関係があるからだろう。ポピュリストはまぎれもなく現代版カウディジョだ。人間の個性の強さを強調するラテン世界には、矛盾するようだが、個人崇拝の土壌がある。人びとは理念や主義よりは、なによりもリーダーの人間的魅力に惹かれる。並はずれ、非日常的で特別な個人資質、つまりカリスマを持つ強い人物に帰依することにより、他と異なる自己の魂の昇華や実現を期待するのである。特に危機を背景に登場する救世主的なポピュリストにカリスマは不可欠だ。

### ペルソナリズムないし家産官僚制

ポピュリズムにおいて重要なのは、リーダーと民衆との関係である。力強い指導者と支持者の間の個人的で垂直的な依存関係、政治学でいうパトロン - クライアント関係がこの運動の中心を貫いている。身分や財産、権力と地位の異なる二者の間で、忠誠の見返りとして庇護や恩恵を期待する直接的な依存関係である［本書一六一頁、吉田論文参照］。

ラテンアメリカは植民地以来、白人を頂点に、混血層を介し、底辺にインディオ先住民をとどめる身分制的な階層社会を特徴とする。富める者と貧しい者、教育のある者と無い者との間に、大きな格差が構造的に組み込まれた社会だ。血統の純粋さや肌の色に規定された植民地的身分制社会は二〇世紀に入り変化したが、階層社会の本質は変わっていない。法の前の平等や機会均等の原則も、多くの民衆層にとっては死文に過ぎない厳しい現実がある。こうした社会において、身分の低い者が上昇し成功するにはどうするか。直接対決や実力で上位の地位を獲得するよりは、より影響力のある上位の人にすり寄り、取り入ることにより、実益を得る方が現実的であった。

反対に上に立つ者は、使用人やペオン（小作ないし農業労働者）として下の者を、温情主義をもって取り込んで擬似的な大家族を作っていく。大農園（アシエンダ）や大家族の主人と、使用人やペオンとの間にみられた古いタイプの関係が原点だ。カトリックの代親制が制度的にそれを支える。子どもが生まれるとパドリノ（洗礼親、代理親）が必要になるが、実の親は多くの場合、自分よりも身分や財産、権力と地位において上位にある者を選ぶのが普通だ。奉仕や忠誠をもって尽くす代わりに、子どもの将来のみならず自分やファミリー全体の生活がパドリノによって、少しでも保障されることを期待するのだ。

アヤ・デラトーレは、一九二四年、亡命先のメキシコで、反米帝国主義、産業の国有化、ラテンアメリカの統合などを綱領としたアプラを旗揚げし、ラテンアメリカ全体のポピュリズムの流れに影響を与えた人物である。三〇年ペルー・アプラ党（PAP）［本書一四六頁、村上論文参照］を打ち立て、その後半世紀にわたりペルー政治の帰趨を左右することになるが、生前アヤは、アプラ指導層と民衆の関係の原点を、家父長的な温情主義パターナリズムに求めている。つまり出身地ペルー北部トゥルヒリョの貴族的な農園主と、使用人や農民との間にあった伝統的な関係に、この「民衆の党」の成長の源を探っているのだ（Stein 1980 : 156）。

この関係は、抽象的な原理や理念、冷たい法律や規則よりは、特殊具体的な個人関係に基づき役得や情実を介して物事を処理しようとする行動様式とつながっている。いわゆるペルソナリズムもポピュリズムの重要な要素である。ポピュリストは、組織や制度による仲介機能を重視するというよりは、物質的、精神的な施しをもって、民衆との間に直接的で個人的な関係を築くことを好んだ。個人的一体感がいかに強いかは、バルギスタ、ペロニスタ、アヌルフィスタ、アプリスタ、ベラスキスタなど、この運動が指導者自身の名を持つ党派的アイデンティティによって表現されることからも理解されよう。その抽象的表現も民主主義や社会主義といった普遍的理念ではない。バルギスモ、ペロニスモ、アヌルフィスモ、アプリスモ、ベラスキスモ、あるいはフジモリスモなど、個人に体現された固有のイズムだった。その個人的運動において、彼らはいずれも、運動の創始者として絶対的で、最高指導者（jefe máximo）でなくてはならない。

もちろんポピュリズムの勃興する大衆化された都市社会において、大農園にみられた古い家父長的な関係、つまり忠誠や支持の見返りとして保護や便宜を受け取る直接的な関係に基づいて、全てを取り仕きることはできない。国家的パトロンとしてのリーダーとクライアントとしての民衆の構図を具体化するには、その間に、様々なブローカーとしての部下が介在することになる。指導者たるパトロンは、個人的に信頼のおける部下に、党や組織の一定領域の支配について裁量権を委ねるが、部下に忠誠心や役得を競わせて、部下の間に横のつながりや結束が生ずるのを避けようとする。その部下は同じように下方にクライアントを作り、同様の分断支配を特徴とし、底辺のない数珠つなぎのピラミッドを構成することになる。

ポピュリスト率いるパトロン‐クライアント集団がひとたび政権を握るとどうなるか。政府機構全体がその持つ規制や裁量権をテコに、特殊な人間関係、情実や縁故、役得に支えられた家産官僚制を作りだすことになる。マックス・ウェーバーが、非人格的で明確に規定された法に基づいて物事が処理される近代官僚制との対比で定義したものだ。大統領となった指導者は、信頼のおける部下やアミーゴ（友人）を省庁や国営企業に配して、その裁量に委ねるが、大臣や総裁は同じように信頼のおけるクライアントやアミーゴを登用して、全体の支配を固めていくことになる。こうしてポピュリスト政権は民衆の名を語りながらも、公益の実現というよりは、かなりの度合いで、一族郎党、派閥、縁故、友人などにつながった私益を追求することになりがちだ。

## 父と子、そしてエリート主義

つまりリーダーと民衆の関係の根底に流れる重要なイメージは、擬似的な家族における「父と子」のそれである。慈悲深い温情主義的な手を差し伸べる父としてのリーダーと、保護を受ける弱い子どもとしての民衆、成熟した教養ある教師としてのリーダーと無知な民衆という構図だ。ポピュリズムにみられる強いエリート主義、権威主義の根がここにある。今日でも大学出身者が基本の中間層は、当然のことながら、自分たちは民衆には含まれないと考えている。階層社会において両者の間には深く大きな溝があるのだ。

「貧しき者の父」と呼ばれたのはヴァルガスである。カルデナスは生まれ故郷ミチョアカン州で「父ラサロ」と呼ばれた。チリの社会主義共和国（一九三二年）を樹立した「左翼カウディジョ」、グローベ空軍司令官も、労働者の父でありパトロンとして信頼を集めた（Drake 1978）。アヤも、自らを政治的家父長と考え、父親の権威とともに子どもを包み込む愛情をもって個人的に労働者と接した。ペロンはデスカミサドスの父であり、その保護者として登場する。

ポピュリストが労働者・民衆の父であれば、それを献身的に支える夫人は母であった。ペロンとつながることでカリスマ性を発揮した「エビータ」ことエバ夫人は、研究者ナバーロの表現を借りれば、「父なる神との仲立ちをする処女マリアの化身のようだった。(中略)新世界の指導者ペロンの側《そば》にいることを神に選ばれた神聖な母であった。子どもがなかった彼女は、デスカミサドス全ての母であり、貧者、老人、虐げられた者が幸せになるために、人生を犠牲にした聖母であった」(Navarro 1982 : 62)。

ちなみにカリスマを基礎とする指導者と支持者の関係は、しばしば宗教的関係に転化する。アプラの宗教性は特に顕著だ。アプラはあまりに過激に登場したため地主支配層の反発を買い、軍に弾圧されたが、それが「アプラだけがペルーを救う」(Seasap)という道徳的な十字軍運動や原理主義を生み出した。人民の大義のために迫害されたアヤの殉教者像が、受難を引き受けるキリストに重ねられ(「キリストのようなアヤ」)、党の宗教的家族主義を強めたのだ。しばしばポピュリズムはカトリック教会と摩擦を起こした。

メシア的指導者の死は偉大な父の死と重なる。一二〇年前のアヤの死は国中を深い悲しみの底に沈め、リマからトゥルヒリョまで、遺体が運ばれた長いパン・アメリカン街道の沿道を失意の支持者たちが埋めた。死の悲しみは暴動にも発展する。ポピュリズムが重要とならなかったコロンビアで、四八年、未完の運動を導いたホルヘ・ガイタンが暗殺されたとき、救世主の突然の死は支持者を暴動(ボゴタソ)へと駆り立てた。民政の伝統を誇るコロンビアを二〇万人の犠牲者を出すビオレンシア(暴力)の時代に突き落とすのだ(Sharpless 1978)。また五四年、ヴァルガスが大統領辞任後ピストル自殺をはかったショックは国中を覆い、暴徒と化した支持者たちは、政敵とみられたラジオ局や、アメリカ合衆国(以後、アメリカと表記)の領事館や企業を襲った(Levine 1998 : 88–89)。

### 階層間の協調

アヤにとって、ヨーロッパ先進国と異なり遅れたペルーの労働者層は、未熟で、子どものような存在で、自力で革命を率いる力はなかった。自身の言葉を借りれば「子どもは生き、痛みを感じ、痛いから抵抗もするが、自分自身を導くことはできない」(Stein 1980 : 156)。変革を遂行するには、知識労働者である中間層の指導の下で、外国資本の犠牲となった小ブルジョアジーや中間層(知識労働者)と、肉体労働者である民衆との連携関係を築くことが不可欠であった。こうして半植民地・半封建的寡頭支配に苦しむ諸階層の連携・協調という、ポピュリズム運動の原型が生み出されてくる。大財閥に支配されたスズ生産、そのモノカルチャーに依拠したボリビアで、一九五二年のボリビア革命を率いた国民革命運動MNRの指導者も同じだ。パス・エステンソロによると「ボリビアのような半植民地的な国では、プロレタリアートだけで革命はできない。MNRは、転換を求めるプロレタリアート、農民、中産階級、小ブルジョアジーの政党だから勝利したのだ」(Mitchell 1977 : 39)。

**新しい技術と心の手品師**

近代化の産物であるポピュリズムの発生の裏には、新しい情報伝達手段や交通手段の発達があった。ラジオ(のちにテレビ)の普及はリーダーの声を広く浸透させ、政治のあり方を一変させる。自動車は指導者と支持者との接触を頻繁なものにした。全国キャンペーンや大規模な集会が可能となったのである。農村の共同体世界から都市に集まった無定形な民衆を、たんなる群集や暴徒にとどめず、政治統合の方向に動員することを可能にしたのだ。

支持者で埋まったプラサを支配するものは、音楽や踊り、パレードなどで一体感を醸し出す道具仕立てである。最高指導者や幹部の登場を盛り上げる、巧みな演出やプロパガンダの手法だ。「同志よ!」「プロレタリアート・ペルー! 立ちあがれ! 君らの指揮官が到着した! ビクトル・ラウル・アヤ・デラトーレ!」(Stein 1980 : 181)。アヤの誕生日(二月二二日)は「友愛の日」として今でもアプラ最大の行事だが、白いハンカチとマルセイエーズがアプリスタ(アプラ党員)を強く結びつけるシンボルである。「アーープラ! アーープラ!」「ビクトル・ラウル! ビクトル・ラウル!」。そして一瞬の静寂の後、バルコニーや演台からマイクと拡声器を通じ大衆を圧倒するのはポピュリストの稲妻のような演説だ。

知識階層出身のポピュリストたちは、いずれも民衆の心の琴線に触れる演説の妙手、心の手品師だった。外国資本に富を売り渡した特権支配層の堕落と腐敗、それを支える「偽りの民主主義」を指弾した。帝国主義や外国企業の横暴を非難し、危機感を煽り、社会正義の実現や経済的解放を訴えた。過去の文明の偉大さとともに労働の偉大さを訴え、「主人公」である民衆に誇りと自信を与える。「労働者は祖国の礎《いしずえ》だ」（ベラスコ）、「民がそれを作った」（フェルナンド・ベラウンデ）、「労働者は決して裏切らない」（ヴァルガス）。聴衆は、ときに矛盾するその内容を理解したり共鳴するというよりは、むしろ情緒的にそれに感じ入る。弁舌にうなずき、魂を昂ぶらせ、拍手喝采して、応えた。その興奮はときに演説をさえぎった。人びとはむせび、何時間も指導者との一体化を演じたのである。

その内容は大言壮語、デマゴーグの部分が多かったが、民衆の心をつかむコミュニケーション能力と雄弁術がポピュリストには不可欠であった。「飢餓、貧困、失業、悲惨さからの脱却を」、「パンと家と仕事を」、「百万人の雇用を」、「真の民主主義を」と、貧困も正義も全てが一挙に解決できる万能薬があるかのような幻想を抱かせる。「バルコニーを与えよ。さすれば大統領に復帰するだろう」とは、組織や政党に頼るよりは直接民衆に訴えることで、五度にわたり大統領の座を射止めたエクアドルのベラスコ・イバラの有名な言葉だ。

**ナショナリズム**

階層間の協調を保つのに、明確なイデオロギーはむしろ邪魔である。階層間の対立や政策の矛盾を隠し、国民的一体感を強めるには、反帝国主義や反米主義などのナショナリズムが効果的だ。外国支配とそれに結びつく地主寡頭層を非難し、その支配から全ての層＝国民を解放し、各層の政治的統合に意味を与えるのだ。「ペルー人によるペルーの征服」（ベラウンデ）、「パナマ人のためのパナマを」（アリアス）。経済を支配していた英米資本の国有化は、国家の威厳と主権回復のシンボルであり、国民の団結心を高めた。「第二の独立」としてナショナリズムを昂揚させ、国の個性とアイデンティティの確立に貢献したのだ。ポプラールとともに、ナシオナール（国民の）という形容詞が、ポピュリズム運動の両輪となり、疎外され排除されてきた民衆たちを国民として初めて政治や経済に統合する。独立以来一〇〇年を経てラテンアメリカの国家は、それを支える「国民」を作りだし、国民文化、国民経済とともに、国民国家として、ここに創造されたのである。

## 改革と社会正義

民衆の力で権力を手にしたポピュリストは、ひとたび政治野心を遂げると、裏切りや公約違反はあったが、基本には現状の打破と改革について明確な意思を持った。それは権力を維持し、新たな支持層を開拓するためにも必要だった。国家の機構と財政をテコに、輸入代替工業化による経済開発、社会改革や福祉の増進などの所得再分配政策を行った。労働者保護や、国によっては、輸出農業経済の発展の過程で奪われた土地を農地改革によって農民層に回復し、社会正義を実現する。ボリビアのMNR政権は、スズ財閥の国有化と農地改革とともに、無償教育の実施、スペイン語の読み書き能力の有無にかかわらず全ての成人に選挙権を与える社会革命を行った。改革の根本には、ナショナリズムとともに抽象的な社会正義実現の理念があった。ペロン党は正式には「正義党」だ。

## 秩序回復の政治工学

近代的な組織化とそのための政治工学術も不可欠である。ポピュリストは野放図な民衆の解放を意図したわけではない。伝統的秩序が崩れ、価値観が揺らいだアノミー的状況のなかで、B・アンダーソンのいう「想像された共同体」としての国民の創造やアイデンティティの確認、社会秩序の回復が、ポピュリストに担わされた役割だった（Conniff ed. 1982）。イタリアのムッソリーニ、ポルトガルのサラサール、スペインのフランコなど先進地中海諸国の全体主義の経験も重要だ。ときにその思想的つながりが政敵から攻撃されたが、ポピュリスト政府は自律的な運動体を崩し、あるいは取り込みつつ、改革や保護、便宜を通じて翼賛的な支持基盤を拡大し、政府自らの手で上からそれを組織化していく。職能団体主義（コーポラティズム）のような、まさに有機体的な階層秩序の近代版ともいうべき「新秩序」「新国家」に、組織化された労働者や民衆を位置づけようとしたのである。

### 国家中心型開発ないし、ばらまき型財政

ラテンアメリカの二〇世紀の大半は国家中心型の開発を特徴とするが、ポピュリズムはその機関車であった。国有化やインフラの整備を進め、政府の保護下に国内市場向け工業化を推進したのだが、経済政策、産業政策には政治支持の拡大という要素が組み込まれていた。政府は公務員を支持者で膨らませる雇用創出機関となり、特に政府系職員や組織労働者は、賃上げや、年金支給などの社会保障の下で厚く保護された。食料価格やガソリン価格、公共料金を低く統制し、都市民衆層の支持と消費を膨らませた。またポピュリスト政府は、企業家やときに農民にも融資を行ったが、目的以外に使われたり、腐敗の原因となったりし、インフレの中で返済もきちんと行われない例がみられた。

支持拡大をねらった、ばらまき型の経済政策は財政膨張型となり、財政赤字や経常赤字からハイパーインフレや累積債務拡大の原因となった。民衆の名を騙《かた》った経済政策とそれによる宴《うたげ》やバブルのつけは、経済破綻とその後の調整によって、最終的に民衆層の肩にのしかかる。ポピュリズム型の経済政策は債務危機を境に一九八〇年代には破綻を迎え、その後九〇年代にかけて、「小さな政府」と市場中心型の経済政策へと開発パラダイムは大きく転換する（遅野井、一九九九、第五章）。

## 2 「もう一つの道」とマリアテギの洞察

一九二〇～三〇年代のラテンアメリカに開かれた変革の道はポピュリズムだけではない。いうまでもなく社会主義の道も開かれていた。階層間の協調をうたうポピュリズムは、階級対立を前提とする社会主義を拒絶したが、反対に三〇年に早逝した「独創的な社会主義者」カルロス・マリアテギは、アプラの反帝国主義の階級同盟戦線を批判し、革命においては、あくまでも労働者と農民層を担い手の中核に据えようとした。小ブルジョアジー、中間層は、「民衆的なもの民族的なものを蔑視する」とマリアテギには映ったからだ。白人貴族層のクリオーリョ文化が

染みつき、支配層におもねる中間層の保守的性格のためである。「扇動的なポピュリズム運動としての反帝国主義による権力奪取は、プロレタリア大衆のための権力獲得とはならない」。また政権についた後は思いのままに「掌握した権力に立脚する」として、小ブルジョアジーのデマゴギーの危険性を非難したのである（マリアテギ、一九九九、二八六〜二八九）。

歴史の歩みは三〇年代以降、社会主義ではなくアプラの唱えた階層連携による変革、つまり中間層主導のポピュリズムが支配的流れとなっていく。農地改革を含む数々の民族主義改革の後も、先住民や民衆層を底辺にとどめる階層社会が温存され、差別意識が残された。政治文化におけるエリート主義的伝統も、修正を受けながらも基本的に維持されたのだ。マリアテギの洞察の正しさを裏づけることになったわけだが、それは裏返せば、ポピュリズムがペルーやラテンアメリカの政治文化に、より適合した変革の経路を提供したということを示している。政治文化に共鳴する形でポピュリズム運動が各国で発展したと判断することができよう。

ポピュリズムは歴史的にみれば、伝統的なオリガルキー支配を揺るがし、国政に民衆層を引き入れて民主化を進め、経済発展に貢献したことは疑いない。だが、「操作されやすい民衆」（ディテージャ）、国家資本主義の発展に向けた「下方への動員」（カルドーゾ）などと性格づけられたように、リーダーの主体性、動員される民衆層の受動性が特徴であった。ポピュリズムは民主化を促したものの、リーダーと民衆の関係は伝統的な垂直的依存関係や、強いエリート主義的、権威主義的な政治文化の枠内にとどまった。そのため自律的な市民社会の発展は限定的で、ときにポピュリストは独裁に移行した。

つまりポピュリズムは、近代化によって生じた危機において、社会的統制のメカニズムとしてきわめて成功したといえる。階層社会の下で、基本的な権力・社会構造を変えることなく、民衆たちが、財や福祉、権力の分与を政府から得て、社会的安定を取り戻す役割を果たしたといえるのである。逆にポピュリズムが押さえ込まれたため、こうした社会安定化の機能を果たせなかった中米などでは、社会革命の圧力が増大することになる。

## 3　忠誠と裏切り

しかしポピュリズムが目指した民衆の政治的コントロールは磐石とはいえなかった。メキシコ、ブラジルなど一部を除くと、コーポラティズムは理想やイデオロギーにとどまり、せいぜい支配機構の断片として残ったというのが正しい。民衆層の動員は両刃の剣であった。政治意識を必要以上に高め、過度の要求を強めることになるからだ。一時の安定と平和が達成された後、動員されたはずの労働者が自律化し政治化して、対立や不安定が深まった例は少なくない。ボリビアのMNR政権では、支持基盤であった労組が関連省庁や公共部門を支配し、中央政府の意向とは無関係に要求を突きつけてハイパーインフレの原因を作り、階層間の協調は崩れていく。経済安定の過程で、革命政権は再建した軍によって労組を抑え、分裂し、崩壊に至るのだ。

またカリスマは喪失する。カリスマ的カウディジョの支持は不安定だ。ペルーのガルシア、ブラジルのコロル、エクアドルのブカラムのように、一九八〇年代以降の第二世代のポピュリストたちもそうである。支持は魔物で、一端下落すると、その刃は指導者本人に向けられてくる。一時八〇%台だったガルシアの支持は、経済破綻で一挙に一〇%台まで下降し、公式の場に姿を現せない日が何日も続いた。「貧者の力」をスローガンに政権についたブカラムは、“Fuera!”「出ていけ！」と叫ぶ二〇〇万人規模の民衆デモの中で解任された。もちろん指導者は死を迎え、個人に依拠したポピュリズムが終わりを告げた例も多い。一般にポピュリズムに政党組織の弱さはつきものだが、ラテンアメリカの政党制度の弱さの原因の一端もそこにある。

ペロンと軍の連携も崩れていった。もっともペロンと労働者の一体感は強固で、ペロニスタの絆は指導者の死後も長く続いた。アプラもある程度はそうであった。三〇年代カルデナスが強力に組織化して練り上げたPRI（制度的革命党）体制は、特に強固だった。メキシコ革命の後継者という「革命神話」の上に、労働者、農民、ホワイトカラーを体制に取り込んだ。支持者と党の一体感が強く、ポピュリズムが直面したインフレ対策にあたってのコスト配分をめぐる対立が表面化せず、中間層を利したシステムが長らく機能したのだ。

他方、民衆は必ずしもリーダーが期待したほど従順でもなかった。支持者たちは指導者が当選したり権力につくと、その祭りの宴に加わろうとする。クリオーリョ的な都市の政治文化では、道徳的か否かにかかわりなく、巧みに立ち回ることによって利得を得ることを賛美する「ビベサの文化」が支配している。こうした中で民衆層も、政治がどう動き、その中でどのように立ち回れば得かということも知っていたし、ポピュリズム政治が続く中で、またそれを学習していく。

「パンとサーカス」だけで民衆は操作できない。当選後の党本部や支部には民衆層が列をなし、党員登録の引き換えとともに、職の斡旋を求めることになる。新政権では、ドアボーイから大臣の顧問に至るまで、個人的なつながりに基づいた何千、何万という雇用が生まれた。大臣や国会議長、総裁などの執務室の周辺には、秘書や顧問と称する手持ちぶさたの大人たちがうようよすることになる。

ペルーでは、新政権誕生の前夜になると、地方農村からの移住者の一団が、大都市周辺の土地に、正義の御旗である国旗を掲げて不法占拠に乗り出す。新大統領やファーストレディの名前をつけた居住区(バリオ)が誕生し、法的認可や水道・電気などインフラへの支援を期待して新政府の出方をうかがうことになる。そこには忠誠や代表をポピュリストに委譲することによって、その見返りに何の便宜が受けられるかについての費用と効果に基づいたプラグマティックな計算と判断がある。かりに費用が効果を上回った場合には、他のポピュリストに乗り換えて、便宜の拡大を図っていくことになる(Franco 1991)。忠誠と保護との関係、パトロンへの忠誠も永遠のものではない。

「貧しき者の父」バルガスの下には、権力を手にするや、様々な個人的請願が寄せられていた。親族への職の斡旋から、遠くに住む母親の保護、水の供給、契約の便宜、工場の賃金未払いの解決まで、そのリストは生活上のあらゆる内容を含んでいる(Levine 1998 : 152–156)。今日でも、大統領や市長、大臣、議員の執務室前で会見を待つ支持者たちの姿をわれわれは見ることができる。自分や子どもの就職の推薦を願う者、居住区に電気をと願う陳情、請願による紛争の解決、様々な便宜とパトロネージの分け前にあずかろうとする民衆の姿がそこにはある。

すでに想像できるように、このシステムは上に立つものに経済的に余裕がないと維持できない。手にした政府に、経済的なブームや財政上のゆとりがないとうまく機能しないことになる。「お偉いさん」や政府に余裕があって、初めてその資源の一部が、下方に底辺にトリックル・ダウンする余裕が出てくるのだから、それが限られてくると、民衆のポピュリズムに対するコスト認識も変わってこざるを得ないだろう。八〇年代のような経済的な破綻や、また市場化のためにとられた緊縮財政や民営化のような構造改革が、伝統的なポピュリズムの機能を厳しく制限したことは否めない。従来の単純な民衆とポピュリズムの関係は変化することになる。

「あんたたちのくれる食料は食べるし、ポロシャツも着るよ。でも自分はチニートに（票を）入れるよ」。これは九〇年ペルーの大統領選挙で、白人候補者バルガス・リョサを担ぐフレデモ（民主戦線）が、決選投票を前に切羽詰まって貧困区有権者に食料品の配給を行ったことに対するチンチャ農民の言葉だ（Tovar y Zapata 1990 : 113）。ここからは、イデオロギーも思想も関係なく、票をめぐって、もらえるものは何でも手に入れるという実益を求める姿勢もさることながら、フジモリ（チニート）との、アイデンティティに即した、リーダーと支持者の新たな関係が生まれたことがうかがわれよう。

## おわりに——二〇世紀を超えて

ポピュリズムは、たしかに世紀初頭の近代化の所産として歴史に登場し、また近代化を促す母体となった。また、この二〇世紀ラテンアメリカで最も重要な政治運動は、地域に特有な政治文化と社会構造に依拠し、それに新たな息吹を与えた。ラテンアメリカ社会は、教育・所得面において著しい格差を持つ階層社会であることに変わりはない。階層の隔たりの大きさは、容易には解消されないだろう。上位の個人に依存し、取り入ることによって富や利益の再分配にあずかろうとする低所得層の上方への働きかけも続くであろう。またペルソナリズムを基本とする政治文化も、持続低音として間違いなく続いていく。

もちろん、国家中心型パラダイムの破綻で、今日市民社会は自律化の傾向を強めている。民衆層のポピュリズムの経験と学習しだいでは、短期の即物的な利害や最後には裏切られるレトリックよりは、長期の生活の安定と改善とを求める新たな政治参加の形態や集団的行為を模索することになるだろう。心地よく響くレトリックを中心とした古典的ポピュリズムへの支持は、たしかに失われつつある。特にばらまき型、保護主義、国家中心型のマクロ経済政策は、グローバル化の中で、もはや維持できない時代となった（Dornbusch and Edwards eds. 1991）。

軍事政権期を経た「民主化の一九八〇年代」に入っても、アラン・ガルシア（ＰＡＰの指導者）のような古典的ポピュリストが生まれた。さらに九〇年代の市場経済下でも、フジモリやブラジルのコロル、エクアドルのブカラムといった毛色の異なる新たなポピュリストが誕生している。日系のフジモリは古典的ポピュリストと違って演説の才を持たなかったが、「誠実、勤勉、技術」といった単純な東洋的スローガンで勝利し、当選後はみごとな公約違反というべき徹底した市場化改革に踏み切った。クーデター未遂の結果、大統領になり損ねたパラグァイの元陸軍司令官リノ・オビエドや、大統領になり、腐敗撲滅など「平和革命」に乗り出そうとしているベネズエラの元落下傘部隊長チャベスのようなカリスマ的なカウディジョが登場している（遅野井、一九九九、第六章）。現代のポピュリストも危機におけるカリスマ的な救世主として現れ、民衆の支持の下に現状打破を試みようとする点は同じだ。

ばらまき型の経済を否定するネオ・リベラリズム（新自由主義）時代には、ポピュリズムの存立基盤はないものと考えられてきたが、メキシコのサリーナス、アルゼンチンのメネム、フジモリのように、市場経済の時代にも（ネオ）ポピュリズムが出現している。いずれも緊縮財政を通じてインフレの抑制に成功して支持を集め、民営化や経済改革のなかで財政の余裕を生み、貧困対策や安全ネットなどターゲットを絞った社会プログラムを実施して権力保持に成功した（遅野井、一九九七）。チャベスを含め、古いタイプのポピュリズムが作り上げた伝統的な政治制度を攻撃ないし迂回し、大衆と直接向き合い支持を得るスタイルとしてのポピュリズムが新たに展開されている。

ポピュリズムは、歴史に規定された存在以上の持続力を持ち、ネオ・リベラリズムの現代を生きながらえ、形を変えて二一世紀まで続くことは間違いないだろう（De la Torre. 2000）。

### 参考文献

Conniff, Michael L. (ed.). (1982) *Latin American Populism in Comparative Perspective*. University of New Mexico Press, Albuquerque.
——— (ed.). (1999) *Populism in Latin America*. University of Alabama Press.
De la Torre, Carlos. (2000) *Populist Seduction in Latin America : The Ecuadorian Experience.* Ohio University Center for International Studies, Athens.
Dornbusch, Rudiger and Edwards, Sebastian (eds.). (1991) *The Macroeconomics of Populism in Latin America*. The University of Chicago Press.
Drake, Paul W. (1978) *Socialism and Populism in Chile, 1932–52*. University of Illinois Press.
Franco, Carlos. (1991) *Imágenes de la sociedad peruana : La otra modernidad.* Cedep, Lima.
Levine, Robert M. (1998) *Father of the Poor ? : Vargas and His Era.* Cambridge University Press.
Mitchell, Christopher. (1977) *The Legacy of Populism in Latin America : From the MNR to Military Rule.* Praeger, New York.
Navarro, Marysa. (1982) "Evita's Charismatic Leadership", Michael L.Conniff (ed.), *Latin American Populism in Comparative Perspective*. University of New Mexico Press, Albuquerque.
Sharpless, Richard E. (1978) *Gaitan of Colombia : A Political Biography.* University of Pittsburg Press.
Stein, Steve. (1980) *Populism in Peru : The Emergence of the Masses and the Politics of Social Control.* University of Wisconsin Press, Madison.
Tovar, Teresa y Zapata, Antonio. (1990) "La ciudad mestiza : vecinos y pobladores en el 90",C. R. Balbi ,et.al., *Movimientos so-*

ciales : *elementos para una lectura.* Desco, Lima.
ホセ・カルロス・マリアテギ／辻豊治・小林致広編訳（一九九九）「反帝国主義的視座」（『インディアスと西洋の狭間で――マリアテギ政治・文化論集』現代企画室。原書は一九二九年の出版）。
遅野井茂雄（一九九七）「新自由主義下の国家・社会関係――制度構築の課題」（小池洋一・西島章次編『市場と政府――ラテンアメリカの新たな開発枠組』アジア経済研究所）。
――（一九九九）「南米・新自由主義革命」「南米・民主主義の地平」（加茂雄三他『ラテンアメリカ』自由国民社、第五・六章）。

# 空転する民主政治

## 一九九八年アヤクチョの地方選挙にみるペルー政治の実像

村上勇介

### はじめに

一九九二年四月、ペルーのアルベルト・フジモリ大統領はテレビ、ラジオを通じて演説し、議会や司法府が党派的な利益を求めるだけで国家の再建や発展への努力を妨害していると強く批判した。そして、憲法を停止し議会や司法府を閉鎖すると突然発表した。ペルーが軍政から民政へ移管した一九八〇年から一二年後に起きた立憲体制の断絶である。この強硬措置は、階層や地域の違いにあまり関係なく七〇〜八〇%のペルー人が支持した。

一九八〇年は、ペルーで、成人人口の半数近くにのぼった非識字者が参政権を初めて手にし、民主主義を標榜する憲法が発効した年でもあった。八五年と九〇年には、民主的な選挙による与野党間の政権交代が二度連続して実現した。これはペルー史上初めての出来事であった。ところが九二年には多くのペルー人が憲法停止措置を支持したのである。

立憲体制がわずか一二年で国民の支持により断絶した事実は、ペルーに民主政治が根づいていないことを意味するのだろうか。そもそもペルーでは政治がどのように行われていて、ペルーの人びとは政治に何を期待し、政治とどう関わるのだろうか。本章はこうした点について、一九九八年一〇月に実施された地方選挙を観察することから考えてみたい。

具体的に取り上げるのは、首都リマの南東方向にあるアヤクチョ（Ayacucho）県のビルカス・ワマン（Vilcas Huamán）郡とワンタ（Huanta）郡である（現在、ペルーでは全国が県に、県が郡に、郡が区に各々分かれる）。アヤクチョはテロ組織センデロ・ルミノソ［本書二五九頁、富田論文および二七三頁、細谷論文参照］が生まれ、一九八

地図　アヤクチョ県の位置と郡（筆者作成）

〇年代に活発な戦闘活動を展開したところとして知られ、テロが去った九五年以降は社会の再建を進めており、注目される地域である。

ビルカス・ワマン郡とワンタ郡は標高二五〇〇～三六〇〇メートルのアンデス高地に位置し（ただしワンタ郡北東部のシビア区はアマゾン低地にある）、アヤクチョの県都（県の中心都市）ワマンガがあるワマンガ郡に接している（地図参照）。一九九三年の国勢調査によれば、人口はビルカス・ワマン郡が約二万二〇〇〇人、ワンタ郡が約六万七〇〇〇人で、人口の半分以上（各々七三％・六一％）が農村に住んでいる。主な産業は農業である。貧困対策を実施するペルーの国家機関が社会経済指標を使って分類した貧困度（許容・普通・貧困・極貧の四段階、一

九九三年発表）によると、両郡とも「極貧」の状態にある。

ペルーの地方選挙では郡と区の首長および議員が選ばれるが、ここでは郡レベルの選挙に注目する（以下では郡長・郡議会議員選挙を郡選挙と呼ぶ）。ただし、本章で指摘する郡選挙の特徴は右記二郡の中にある区の選挙でも等しくみられたことから、選挙の特徴を一般的に紹介する部分では区レベルの選挙の例も念頭に置いて述べている。

ペルーの有権者は候補者ではなく、政治団体が提出した候補者名簿に投票する（投票用紙参照）。候補者名簿には、上から順に、郡長ないし区長候補、次に助役かつ一位の郡・区議員候補の名前が記され、さらに二位以下の議員候補が続く。ここでは、一位の郡議員候補は助役で統一し、二位以下の議員候補はその順番のまま示す。なお、議員数は人口に応じて決められていて、ビルカス・ワマン郡は五名、ワンタ郡は九名である。

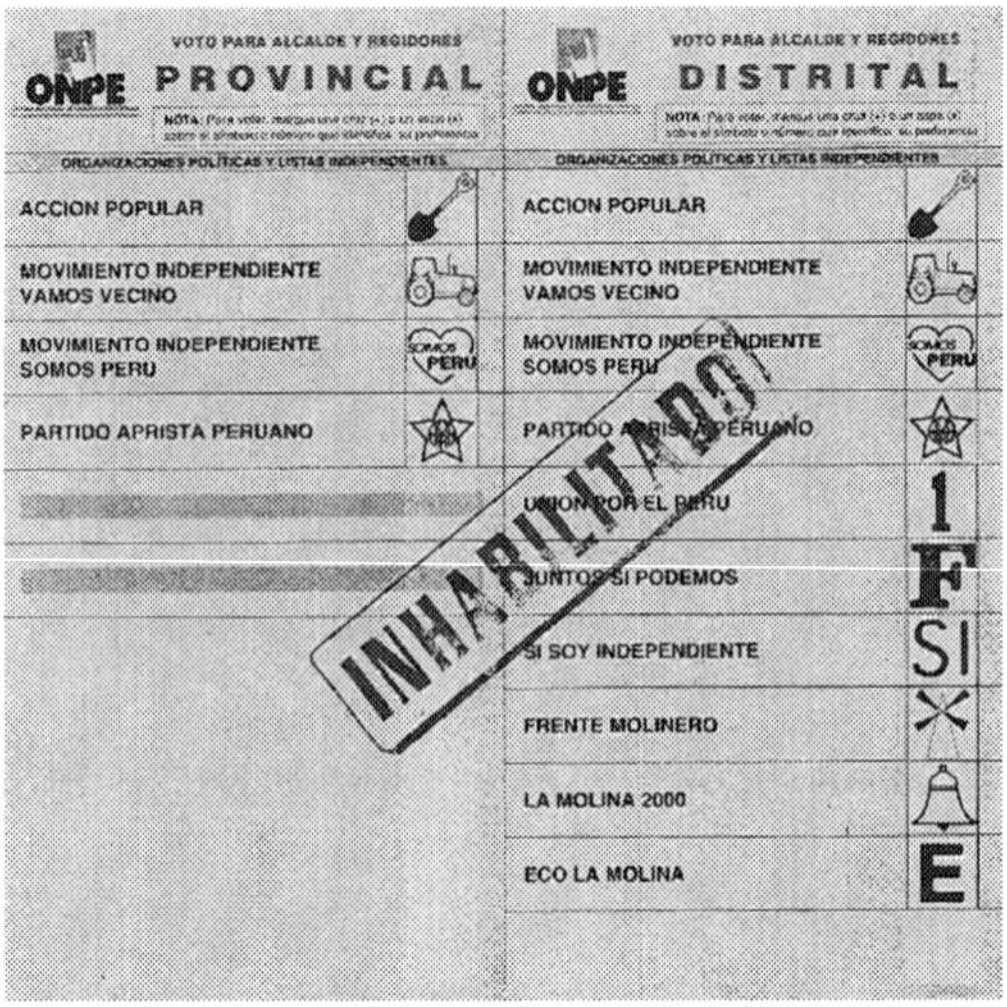

1998年地方選挙の投票用紙（出典：http://www.onpe.gob.pe/frames.htm　1998年10月20日）
中央から左が郡選挙用、右が区選挙用の欄で、これはリマ郡（リマ市）にあるラ・モリナ区の例。各欄の右隅にある各勢力のシンボルマークに＋か×をつけて投票する。

一九九八年の地方選挙に参加した政治団体には、全国規模の団体と地域運動の二種類があり、前者はさらに既存政党と独立系の運動の二つに分けられる。既存政党としては、八〇年代に政権を担当した中道右派の人民行動党（ＡＰ）および中道左派のアプラ党（ＰＡＰ）［ＡＰＲＡ運動が具体化された政党。本書一二八頁、遅野井論文参照］があった。全国規模の独立系運動には、政府系の「バモス・ベシノ Vamos Vecino：隣人よ、前進しよう」運動（ＶＶ）、次期大統領をねらうアルベルト・アンドラデ・リマ市長が設立した「ソモス・ペルー Somos Perú：我々はペルーである」運動（ＳＰ）、それに九五年の国政選挙で野党第一党となったペルー統一運動（ＵＰＰ）、の三つがあった。フジモリは与党としてカンビオ〔変革〕九〇・新多数運動（Ｃ九〇）を持っているが、九八年の地方選挙ではこれを参加させず、ＶＶを新しく設立した。また、地域運動には各地に様々な団体があるが、本章との関連ではビルカス・ワマン郡の「ハタリ・ヤフタ Qatariy Llaqta：人民よ、立ち上がれ」運動（ＱＬ）という団体が有力だった。

以下では、地方選挙結果の全体的傾向を簡単にみてから、アヤクチョで観察された候補者選出の方法、選挙運動の展開、有権者の支持理由などを紹介する。なお、本章では「民主主義」を、ある集団でそのメンバーが代表を選出したり意思決定を行う過程へ自由に参加することが慣行やルールとして承認ないし共有されている、という手続き的な意味で用いる。

## 1　一九九八年地方選挙結果の全体的傾向

一九九八年の地方選挙では、独立系の優位という、九〇年以降にみられるペルー政治の全体的傾向が改めて示された。八〇年代には、ＡＰ、ＰＡＰ、左翼諸政党などの既存政党が政治を支配した。だが既存政党は、経済危機、テロ、貧困、汚職などの深刻な社会経済問題を克服できず、有権者の信頼と支持を失った。そこで九〇年代に入ると、フジモリやＣ九〇など既存政党と関係のない独立系の政治家や政治運動（地域運動を含む）が台頭した。

一九八〇年代、公職選挙における既存政党の得票率の合計は最低でも七〇％台だった。ところが九〇年以降この割合は低下を続け、九五年の大統領選挙ではついに一〇％を割った。九八年の地方選挙でも、郡長当選者をみると、全体の一九八郡のうち既存政党系は一二だけで、独立系は、ＶＶ七〇、ＳＰ二一、ＵＰＰ二、地域運動を含むその他八一、と計一七四にのぼり、全体の八八％を占めた（*Caretas* no.1539. 一二郡の結果は未発表）。

ビルカス・ワマン郡とワンタ郡でも区レベルを含め、既存政党の力は弱い（一五一頁表参照）。ビルカス・ワマン郡長に当選したのは、地域運動QLを率いる弱冠二九歳のアルトゥロ・デルガドである。農民から商人に転じた両親を持ち、先住民語の一つであるケチュア語を母語とし、ワマンガの大学で化学を学んだ。大学卒業後、鉱山や「帰還支援計画」（Programa de Apoyo al Repoblamiento テロを逃れて移住した人々の帰還を支援する政府の事業）で働いていた。初めて立候補した前回の九五年地方選挙では次点となった経験を持つ。

また、ワンタ郡長にはミルトン・コルドバが再選された。コルドバは地域運動「平和と発展」（Paz y Desarrollo）の創設者で総裁だが、後述するように、政府系のVVから指名を受け再選立候補した。ケチュア語を話し、両親は没落した大地主である。リマにある経営大学院大学（ESAN）で経済学修士を取得し、政府の地域開発計画や開発NGOで働いた後、前回の九五年選挙で初当選した。

## 2　ビルカス・ワマンとワンタにおける候補者の選定

### 候補の決定過程

候補者選出過程で最も重要なのは郡長候補の決定だった。それは、後でみるように、郡長候補が親族や知人・友人を他の候補に据えたためである。全体的には、ある政治団体のメンバーやその正式な代表が参加する総会で、投票により候補者を決定する手続きがとられなかったか、とられてもその団体の少数の幹部がすでに決定した候補を形式的に追認するだけだった。後者の場合、総会の内容についての公式記録をどの団体も残していなかった。

全国組織の下にあるVVとSPでは、リマにいる中央幹部の決定が押しつけられた。政府系のVVの場合、選挙運動中や当選後に政府から支援が得られるだろうとの期待から、立候補を志望する者の間で激しい指名獲得抗争が起きて混乱した。地域運動では、創設者がその総裁を兼ねており、この人物が自動的に首長候補となった。

ビルカス・ワマン郡でのVVの例からみると、まず当時の現職郡長と与党のある郡議員が、VVの郡長候補指名をめぐって対立した。最初、郡議員がVVの県支部に取り入ってVVの郡支部代表に任命された。これに反発した

| | ビルカス・ワマン郡 | アホマルカ区 | カルワンカ区 | コンセプシオン区 | ワンバルパ区 | インデペンデンシア区 | サウラマ区 | ビスチェンゴ区 |
|---|---|---|---|---|---|---|---|---|
| 有権者数 | 12,269 | 965 | 1,487 | 1,150 | 702 | 692 | 425 | 2,199 |
| 総投票数 | 6,679 | 555 | 582 | 662 | 461 | 572 | 363 | 1,191 |
| 有効投票数 | 4,720 | 407 | 418 | 448 | 329 | 447 | 272 | 1,006 |
| VV | 1,355 (28.71) | 40( 9.83) | 116(27.75) | **152(33.93)** | **168(51.06)** | **157(35.12)** | 97(35.66) | 214(21.27) |
| SP | 1,197 (25,36) | 25( 6.14) | 98(23.44) | 110(24.55) | 39(11.58) | 150(33.56) | 19( 6.99) | 151(15.01) |
| QLl | **2,168(45.93)** | 165(40.54) | 107(25.60) | 90(20.09) | 122(37.08) | 140(31.32) | **156(57.35)** | 132(13.12) |
| Cc | — | **177(43.49)** | 34( 8.13) | — | — | — | — | — |
| DD | — | — | 63(15.07) | — | — | — | — | — |
| NG | — | — | — | — | — | — | — | **509(50.60)** |
| AP | — | — | — | 96(21.43) | — | — | — | — |

| | ワンタ郡 | アヤワンコ区 | ワマンギージャ区 | イグアイン区 | ルリコーチャ区 | サンティジャーナ区 | シビア区 |
|---|---|---|---|---|---|---|---|
| 有権者数 | 37,811 | 1,700 | 2,244 | 1,340 | 2,528 | 3,660 | 3,301 |
| 総投票数 | 24,141 | 1,139 | 1,643 | 706 | 1,628 | 1,792 | 2,647 |
| 有効投票数 | 19,623 | 825 | 1,183 | 528 | 1,341 | 1,434 | 2,241 |
| VV | **8,076(41.16)** | 112(13.58) | 213(18.01) | **203(38.45)** | **463(34.53)** | **534(37.24)** | 825(36.81) |
| SP | 855( 4.36) | 102(12.36) | 51( 4.31) | 59(11.17) | 122( 9.10) | 40( 2.79) | 82( 3.66) |
| UPP | — | — | 298(25.19) | — | — | — | — |
| FH | 2,194(11.18) | — | 230(19.44) | 19( 3.60) | 244(18.20) | 75( 5.23) | — |
| IH | 2,165(11.03) | 233(28.24) | 72( 6.09) | 64(12.12) | 74(5.52) | 67( 4.67) | 22( 0.98) |
| AMA | — | — | 26( 2.20) | — | — | — | — |
| NGI | — | — | — | 59(11.17) | — | — | — |
| FC | — | — | — | — | — | — | 120( 5.35) |
| CS | — | — | — | — | — | — | **956(42.66)** |
| AP | 1,317( 6.71) | **324(39.27)** | 124(10.48) | 109(20.64) | 194(14.47) | 382(26.64) | 57( 2.54) |
| PAP | 5,016(25.56) | 54( 6.55) | 169(14.29) | 15(2.84) | 244(18.20) | 336(23.43) | 179( 7.99) |

表　ビルカス・ワマンとワンタでの選挙結果　(出典：http : //www.onpe.gob.pe/frames.htm　1998 年 10 月 20 日)

1　各項の数字は各政治団体の各郡·区における得票数で、括弧内の数字は得票数が有効投票数に占める割合(%)を示す。また、太字で示した数字は、その団体の候補が首長に当選したことを示す。なお、カルワンカ区とワマンギージャ区では有効投票の 30% 以上を獲得した候補がいなかったことから、選挙法の規定により選挙は無効とされた。

2　VV、SP、UPP、QLl、AP、PAP については本文参照。これら以外の略称は次の通り (すべて地方運動)。Cc：ハラマキ (「きれいな手に」の意で、先住民指導者の名前)。DD：全カルワンカ防衛・発展。NG：全ビスチョンゴ新世代。FH：ワンタ友愛。IH：ワンタ統合。AMA：反汚職・浄化行動。NGI：イグアイン新世代。FC：農民勢力。CS：シビアとともに。

郡長はリマのＶＶ本部まで赴き、郡議員をＶＶ郡支部代表とした決定を取り消させ、自らがその地位に就くことを認めさせた。議員は再選立候補を目指した郡長と袂を分かち、対抗グループＳＰの郡長候補となった。

その後、ＶＶとＳＰはメンバーや代表者が参加する総会を各々開いて候補者指名を民主的に決定する形を繕ったが、実際にはすでに決まっている候補の追認だった。また、両団体の正確なメンバー数、候補を決定した総会の出席者数や投票結果などはわかっていない。

同様に地域運動ＱＬの場合も、メンバー総数や内部投票の結果などが明らかではない。面接調査で、郡長に当選したデルガドは、ＱＬの候補者決定はその総会で民主的に行われたと述べた。しかし実際には、知人や友人が動員され開催された形式的な「総会」の場で、すでに決定済みの候補者が厳正な手続きを経ずに追認されただけだった。

ワンタ郡でもＶＶの指名は混乱した。ワンタのＶＶには、以前からフジモリを支持してきたＣ九〇系の者と、既存政党の離脱者やＣ九〇以外の独立系運動の者という二つの派閥があり、両派が対立した。勢力的には後者が強く、ＶＶワンタ支部の執行部選挙で当選した。するとＣ九〇派はＶＶを離脱し、この派の主要メンバーと高等専門学校の同窓だった者のいるＣ九〇のアヤクチョ県支部の支援を得て、全く別の地域運動を旗揚げした。

ところが立候補届出締切の二週間前に、それまでＶＶのワンタ支部と無関係だった当時の現職郡長コルドバがＶＶの郡長候補に突然指名された。実はコルドバは、ＶＶの公認を受けるという個人的な密約を、Ｃ九〇のある国会議員とすでに交わしていたのだった。

ＶＶによるコルドバの指名は、彼が総裁を務める地域運動「平和と発展」の総会で事後承認される。面接調査でコルドバは、この総会には「平和と発展」のメンバー約七〇〇名が出席し、賛成多数でＶＶの指名を受諾したと述べた。だが、同じくコルドバによれば「平和と発展」の登録メンバーは二〇〇〇人以上である。つまり、「平和と発展」は半分以下のメンバーだけでＶＶの指名を受ける決定をしたことになるわけである。

ＳＰのワンタ郡長候補には、アンドラデがリマから指名した弁護士がなった。ところが、ワンタでそれまでアンドラデを支持してきた者のほとんどは、リマからの押しつけだとしてこの指名に反発した。結局、ワンタにおける

ＳＰの得票率は最下位に終わった。
また、ワンタ郡では既存政党が候補を擁立したが、この指名過程も形式的で、部外者が事後に民主的な決定過程だったか否かを確認できない。まず、一定の基盤を持つＰＡＰの場合、対立候補もなく、三二歳の有力党員が党支部執行部の決定だけで郡長候補となった。この人物は、話し方や仕草がアラン・ガルシア（一九八五年に三五歳でＰＡＰ出身としては初の大統領となった）を彷彿とさせ、カリスマ性を感じさせる。また、もう一つの既存政党ＡＰからは、ＶＶの指名獲得を逸した企業家が、その党名を借りて立候補した。

**候補者名簿の構成**

候補者名簿は各団体の有力者である郡長候補が親族や友人・知人のつながりから人を配した。候補者名簿を総会で承認した政治団体もあったが、やはり形式的な追認で、総会の投票結果などに関する記録は残されていない。ビルカス・ワマン郡で当選したＱＬの場合、二位の議員候補が郡長候補デルガドおよび助役候補の恩師で、その他の議員候補は、デルガドが「帰還支援計画」で一緒に働いた仲間である。議員候補の順位は選挙資金の拠出額の多い順に並べたという。次点のＶＶでも、郡長候補と三位の議員候補が従兄弟の関係にあり、その他は両者の友人だった。

ワンタ郡で再選されたＶＶの候補コルドバの名簿は、コルドバの親しい友人や知人の比重が小さいようにみえる。助役候補と五位の議員候補は元ＰＡＰ郡議員、三位の議員候補は元左翼系政党党員、六位は元ＡＰ郡議員と、既存政党からの離脱者を中心に名簿が作られているからである。だが、立候補した離脱者はコルドバが個人的に指名した人物であり、コルドバとの個人的なつながりから立候補できたことに変わりはない。実はコルドバは、初当選した前回の九五年地方選挙では、幼なじみの仕事仲間を候補にした。ところが就任後、内部対立から仲間割れが生じた。失われた勢力を補うため、九八年選挙でコルドバは一定の支持基盤を持つ既存政党の離脱者を誘ったのだった。

## 3　ビルカス・ワマンとワンタにおける選挙運動の展開

### 選挙運動の様子

選挙の綱領や公約は、郡長候補とその側近（親族や友人・知人）からなる少数の幹部集団が決定した。選挙運動を支えたのも、親族や友人・知人の関係で候補者とつながっている人びとだった。候補者と全く関係のない第三者が選挙運動に積極的に参加することもあったが、働き口を当てにしていたなど個人の便宜的理由に基づいていた。

選挙運動で候補者は、インフラの整備・建設や産業の育成、福祉・厚生の向上といった地域に密着した経済社会的課題の克服を主に強調した。この場合、個別の事業が羅列されるだけで、総合的かつ中長期的な計画や見取り図が示されることはなかった（例外はワンタのコルドバだが、これについては後述する）。また地域によっては、汚職も争点に取り上げられた。ここでは、ビルカス・ワマン郡選挙で当選したQLの選挙運動を紹介する。

まずQLは、住民、特に区の中心地区から離れた周辺地区（anexo）に広がる農業地帯に住む農民の意見や要求に耳を傾けていないとして、PAP、APなどの既存政党や、中央政府と近かった当時の郡長を批判した。そして、小議会（Consejo Menor 郡の許可を得て周辺地区にある共同体や集落を単位に構成される行政・司法代行機関）の設置とともに、郡当局による公共事業の推進を訴えた。具体的な事業としては、電力供給の確保、観光の振興、農民共同体での小企業育成、上下水道・学校・灌漑用水・道路・保健所・集会場・市場・娯楽施設といったインフラの整備・建設などを提案した。

こうした主張は選挙綱領としてまとめられた。これは、QLの少数幹部により決定されただけで、民主的な手続きに則って承認されることはなかった。選挙運動が進むにつれ、インフラの整備・建設の点が強調された。選挙運動の焦点は地方レベルの問題に絞られた。

選挙運動期間は二ヶ月あったが、QLの選挙運動は投票日の一週間前まではあまり目立たず、街頭ポスターによる宣伝や人口が集中する中心地区での戸別訪問による静かな選挙運動が行われた。周辺の農村地帯への訪問は数回にとどまった。

投票日の一週間前からは、中心地区での行進や周辺地域の農村地帯への訪問が頻繁に行われた。その際には、食事や清涼飲料水が振るまわれた。投票日当日も、トラックを三台雇って遠隔地に住む有権者に対し投票所まで移動できるよう便宜をはかり、また投票へ行く前の有権者に食事を振るまった（ペルーの選挙法は選挙運動での禁止行為を細かく規定しておらず、これらの行為は最終的に問題とされなかった）。

選挙運動を支えた運動員も候補者の友人や親族で、常に中心となっていたのは四〇～五〇名である。一時的に運動員が増員され、一〇〇名ほどに膨れたときもあった。

選挙運動では、対象とする有権者により、接触の仕方や内容に違いが観察された。農民に対する選挙運動では、ほとんどの場合、ケチュア語が使われた（ＱＬの候補者六名のうち、郡長候補を含む五名の母語がケチュア語）。そして、チチャ（トウモロコシから作る酒）などの酒を酌み交わしたり、コカの葉を提供するなど、伝統や慣習を取り入れた運動を展開した。他方、商人、零細企業家、技師や教師などの専門職業家などに対しては、主にスペイン語で選挙綱領を説明し、また行うべき事業や政策について意見を交換した。同時に、商品を購入する、食事をとる、輸送の契約を結ぶなど、彼らが提供するサービスを選挙運動で積極的に利用した。

**有権者の支持理由**

有権者の支持理由としては、一つには、カリスマ性、ケチュア語によるアピール力、親しみやすさなど、候補者の資質・能力があった。だが、有権者にとってより重要だったのは、自分の住む地区に対する具体的な見返りを期待できるかどうかという点だった。具体的な利益と票を交換するという実利的な行動が広く観察されたのである。

資質の点で目立ったのは、ワンタ郡選挙で次点となったＰＡＰの候補である。この候補は比較的若く、人を引きつける魅力もあった。だが、ケチュア語ができず、農民票に食い込めなかった。当選したコルドバはケチュア語ができ、農民に親しみを持たれ信頼された。

見返りを期待する実利的行動については、首長が再選されたワンタ郡の場合に顕著である。コルドバは、第一期政権時に、学校・道路・上下水道・灌漑用水などインフラの建設と整備、貧困地区の母親組織や零細な事業家への支援強化といった政策を郡内の各地で積極的に進め実績を上げていた。これを評価した多くの有権者は、将来への期待をコルドバに寄せたのだった。もともと、コルドバが郡長に初当選した決定的な理由も、政府の計画や開発関係のNGOで働いていたときに多くのインフラ事業を成功させた実績だった。

郡長が改選されたビルカス・ワマン郡の場合も、実利的な判断が決定的だった。前任の郡長は、前回の九五年選挙で公約した事業の実施を怠った上に、郡の歳出報告を一切行わなかった。「住民のために何もせず汚職をした」とみなされ、住民の支持を失った。

この状況の中で、QLのデルガドは前任の郡長の汚職を追及し、インフラ整備など前述の公約を掲げた。同様の公約を掲げた他の候補もいたが、デルガドは「帰還支援計画」で働いたときに上水道の敷設などの事業で実績をあげていた。これを評価していた多くの有権者が、「デルガドは公約を必ず守る」との期待を抱いたのだった。

**政治団体の広がりのなさ**

郡選挙で最も得票した団体は組織が弱く、郡内外での横のつながりも強くない。

例えば、QLは将来、国会議員を送り出すことを目標としており、勢力固めのためビルカス・ワマン郡内の全七区で区長候補を擁立した。だが一区でしか当選しなかった（一五一頁表参照）。実はQLの勢力範囲は、同郡の全有権者の三八%が集中し、かつ総裁デルガドの出身地である郡の中心地区に限られ、ここで総得票のほとんどを獲得したのだった。

デルガドは、すでに前の九五年選挙から政治活動を始めており、準備の時間は十分あったはずである。ところが、郡の中心地区に隣接するビスチョンゴ区では候補者擁立が難航し、締切の一時間前になってようやく届出を済ますというありさまだった。

また、ワンタ郡で一定の成果を得たＶＶの場合も、横のつながりや広がりは弱い。ＶＶはワンタでは郡長に加え、三つの区で首長を誕生させた。だが、各々の首長候補はリマの幹部との縦のつながりはあっても、選挙運動で横の連携をしなかったのである。一例を挙げれば、郡長候補のコルドバは、ある国際機関の支援を得て第一期政権時にワンタ郡全体の地域発展五ヶ年計画を策定した。コルドバは選挙運動でこの計画をアピールした。だがＶＶの区長候補がこの計画を選挙運動中に持ち出すことはなかった。

ワンタの地域発展五ヶ年計画自体は、全国的にみても類例のない中期の計画である。だが選挙運動中、候補者の間でその是非をめぐる議論はなかった。コルドバの得票率をみると、中期的な計画を提示しなかった前回の九五年選挙では五六％と過半数を超えたが、地域発展計画を掲げた九八年選挙では四一％と過半数を割った。結果的に、過半数以上の住民がこの計画を自分のものと感じていないことが示されたのである。地域発展計画は結局、コルドバの退陣とともに忘れられる「コルドバの計画」に終わる可能性がある。

## おわりに

これまで見てきたアヤクチョの例では、いずれの政治団体でも候補者の選定から選挙運動に至るまで、特定の有力者が重要な決定の要だった。政治団体の一般メンバーの意思がその属する団体の決定や活動を最終的に左右することはなかったのである。特定の有力者は自ら郡長候補になり、その個人的なつながりから他の候補者の指名や運動員の動員を行った。公約や運動方針も、有力者かこれを中心とする少数の幹部が決定した。

また、候補者と有権者の関係で重要だったのは、短期的に実現する具体的な利益や便宜の供与、あるいはこれらへの期待だった。候補者が選挙運動で支持を広げるために提案・主張したのは、具体的な公共事業の実施による財や便宜の提供である。有権者の側は、具体的に得られる財や便宜、あるいはこれらへの期待から、支持する候補を選択した。さらに、人びとや集団は政策提案や考えから一つにまとまるよりも、首長候補になることを目指して反発し合い、最後には分裂した。あるいは、横の広がりや水平的なつながりが育たなかった。同時に、中長期的な提案が真剣に議論されることも、党派を超えた合意事項となることもなかった。

アヤクチョで観察された以上の点は、パトロン - クラアイント関係（PC関係）に基づく権力闘争というペルーの伝統的な政治（Cotler 1978 : 1988. Degregori *et al.* 1998. 遅野井、一九九五）の特徴そのものである。PC関係は、カウディジョ（首領、統領）とも呼ばれる有力者が財、便宜、保護などの利益を与え、これを受ける様々な社会階層の個人や集団がその有力者に従い、支持を与える関係である。この関係は主人と従者の個別的な上下関係で、これだけでは従う個人や集団の間に水平的なつながりや連帯はできないか、できても長く続かない。またPC関係での意思決定は、有力者かこれを中心とする少数の集団が行う。この少数集団は通常、有力者の親族や親しい友人・知人から構成される。意思決定への参加者が少数に限られることから、PC関係による政治は権威主義的である［本書一二八頁、遅野井論文および一六二頁、吉田論文参照］。

ペルーの歴史では、政治がPC関係によって作られる派閥や政党の対立の場と化し、妥協や交渉の上に中長期的な合意や共通の目標を形成するという行動様式が制度化される、つまり共有され定着することがなかった。それは、PC関係を維持するために利益を配分する必要があることから、一定の利益をめぐり他のグループと競合関係にあると有力者が相互に認識することに主な原因がある。この状況では、政策の提案や議論も党派的争いの一部と解釈されてしまう。中長期的な合意や共通の目標が形成されない中で権力闘争が激化して政治が行き詰まり、軍の介入などの強権発動がペルーの歴史において繰り返されてきた。

PC関係による政治には、過程よりも結果を重視する伝統的な正統性意識が関係していると考えられる。ペルーでは、西欧やアメリカ合衆国のように、統治者の選出や政治的意思決定に関するルールやその過程を遵守することに正統性を求めるのではなく、統治される者が持つ短期的な要求を満足させる政治家の能力やその可能性を重視する傾向が古くからある（Morse 1982. Parodi 1993）。たとえば、議論を戦わせる中から何らかの政策や方針、目標について幅広い合意を作り上げるのではなく、ある問題や課題を克服することが期待できるかどうかで選ばれたリーダーに全てを委任し、その成果を待つのである。この期待に応えられなかったり、応えられないとみなされたリーダーは支持を失う。

一九八〇年の民政移管に伴い、ペルーでは政治への自由な参加が法的に保証され、選挙による政権交代も可能な民主政治の体裁が整えられた。しかし実際の政治では、これまで述べてきた伝統的と考えられる特徴や要素がかなり強く残存しているのである。

いまだ既存政党が国民の期待や信頼をつなぎとめることができた八〇年代は、内実は別として、政党政治が機能しているようにみえた。だが、伝統的な正統性意識を持つ多くのペルー人が、深刻な危機状況を前にして具体的な成果や結果を出せなかった既存政党に見切りをつけたのは早かった。九〇年に多くのペルー人はフジモリという、全く政界とは関係のなかった独立系の候補に将来を託した。そのフジモリによる政治にも、PC関係、少数の側近に支えられた権威主義的な意思決定、中長期的な全体計画の欠如など、本章で指摘した伝統的な政治の特徴がみられるのである（Cotler 1994. 遅野井、一九九五）。

フジモリが経済危機を克服しテロを抑え込んだことから、一九九五年、ペルー人は失業や貧困の克服を期待してフジモリを再選した。しかし、短期的には結果が出ず、多くのペルー人はフジモリを以前のようには支持しなくなった。他方、既存政党はもとより、本章で見たようにアンドラデ・リマ市長など他の独立系の政治家も伝統的なペルー政治の特徴を継承している。伝統に呪縛され、ペルーの民主政治は空転している。

†本章は、ペルー問題研究所（在リマ）のカルロス・デグレゴリ氏が中心となって実施しているアヤクチョの政治社会調査に筆者が参加した経験に基づいている。調査結果の自由な引用を快諾されたデグレゴリ氏に深く感謝する。なお、本章は一九九九年の前半に執筆された。

## 参考文献


Cotler Dolberg, Julio. (1978) *Clases, estado y nación en el Perú*. Instituto de Estudios Peruanos,Lima.

———(1988) "Los partidos políticos y la democracia en el Perú", Luis Pasara y Jorge Parodi (eds.) *Democracia, sociedad y gobierno en el Perú.* Centro de Estudios de Democracia y Sociedad,Lima.

———(1994) *Política y sociedad en el Perú : cambios y continuidades.* Instituto de Estudios Peruanos, Lima.

Degregori, Carlos Iván. Coronel,José y Del Pino, Ponciano. (1998) *Gobiernos locales, ciudadanía y democracia : los casos de Huanta y Huamanga.* Instituto de Defensa Legal,Lima.

Morse, Richard M. (1982) *El espejo de Próspero : un estudio de la dialéctica del Nuevo Mundo.* Siglo Veintiuno Editores, México,D.F.

Parodi, Jorge (ed.). (1993) *Los pobres, la ciudad y la política*. Centro de Estudios de Democracia y Sociedad, Lima.

遅野井茂雄（一九九五）『現代ペルーとフジモリ政権』〈アジアを見る眼91〉アジア経済研究所。

# 抵抗の政治学
## カシケを支える大衆の政治論理

吉田栄人

「政治的存在としてのインディオを認識すること、インディオ村落共同体の当局者としてのラディノ［非先住民］を認識することは、まさしく忍従性と非民主性を共に持ち合わせている政治的存在としてのメキシコ人を知る上での最良の方法である」。（パブロ・ゴンサレス・カサノバ、一九八一、一一七）

### はじめに——政治文化としてのカシケ政治

ラテンアメリカではカシケ（cacique）と呼ばれるボス的人物が社会の政治経済システムを陰に陽に牛耳っていることがある。このカシケの特徴ないしは社会的機能は国や地域、さらには時代によってまちまちであるが、ある限られた地域の中だけで権力を行使する政治的有力者である点では共通である。その地域限定性ゆえにカシケの支配

「プリ・ノザウルス」絵：Rocha「ちょっと居眠りして目が覚めたら、政治改革が進んでたんだが……、合意はあるのか！」「いや、改革というほどの……」（La Jornada 紙 1996 年 7 月 31 日）

の形態は多くの場合インフォーマルで、個人的ネットワークへの依存度が高く、専制的であるという性格を帯びがちである（Friedrich 1968 : 247）。また暴力の行使や法制度の侵犯など本来「非合法的な」手続きが「政治的」な目的達成のための手段として様式化されている点がカシケ政治の際立った特徴ともなっている（Cornelius 1973. Friedrich 1968）。

　こうした非合法性・暴力性ゆえに、カシケは人びとから恐れられたり、社会的な悪と見なされてきた（Friedrich 1968 : 265）。メキシコでは今日、政治の民主化という趨勢の中ではすでに歴史的な遺物であるという意味を込めて、カシケは「恐竜（ディノサウルス）」と揶揄される。それにもかかわらず、今日カシケ政治が一掃される様子はほとんどない。通常、カシケは農村や都市の貧困地域のように地縁血縁関係が強固である場合に発達するものであり、社会が近代化する過程で消滅すると考えられてきた（Cornelius 1977）。また、メキシコでは権力が連邦中央政府に集中したことによって地方カシケの勢力は衰退していることを、社会学者パブロ・ゴンサレス・カサノバ（以後、カサノバと表記）が六〇年代に記している。しかし、カサノバ自身がそれに続けて述べているように、カシケ政治は「流儀や儀礼、あるいは政治的認識の形態として」様々な文化的制度の中に温存されているのである（カサノバ、一九八一、三四〜三五）。実際、九〇年代に入って民主化へのメキシコ国民の意識は高まってきているにもかかわらず、カシケの政治慣行が改められるわけでもなく、最近の選挙における一般大衆の反応もそれをかなりの程度黙認したものである。

　そこで本章では、非民主的であると批判されることの多いカシケ政治を一般大衆はなぜ支持し続けるのか、その理由を考えてみたい。ただし、カシケ政治は他の政治の形式と比べてどの点が非民主的であるのか、またその非民主性にもかかわらずそれを支持しなければならないような状況に一般大衆を追いやっている社会的経済的システムがどのようなものであるのか、といった問題を明らかにすることがここでの目的ではない。むしろ、本章の目的は、カシケ政治を一つの政治文化と見なした場合に、それは人びとのどのような政治論理の上に成り立ち得るのかを検証することである。人間は常に民主的な存在であるわけではなく、非民主的であることをも政治的に志向する動物である。ラテンアメリカにおいて人びとはなぜ非民主的な政治を志向することがあるのか、その政治的論理を考えてみたい。

## 1　カシケ政治の生成

### 権力としての正当性

専制的な支配の様式、特に暴力の行使がカシケの政治的コントロールにとって重要な役割を果たすことはあっても、それだけで政治的支配者としての正当性が確立され、またそれが長期にわたって維持されるわけではない。カシケ政治は本来「ヒエラルキーと社会的権威をめぐる農村社会の価値観」に支えられたものである（Kern 1973 : 4）。そうでなければ、単なる専制政治に過ぎなくなり、地域や時代を越えて広範囲かつ長期間にわたって存在することは不可能である。

また、カシケ個人の社会的機能に注目するならば、カシケは国家の政治システムを地方の社会システムに仲介すると同時にその差異を搾取する「政治的媒介者」、あるいは政治的な領域だけに限定されない社会文化全体の差異を媒介する「文化的ブローカー」である（Wolf 1956. De la Peña 1986. Salmerón 1984. Swartz 1968）。それゆえ、言語や習慣など異なる文化システムを自由に操れることがカシケであることの重要な要件として挙げられる。しかし、こうした能力には当然ながらカシケ間で個人差が存在するはずである。また、全ての社会にそういった能力を備えた人物が最初から存在するとは限らない。むしろ、社会が仲介の能力を持った人物を見出していく過程にカシケという仲介者が生成されているのだとみるべきだろう。その過程で、社会はカシケが実際に持っている能力と折り合っていく。つまり、カシケが媒介者としての社会的機能を帯びるのは、カシケ個々人が媒介に必要な能力を備えているからというよりは、そういった能力を持った人物を必要とする、と同時にそれを能力として承認する社会ないしは社会関係が存在するためであるに他ならない。その意味では、カシケの正当性はカシケ個々人の支配の様式の中には存在せず、カシケを作り出す大衆の政治的合意によってのみ計られ得るものである（cf. Salmerón 1984 : 128）。

だが、一般大衆は常に意志を持った政治的主体であるわけではない。むしろ多くの場合、一般大衆は上に述べた差異を搾取する能力を持った人物ないしは集団に依存する政治的客体である。つまり、一般大衆はカシケが仲介者としての政治的社会的機能を十全に果たしてくれるという暗黙の了解の下に、政治的主体となり得る個々人に権力を委譲している。近代的な政治システムにおいてはごく当たり前であるこの契約も、権力の形態によってはその契約の履行を保証するメカニズムが必要となる。そうしたメカニズムはしばしばパトロン - クライアント関係［本書一二八頁、遅野井論文参照］ないしはモラル - エコノミーという道徳性の問題に還元することで説明されてきた。つまり、カシケはクライアントたる一般大衆に富を分配する義務を果たす限りにおいて支配者としての正当性を獲得するのである。

**国家システムに対抗する地方権力**

マクロな歴史からみれば、今日のカシケに特有の政治形態あるいは権力の様式は、植民地支配からの独立後、ラテンアメリカ各国の中央権力が政治的覇権を周辺部にまで広げていく過渡的な段階に成立した（cf. Brisk 1973）。そこでは、植民地支配下において「インディオ共和国」として隔離されてきた先住民共同体を新国家に統合するための様々な理念と実践が個々の状況に応じて試みられた。そこに旧態依然とした社会システムと新国家システムを仲介する様々な仲介者・地方領袖（カウディジョ）［本書一二八頁、遅野井論文参照］が存在することとなったのである。ときには地方領袖自身が新国家システムへの統合を拒絶しようとして国家権力に対する反乱を企てることも少なくなかった。

国家権力が脆弱な状況において権力を競っていた地方領袖の多くは、外国資本の到来と国家権力の拡大によって消滅していったと考えられる。だが一方で、国家権力が友好的な関係を築かざるを得なかった一部の地方領袖（カシケ）が現代まで存続することになった、とシュヴァリエやウルフおよびハンセンはみる（De la Peña 1986 : 28–29への引用）。このように地方の政治権力が中央権力に組み込まれ従属していった場合でも、中央と地方の間に社会的経済的落差が存在する限り、それを搾取する支配者が介在する可能性は依然として残される。場合によっては、そうした能力を備えたカシケを中央権力が積極的に利用することで地方を中央に統合することさえ可能である。現代メキシコのカシケはまさにそうした政治過程において育成されてきた地方領袖なのである。

**抵抗の政治学**

カシケ政治をめぐる以上のような議論は、権力は社会的承認を得たものであるということを前提としている。それゆえに、カシケの暴力性ないしは非民主性もモラルという公的言説の内に隠蔽される。だが、暴力の行使を黙認することとそれを用いる権力を承認することとは本来別次元の現象である。カシケの暴力は通常党派の利害構造に支えられた権力への抵抗として実践される。それは必ずしもカシケ個人が専制的なメンタリティーを有するがゆえに実践されるものではない。むしろ、暴力を権力闘争の手段として正当化するプロセスが介在するがゆえに、実践される政治そのものなのである。ゆえに、カシケ政治の分析は、政治的正当性が社会的宗教的な規範によっていかに保証されているかといった観点からだけではなく、個々人ないしは集団間のプライベートな関係において権力への抵抗がどのような政治性を帯びているかといった観点からもなされねばならない。

カシケは親族やコンパドレ（代理親）［本書一二八頁、遅野井論文参照］、友人などのネットワークに支えられている点において、カシケ政治は実はカシケ（パトロン）とその支持者（クライアント）との個人的な関係として成立している。その個々のパトロン - クライアント関係は権力のヒエラルキー構造の中で別のパトロン - クライアント

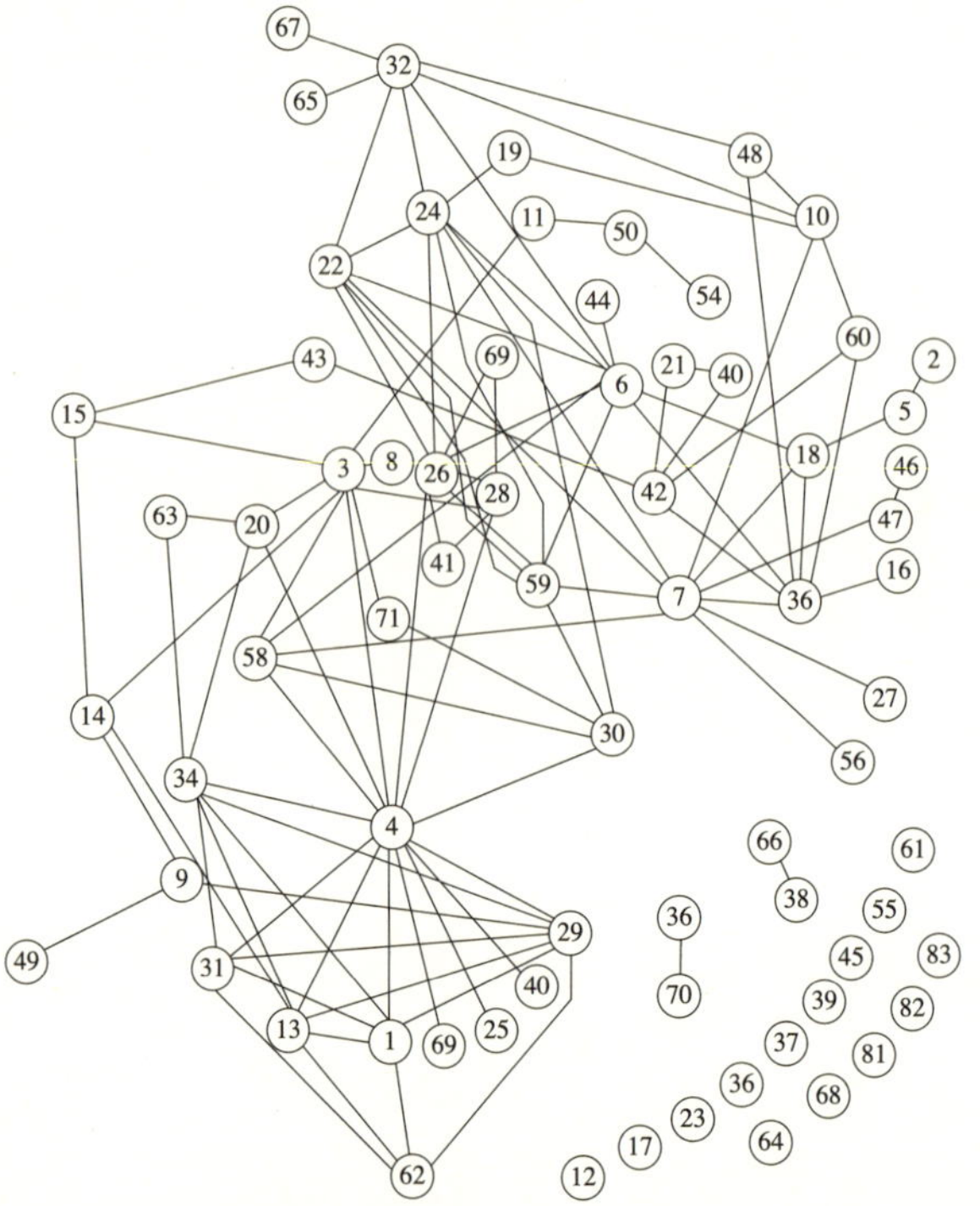


図1　メキシコ一村落の党派構造概念図（出典：Roger Bartra and Pilar Calvo. 1975. "Estructura de poder, clases dominates y lucha ideológica en el Mexico rural" In IIS-UNAM, *Caciquismo y poder político en el México rural*. Mexico : Siglo XXI. p. 110 ――Salmerón Castro 1984 : 139 への再掲より）

関係を組み込んだり、逆に組み入れられたりする。カシケを基点としたこのパトロン‐クライアント関係のメタ政治学は、基本的にはカシケが管理する資源フローに由来するものである。すなわち、資源の流れに沿ってパトロン‐クライアント関係のヒエラルキーが形成されるのであり、配分できる資源の量に応じてカシケおよびその集団のヒエラルキー順位が決定する。

いかなる社会にあっても利害を異にする個人および集団が存在する。その個人および集団は利害すなわち資源の配分をめぐって他の個人ないしは集団と対立し、独自のパトロン‐クライアント網としての党派を形成する。たとえば、図1はメキシコのある村における権力の党派構造を、血縁およびコンパドラスゴ（代理親関係）を元に図式化したものである。そこには、複雑に絡まり合った社会関係の中に潜在するいくつもの党派集団を読みとることができる。仮に、一つの社会に一つのパトロン‐クライアント網しか存在しないとすれば、それは歴史的な偶然に他ならないし、またその事実はその社会に別のパトロン‐クライアント網が形成されないことを保証するものではない。新たな資源フローを提供するパトロンが出現しさえすれば、社会は容易に二つのグループ（党派）に分裂するのである。

むしろ、一つの社会にあって複数のカシケが対立する場合の方が珍しくない（Friedrich 1968）。カシケ政治は複数の異なる利害集団が競い合う状況が存在して初めて可能となる政治様式と見なすことさえ可能である（cf. Joseph 1980）。カシケ政治における暴力の行使はこうした対抗するカシケ（およびその候補）、ないしはその利害集団に対してのみ向けられるものであるという事実は、暴力の行使を大きな特徴とするカシケ政治は複数の集団が競い合う状況においてこそ成立するものであることを示している。

一方で、カシケ政治は社会に潜在する利害の対立を単に析出させるだけでなく、資源の配分フローを強制的に変更することによって利害の対立を新たに作り出すメカニズムとみることも可能である。歴史に名を残したカシケたちが革命など社会運動の指導者であった事実は、カシケ政治の持つこの利害の新規創出という機能を雄弁に物語っている。利害集団（社会運動の母体）を形成するに至らないまでも、カシケ政治はある特定の社会的経済的システムに封じ込められた人びとにそこからの解放の道を提供する。特に、人種・民族を基礎として厳格な階級社会を形成したラテンアメリカ社会にあって、社会構造上の弱者ではあってもカシケという社会的強者との間に個人的な恩顧関係を築くことによって、本来の社会的ステータスからは得られないものにアクセスできるようになる。その意味では、資源配分の新たなチャンネルを開くカシケ政治は、社会構造上の弱者にとっての一つの救済の道となってきたはずである。

## 2　権力と共生するカシケ

次にメキシコ・ユカタン地方を一つの例として、カシケ政治を支える、抵抗の政治学としての一般大衆の政治論理をもっとミクロなレベルから検討してみよう。ただし、本章では紙数の制約上、メキシコ革命期以降のカシケに絞って考えることとする。

革命政権といったん結びついたカシケたちは政府がもたらす種々のサービスや利権を手に入れ、また政府とのつながりを後ろ盾として自らの地位や権力を脅かす他の勢力の台頭を抑制していった。革命政権は権力を行使するに当たって、植民地時代のスペイン王室と同様に、一般大衆を直接統制するよりは彼らを支配できるカシケを利用し、また必要に応じて育成した。そのためカシケには特権としての専制的な政治様式が許されたのである。政府の正当性を脅かす勢力を地方レベルで排除するために、カシケの専制政治は政府によって常に追認されてきたといえる。

こうした政府とカシケとの間の共犯的ともいえる共生関係がメキシコ革命後どのように築き上げられていったのか、またそうしたカシケ - 政府の政治は各村落共同体の人びとにどのように受け止められてきたのかは、チャン・コム村に関する一連の研究からうかがい知ることができる（Goldkind 1966. Re Cruz 1996. Redfield 1950. Redfield & Villa Rojas 1934）。

チャン・コム村にみられるようなカシケ的な人物は程度の差こそあれ、今日おそらくユカタン地方の全ての村落に存在する。彼らはＰＲＩ（Parrido Revolucionario Insitucional 制度的革命党）政府の政策を実施するための末端機構として種々の特権を許されてきた人たちなのである。各村落においてこうした特権を行使してきた人物を特定することはある程度まで可能である。だが、彼らの全てが村人からカシケと見なされているかというと必ずしもそうではない。ある人物がカシケとして特定されるのは、その人物が各村落において政治的な問題を引き起こした場合だけである。ある人物をカシケと呼ぶことはその人およびその支持者集団にマイナスの評価を与えることに等しい。そうした言動はカシケへの挑戦を意味し、カシケからの報復を招きかねない。それゆえ、特別の政治的理由がない限り、一般の人びとがカシケを特定することはほとんどないのである。

市町村長を始めとする役職者が権力の濫用などで告発されるケースは枚挙に暇がない。しかし、いくら告発したとしても、政府を後ろ盾としてほとんど全ての権力機構と抑圧機構を手中に置くカシケを罷免することはほとんど不可能に近い。むしろ、カシケと対立する人びとはチャン・コム村のパット族やタマイ一族のように村から出て行かざるを得ない（Goldkind 1966. Re Cruz 1996）。また、仮に目的の人物を役職から降ろすことができたとしても、次に同じ役職に就く人物が同様の行動をとらないという保証はどこにもない。行政職が政府の末端機構である限り、その役職に座る者が誰であっても専制的なカシケに転化する可能性はなくならない。少なくとも、ＰＲＩ政府のあり方を批判するイデオロギーと政治運動が広まっていく九〇年代以前はそうであった。それゆえに、ユカタンではそもそもカシケを権力の濫用者として追及しないような社会的慣行が広く定着してきたといえるのではないだろうか。次に紹介する選挙時の人びとの行動に観察されるように、人びとの関心はシステムそのものを変える――そのために自らの利害に対立するカシケを特定する――ことよりは、むしろ自分への資源配分の経路を確保するために、カシケの党派グループへの帰属をいかに表明するかに向けられてきたのである。

## 3　暴力と共生する大衆

### 贈るマナー

一九九五年のユカタン州地方選挙では選挙運動期間中の買収行為がマスコミでことのほか大きく報道された。これはＰＲＩ‐政府の政治機構を批判しようとする野党勢力、主にＰＡＮ（Partido Acción Nacional 国民行動党）が選挙運動の一環として、贈賄慣行を批判材料に取り上げたためである。こうして不正行為を糾弾する世論が高まる中で、与党はそうした行為を自粛するどころかむしろ強化した感があった。選挙演説の会場は多くの場合、ＰＲＩ候補者あるいは政府自身が様々の物品をコミュニティないしは支援者に寄贈するセレモニーの場となったのである。

ユカタン州の新聞市場を与党系の「ポル・エスト！」と共に二分する野党系の「ディアリオ・デ・ユカタン」は、買収は農民の政治的無知と貧困につけいるポピュリスト〔本書一二八頁、遅野井論文参照〕的な専制政治であると断じた。これに対して「ポル・エスト！」は人道性・道徳性を主張した。では、選挙に際してモノを贈ったり受け取ったりすることを、ユカタンの一般大衆、特に貧困層の人びとはどのように受け止めているのだろうか。

「票買い」絵：Helguera　「豆？　AK－47（旧ソ連製自動小銃）はないの？」（La　Jornada 紙 1996 年 10 月 7 日）

ユカタン大学野口英世記念地域研究所社会科学部門（以下、ＵＣＳと略す）が一九九五年に行った調査（一九九五年五月二〇日付「ディアリオ・デ・ユカタン」紙）を中心に、まずその実態を見てみよう。なお、括弧内の数字は調査の対象となった一七の村落の内、該当する行動が観察された村のパーセンテージである。

ＵＣＳの報告は買収の方法を「強要」と「票買い」の二つの形態に大別している。「強要」とは実際にはモノを配らないが、選挙においてある特定の候補者に投票するように心理的圧力をかける行為である。具体的には、特定の候補者に投票しなければ年金や奨学金の支給を停止するといった類の脅迫を行う（一八％）。逆に様々な社会的サービスの提供を新たに約束することで特定候補への投票を促したり政治集会へ動員したりする（七六％）。あるいは、ある種のデマを広めて人びとを不安に陥れ、それを回避するような投票を行うように心理操作を行う。たとえば、「ＰＡＮが政権を取れば政府補助金が打ち切られる」（五九％）、「奴隷制が復活する」（五三％）、「カトリック教会が閉鎖され村祭りも禁止される」（五三％）、「本当の選挙はＰＲＩの候補者選出の選挙だった」（三五％）、「選挙人登録カードはＰＲＩの候補者選出選挙だけに有効である」（一八％）などである。

実際にモノを配る「票買い」としては、次のような事例が報告されている。政治集会で日用食料品雑貨などを配布する（八二％）、政治集会で牛や馬、ヤギなどの当たる富くじを行う（七一％）、選挙人登録カードを現金ないしはモノで買い上げる（五三％）、鶏肉や現金（四七％）、ビール引換券（三五％）、酒類（一八％）、建設用資材（一八％）、肉引換券（六％）などを配る。

これらの方法は状況に応じて使い分けられるものであり、全ての村落で何がしかの買収行為が行われていると考えていいだろう。ただ、ＵＣＳの報告は何を提供すれば買収となるのかの基準は明確にしていない。また、贈収賄は本来金品の額によって計られるものではないし、ましてや形に現われないサービス――UCSが「強要」と分類したものの多く――の提供が選挙における票買いだけを目的としたものなのかどうかを知る術はない。むしろそれらは、日常の生活において常に行われている、カシケの党派に属すことを示すための一連の手続きの一部に過ぎないとみることも可能なはずである。

ユカタンでは何かの催しを行った際には協力者に対して飲み物やタコスなどの軽い食事を提供する習慣がある。また、協力者に配ることを目的として用意した食事類は、協力者だけでなくその場にたまたま居合わせた人にも分け与えるのがユカタン社会の礼儀である。このように他人にモノを分け与える行為はユカタン・マヤ語ではトーシュ（*to'ox* 配る）と呼ばれる。このトーシュ慣行が当たり前の社会において、選挙のときだけはそれを禁止するということが果たして可能だろうか。むしろ、選挙だからこそトーシュをしなければならない、という意識が人びとに働いても不思議ではない。かつてユカタン州南部の村落では、投票日が近づくと人びとに配られる牛が村の中を引き回された後、広場の木にくくりつけられる慣習があった。その牛は投票日に屠殺され、投票を済ませた人に引換券と交換に配られたという。そうした慣行は今日大々的に行われなくなっただけで、現実には規模を縮小したり、あるいは形を変えただけで継続している。UCSが報告した買収はまさにそうしたトーシュ慣行の延長線上で行われているものなのである。

**贈られる政治学**

投票は非公開無記名で行うことを原則とするものである以上、こうした買収は特定候補者への投票を必ずしも保証するものではない。そのため、特定候補への投票を約束した証拠として選挙人登録カードが選挙運動家に預けられたり、投票所において投票用紙への記入が監視されたり、場合によっては投票箱に入れる前に記入内容を開示することが求められたりといった不正な手続きが取られることになる。

ユカタンの村落部では、かつては選挙当日に各候補者の前に投票者を一列に並ばせ得票数を数えるような形の選挙さえ行われていた。今日、選挙に対する外部からの監視が厳しくなったことで、こうした公開投票は徐々に減ってきている。だが、人びとは日常の言動の全てがカシケに監視され、また村の共有地の割り当てなどにおいてカシケの決定に依存せざるを得ない状況に置かれていることを考慮すれば、選挙における投票行為は形式的なものに過ぎない。人びとは選挙の時点で金品やサービスを受け取ったことだけに対する返礼として票を売るのではない。むしろ、カシケ派からもたらされる様々な財やサービスを受け取り続けるために、あるいはその給付をカットされないためにカシケ派に投票しているはずである。つまり、投票はカシケとその支持者の間の関係性を定期的に確認するためのシンボリックな行為なのである。

一般大衆からみたとき、カシケはある特定のグループだけに財を分与する存在である。それは、政治的には贈るマナーを心得たポピュリストとして、局所的ではあれ資源のフローを変更する権力を掌握していることを意味している。しかし、そうしたカシケによる財の分与に与《あずか》るためには、一般大衆はカシケの政治的承認を受けるという手続きを自ら実行しなければならない。一般大衆はそうしたカシケ政治のメカニズムを十分に知り尽くしているはずである。だとすれば、一般大衆にとって贈賄は与野党間の正義論を超えた、はるかに実践的な政治学なのだといえよう。

### おわりに

カシケ政治の多くは、現実には地縁血縁関係あるいは代理親制度による擬制親族を基礎にした「村」の社会的規範に沿ったものである。その意味ではカシケ政治が非民主的であるという評価は不適切である。にもかかわらず、カシケ政治が非民主的であるとされるのは、資源配分ないしはその管理が党派的であり、かつ違法行為など権力への不服従というその政治的形式において、権力の遵守という民主主義に抵抗するものだからである。だが、いかなる権力も常に民主的に成立しているわけではない。権力が社会的強者によって作られた資源コントロールの一つのシステムとして機能する限りにおいて、その社会的強者の党派に属す人びとにとってはその資源配分は民主的であるかも知れないが、その党派に属さない者にとってはそれは非民主的なものともなり得る。

ラテンアメリカでは、法律は尊重こそすれ遵守するとは限らない、という伝統が植民地時代より受け継がれてきた。それはラテンアメリカが常に専制的なリーダーによって統治された非民主的な社会であったことを意味するわけではない。むしろ、上に見たカシケの政治文化に照らしてみたとき、ラテンアメリカという社会は厳格な民族・階級社会であるがゆえに、一方で別の資源フローのチャンネルを開くシステムを発達させてこなければならなかったという歴史の一端を理解することができる。民族・階級の社会制度において弱者の地位に追いやられてきた人びとに対してカシケの政治手法は一つの救済システムとして機能してきたのである。それゆえに、彼らはカシケの暴力が許容範囲のものである限りにおいて、カシケと共存してきたのだといえよう。冒頭のエピグラフをパラフレーズするならば、インディオたる一般大衆はラディノたるカシケの暴力を甘受することによって、カシケが独占する権力の分与を受けるのである。

ただ、こうした権力の政治学は、欺瞞的ではありながらも、しかしそれゆえに、分け与えることを美徳とするカトリックの宗教的信仰に根ざしたものであることを理解しておく必要があるだろう。それは裏を返せば、カシケ政治は宗教性を帯びた政治文化であるがゆえに、問題の解決が困難であることを意味しているのかも知れない。

いずれにしても、「民主化」を求める昨今の政治改革の流れやサパティスタ国民解放軍の武装蜂起に現れているように、カシケという個人あるいは集団との個人的なつながりを基礎とした社会関係のあり方が多くの批判にさらされている。昨年行われたメキシコの大統領選挙において、長年政権を牛耳ってきたＰＲＩが大統領府を野党のＰＡＮに明け渡したことは、一面においてはカシケ政治に慣らされてきた人びとの政治意識に何らかの変革が起こりつつあることを裏づけるものなのかもしれない。だが、ユカタン州でＰＡＮが勢力を拡大していった背景には、「民主化」に対する人びとの意識の高まりと同時に、ＰＲＩ内部における権力闘争の日常化があったことを指摘しておかねばならない。ＰＲＩ党員内部における選挙のための公認候補選出の過程でこの権力抗争に敗れた者たちの多くが、ＰＡＮなどの野党に転向し、その公認候補として出馬したのである。つまり、選挙における野党、言いかえれば対立する党派集団の勝利は、「民主化」への国民の期待の高まりの中で、従来の資源の配分をめぐる党派抗争の一つの結果にすぎない。ユカタン農村部においてはＰＡＮがその漁夫の利を得たという印象を免れないのである。「民主化」への国民の期待の高まりの中で、従来とは異なる新たな資源配分の社会機構をどのように構築していくのか、ＰＡＮの政治力が今まさに問われているのだが、単に資源配分の流れの経路を組み替えるだけでは、党派抗争を繰り返すだけに終わるだろう。今、政治改革に求められているのは、大衆がカシケ政治に依存せざるを得ない状況をこそ変えていくことであるはずだ。そうした必要がなくなったとき初めて、人びとの政治論理も自ずと変化していくであろう。

**参考文献**


Brisk, William J. (1973) "The New Caciquismo", Robert Kern (ed.), *The Caciques*. University of New Mexico Press, Albuquerque, pp. 151-163.

Cornelius, Wayne A. (1977) "Leaders, Followers, and Official Patrons in Urban Mexico", S.Schmidt, J. Land Cari and Guasti Land (eds.), *Friends, Followers, and Factions*. University of California Press, Berkeley, pp. 337-353.

De la Peña, Guillermo. (1986) "Poder local, poder regional : Perspectivas socioantropológicas", Jorge Padua and Alain Vanneph (eds.), *Poder local, poder regional*. El Colegio de México, México, pp. 27-56.

Friedrich, Paul. (1965) "A Mexican Cacicazgo", *Ethnology*. Vol. 4, No. 2, pp. 190-209.

——— (1968) "The Legitimacy of a Cacique", Marc J.Swartz (ed.), *Local-level Politics : Social and Cultural Perspective*. University of London Press, London, pp. 243-269.

Goldkind, Victor. (1966) "Class, Conflict and Cacique in Chan Kom", *Southwestern Journal of Anthropology*. Vol.22, No. 4, pp. 325-345.

Joseph, Gilbert M. (1980) "Caciquismo and the Revolution : Carrillo Puerto in Yucatan", D.A.Brading (ed.), *Caudillo and Peasant in the Mexican Revolution*. Cambridge University Press, Cambridge, pp. 193–221.

Kern, Robert (ed.). (1973) *The Caciques : Oligarchical Politics and the System of Caciquismo in the Luso–Hispanic World.* University of New Mexico Press, Albuquerque.

Re Cruz, Alicia. (1996) *The Two Milpas of Chan Kom : Scenarios of a Maya Village Life.* State University of New York Press, Albany.

Redfield, Robert. (1950) *A Village That Chose Progress : Chan Kom Revisited.* The University of Chicago Press, Chicago.

Redfield, Robert and Alfonso Villa Rojas. (1934) *Chan Kom : A Maya Village.* The University of Chicago Press, Chicago.

Salmerón Castro, Fernando I. (1984) "Caciques. Una revisión teórica sobre el control político local", *Revista Mexicana de Ciencias Políticas y Sociales*. No. 30, México, pp. 107–141.

Swartz, Marc J. (ed.). (1968) *Local–Level Politics : Social and Cultural Perspectives.* University of London Press, London.

Wolf, Eric. (1956) "Aspects of Group Relations in a Complex Society : Mexico", *American Anthropologist*. No. 58, pp. 1065–1078.

Wolf, Eric and Edward C. Hansen. (1967) "Caudillo Politics : A Structural Analysis", *Comparative Studies in Society and History*. Vol. 9, No. 2, pp. 168–179.

パブロ・ゴンサレス・カサノバ／賀川俊彦・石川陽一・小林良彰訳（一九八一）『現代メキシコの政治』敬文堂。［原書は *La Democracia en México*. Ediciones Era, México, 1967］

パラグァイ、イグアスーの日系人農業者と地元の農民。マテ茶（ハーブティーの一種）を飲みながら談笑する。

第三部

# ネットワークの作る世界

社会階層間の垂直的な緊張関係に対して、
人びとは水平的なネットワークを作ることによって自衛し、
よりよい生活を実現しようとする。
第三部では、家族を単位としたネットワークから
一つの社会を単位としたネットワークまで、
ラテンアメリカにおける
人間同士のつながり方に光が当てられる。

# 小さな国の敗れざる人びと

## この二〇年のニカラグアを回顧して

田中　高

### はじめに

この二〇年間のニカラグアほど、大きな変動を経験した国も数少ないのではなかろうか。一九七九年七月のニカラグア革命は、四〇年余りにわたるソモサ一族の独裁政権を倒し、「美しい革命」と国の内外で讃えられた。アメリカ合衆国（以下、アメリカと表記）の「裏庭」に、キューバに続いて史上二番目に、武力闘争によって社会主義政権が誕生した。このエポックメーキングな出来事はアメリカを強く刺激した。レーガン政権はコントラ（反政府右派武装ゲリラ）を組織し、内戦を引き起こした。ソモサ王朝の打倒を成し遂げ、解放の喜びに浸る間もなく、肉親同士が武器を向け合う、悽惨な内戦が一〇年間も続いた。その後革命政府の失策も重なり、経済が極度に悪化した。三万パーセントに達するハイパーインフレが人びとの生活に襲いかかった。極端な物不足のために、人びとは炎天下の中を、何時間もじっと耐えながら配給の列に並んだ。革命政権が強力に推進した計画経済の原則に基づく、社会主義体制移行の実験は失敗した。

一九九〇年二月には国連を中心とする国際社会の大規模な監視下に選挙が実施され、革命政府は敗退した。その結果、反政府系日刊紙「ラ・プレンサ」の社主であるビオレタ・バリオス・デ・チャモロ（以下、チャモロと略）が大統領に就任した。本章で論ずるのは、主にこのチャモロ政権の六年間に起きた出来事についてである。内戦、経済危機、不安定な政治基盤など、数知れない負の遺産を受け継いだ政権であったが、以下みていくように、まがりなりにも六年間の任期を全うし、国民和解の道筋をつけることには成功した。

ここで予め断っておきたいことがある。それは、選挙で敗退したとはいえ、旧革命勢力が依然として持ち続けているその政治的な影響力である。もともと武力革命により政権の座についた政党が、選挙に敗れて下野し、その後も政治活動を続けるという前例は稀である。元ゲリラ戦士たちは実に粘り強い。あきらめずに国内に踏みとどまり、政権奪還に向けて厭《あ》くことなく活動している。ラテンアメリカの伝統では、指導者が政権から離れたとたんに、金庫を空にして国外に逃亡する例が少なくなかった。その点サンディニスタ（正式にはサンディニスタ民族解放戦線党。以下ＦＳＬＮと略）のあり方は、ラテンアメリカの新しい流れを示唆するものとなるかも知れない。

本章のタイトルにある「敗れざる人びと」とは、ソモサ独裁や革命政権下の弾圧に屈せずに民主化運動を続けた限られた数の人びとは無論のこと、いかなる政権の下でもたくましく、したたかに生きてきた圧倒的に大多数の人びとを指している。むしろこの市井の人びとこそ、ニカラグアの歴史上の主人公かも知れない。しかし筆者には、サイレント・マジョリティーである彼らの声を代弁する能力はないし、それを表現するには、もっと適切な方法もあるだろう。以上の点を考慮して本章ではまずチャモロ政権発足までの過程と、それを取り巻く内外の環境について簡述する。次に六年間の任期中に起きた諸問題のうち、主要な争点となった経済復興、軍部の問題、憲法改正の三点に絞って検討することとしたい。このようなマクロの出来事を丹念に追跡しながら、可能な範囲で個々の人びとのミクロの動きを折に触れて紹介することにしたい。

## 1　総選挙から政権交代まで

一九九〇年二月の選挙で大方の予想を裏切って当選したチャモロ大統領を迎え入れた執務室には、椅子が一つ残されただけだった。机、書棚、電話機やコピー機などの事務用品は、何者かによって全部運び出されていた。なぜか残された椅子の背中には、「アモール（愛する人）」と白ペンキで書いてあった。この文字を記したのは、下野したダニエル・オルテガ・サアベドラ大統領夫人のロサリオ・ムリージョだったと伝えられている。

オルテガの敗北は、ＦＳＬＮにとって全く寝耳に水の出来事であった。各種の世論調査はどれもが、与党ＦＳＬＮの圧勝を予想していた。西側諸国のマスコミの論調も、かなりそれに影響されていた。投票の直前にはアメリカのベーカー国務長官が、「民主的で公正に選出された政権とならば、対話する用意がある」と発言して、ＦＳＬＮとの融和に備えていた。

突然与党になったＵＮＯ（野党連合）も政権担当の準備はほとんど整っていなかった。ＵＮＯは選挙のために急いで結成された既成の一四野党の連合体で、内部の意志統一は皆無に近かった。このことが後に国会運営の大きな障害となった。皮肉なことに、チャモロは後年国会運営でＦＳＬＮに依存せざるを得なくなった（後述参照）。決定的だったのは、大統領とビルヒディオ・ゴドイ副大統領との不仲である。ゴドイは革命政権時代に労働大臣を務めたことのある生粋の政治家で、大統領となることに執念を燃やしていた。ライバルは実業家のエンリケ・ボラニョス（一九九七年に発足したアルノルド・アレマン政権の副大統領）であった。ＵＮＯ党内で三回、大統領候補選出の投票がなされたが票が割れて決着せず、結局在ニカラグアアメリカ大使館の働きかけもあって、チャモロが出馬のチケットを手にした。なおこのとき、ニカラグアとアメリカの外交関係は悪化していて、アメリカ大使は首都マナグアに常駐していなかった。当時他国と比較して規模の大きかった日本大使館（小西芳三大使）も、チャモロの担ぎ出しにかなり積極的な役割を演じた、と伝えられている。

チャモロ自身は選挙戦を通じて、自らの勝利を確信していたと述懐している（Chamorro 1997 : 334）。それは世論調査や選挙戦の動向、マスコミの論調といった外性要因を分析した結果から生まれたものではない。むしろ冷戦の終結、内戦、経済危機を目の当たりにして、国民が変化を望まないはずはない、という彼女自身の信念に近いものだったように思われる。敗者となったFSLNは一九八四年の大統領選に圧勝した経緯があり、国民の信任を得ているという自負があった。八七年には一定の民主的な手続きを経て、憲法改正も行った。なによりも約四〇年間続いたソモサ王朝を、都市中間層とカトリック教会を含んだ広範な国民の参加で、武力で打倒したという輝かしい歴史がある。ここで特に強調しておきたいのは、内戦下にあるという特殊事情を考慮し、党の巧みに隠されたイデオロギーが社会主義であったことを認めても、FSLN党指導層の持っているある種の戦略性、柔軟性、現実感覚には特筆すべきものがある、ということである。国民の多くが、少なくとも革命政権発足当初は、FSLNを支持していたことは疑いない。

**柔軟なサンディニスタ党**

サンディニスタ党の柔軟性を示す一例を挙げよう。八七年以降の極端に悪化した経済情勢を改善すべく、革命政府は八九年前半に、一連の経済改革案を発表した。その内容は自国通貨コルドバの切り下げ、緊縮財政、基礎食料や医薬品の補助金の削減、軍事予算の削減を含む軍備縮小など、世界銀行や国際通貨基金（IMF）が提示する構造調整策に沿った、市場指向、ネオ・リベラリズム（新自由主義）的なものであった。この経済改革案作成に強い影響を与えたのは、スウェーデン政府が派遣したアメリカの経済学者ランス・テイラーや、ニカラグア政府の経済顧問であったメキシコ人の経済学者ダビッド・イバラである。革命政権は末期には、こうした西側の意見を取り入れることにも積極的であった。しかしこのような柔軟な経済政策にもかかわらず、経済の基礎条件は改善せず、八八年六月に一ドルが八〇コルドバであった為替レートは、八九年九月には実に一ドルが二万二〇〇〇コルドバにまで減価した。FSLNの強みは、合従連衡を繰り返してきた他のニカラグアの諸政党と根本的に異なり、九七年の大統領選で元副大統領セルヒオ・ラミレスが分離独立して自らが党首を務める政党サンディニスタ刷新運動（ＭＲＳ）を結成するまで、一枚岩の団結を誇ったことである。チャモロが就任当初、敵に回さなければならなかったのは、かくのごとく手ごわい人びとであった。以下チャモロ大統領が任期中に早急に対応を迫られた三つの課題に的を絞って考察することにしたい。その第一は、危機的な経済状況をいかに乗り越えようとしたか。第二は内戦終結と軍の改革の問題。第三は政治の動きと絡めた、憲法改正に至るまでの経緯である。

## 2　新政権の経済問題

### 新政権と経済的混乱

ニカラグアでは一〇年間に及ぶ社会主義政権の下で、まずソモサ一族が所有していた企業や金融機関、農場が一気に国有化された。さらにニカラグア基礎穀物供給公社（ＥＮＡＢＡＳ）に象徴される非市場経済型の計画経済をつかさどる政府部門が急激に肥大化した。新政権の課題は、このような社会主義化したシステムを短期間のうちに、構造調整という名の下に、市場経済システムに急速に近づけることであった。

新政権発足直後は、中央銀行総裁のフランシスコ・マジョルガが中心となり、コルドバ・オロと呼ばれるドルと等価の新通貨を導入して、インフレ抑制をはかった。これはマジョルガ・プランと呼ばれている。しかし所期の目標は達成されず、再びハイパーインフレに見舞われ、マジョルガは退陣する。ニカラグアでは当時、社会主義的な計画経済への嫌悪感から、民間出身の閣僚の多い政府部内では、中長期の経済計画を作成することに、強い嫌悪感が存在した。

新政権の経済政策を知る上で、最も有力な資料の一つは、債務問題の話し合いの場であるパリクラブに、ニカラグア政府が提出した報告書である。ニカラグアが抱えていた約一〇〇億ドルの累積対外債務総額は、この国の年間輸出総額約三億ドルの三三年分に相当し、ニカラグアは事実上債務不履行の状態にあった。九〇年一二月のパリクラブ会議に政府を代表して出席したのは、チャモロ大統領の娘婿であるアントニオ・ラカヨ・オヤングエレン大統領府大臣であった。ラカヨ大臣は西側債権諸国の代表を前に、ニカラグアの置かれている危機的な経済状況を説明し理解を求めた。一人当たりの実質国民所得は一九七八年の半分にまで減少、人口の三一％が貧困状態で、二三％が極貧状態にあると訴えた。ニカラグア政府が一九九一年五月のパリクラブの会合に提出した報告書は、ハイパーインフレ阻止のために実施した諸措置（為替レートの大幅切り下げと通貨供給量の抑制、緊縮財政、行政改革、セーフティネットの拡充など。ラカヨ・プランと呼ばれる）の経過を報告した。ラカヨ・プランは現実に効を奏して、九一年のインフレ率二九四五％は翌九二年には二三・七％、九三年には二〇・四％、九四年には七・八％にまで落ち着いた。

行政改革を実施する手っ取り早い方法は公務員、準公務員の大量解雇である。政府は九一年、軍人を除く中央政府職員を少なくとも八五〇〇人削減すると公約した。九四年には公務員の削減目標を全体の一三％に当たる一万三五〇〇人としている。それにしても、解雇された大量の公務員とその家族はどのようにして暮らしを立ててきたのであろうか。もともとニカラグアの雇用情勢は悪く、完全失業と不完全就労を合わせると、五〇％以上に達していた。公務員はいくら給与が低いとはいえ、定期的な収入や社会保険もあることから、相対的に恵まれた働き口であった。実はこの時期に、ニカラグア経済が何とか持ち応えた理由の一つは、選挙後に堰を切って流れ込んだアメリカを中心とする西側諸国の経済援助であった。アメリカだけでも、八九年にはゼロであったのが、九〇年には三億ドル、九一年から九三年まで年間二億ドル前後を拠出している。ちなみに二国間援助では日本はアメリカに次いで二番目の拠出国で、九〇年から九五年に総額約二億ドル強となっている（九八年末の大型ハリケーン・ミッチの災害後、金額は増加傾向にある）。

流れ込んだ外貨は、スピル・オーバー（浸透・拡散）しながら、何らかの形で人びとの生活を支えた。それはたとえば都市インフォーマル・セクターにおける小売業だったり、次第に増加した道路や橋梁建設の公共事業、住宅やレストラン、ガソリンスタンドなどの建築需要であった。サンディニスタ政権敗退後、経済ブームの予兆のようなものが起きた。まずアメリカやコスタリカに一時的に避難していたニカラグア人（富裕層だけでなく庶民層の人びとも）の帰国が開始された。マナグア市内の家賃は軽く三倍に跳ね上がった。そして住宅需要が急増した。選挙に破れてから政権を離れるまでの二ヶ月間に、革命政府は没収していた土地家屋や農地を、主に支持者に大盤振舞いした（ピニャタと呼ばれる）。受け取った人びとにとっては朗報であった。しかしこのことが後に、元の所有者たちやアメリカの保守派の批判するところとなり、長い間尾を引くことになった。町中で居住者と所有者との間で諍いが起き、弁護士と裁判所は大忙しであった。

**経済改革下での生活戦略——Aさんの場合**

前述した時期は、ニカラグアにとっては未曾有の動乱期ではあったが、一部の人びとにとってはビジネスチャンスでもあった。筆者の知っている具体例を紹介しよう。仮に名前をAさんとする。Aさんは革命政権成立と同時に財産を全て処分し、家族五人を連れてマイアミに逃げた。もともと実業家ではあったが、アメリカでの暮らし向きは楽ではなくて、九〇年の新政権発足直後マナグアに戻ったときは、ほとんど着の身着のままであった。最初に彼が思いついたのが、日本製の中古オートバイの輸入業であった。しかしあまり利益にならない。Aさんが次に目をつけたのは、ガソリンスタンドにガソリンを配送する仕事であった。革命政権時代は、エッソ（ESSO）の製油所が唯一独占的な営業を許されていた。ガソリンの配送は政府が行っていたが、タンクローリーの維持管理は不十分で、滞りがちであった。Aさんは自己資金ゼロで、アメリカ国際開発庁（USAID）に融資を申請し認められた。中古車二台で始めた事業は瞬く間に拡張し、最近ではエルサルバドルやコスタリカで、Aさんの会社のロゴの入ったタンク車を見かけるまでに成長した。

Aさんの場合はやや例外的に成功した例かも知れない。しかしFSLN党の最高意思決定機関であった最高幹部会の元メンバーにも、ビジネス感覚・経営手腕にたけた人物がいる。その代表格は、最古参の党メンバーで強硬派として知られたトマス・ボルヘ元内務大臣であろう。彼はレストラン業、マスコミ、観光業などに巧みに投資して、実業家顔負けの事業を展開している、と伝えられている。その他の幹部も国会議員を務めながらコンサルタント会社やシンクタンクを経営したり、NGO（非政府組織）を主宰して生き延びている。

市場経済への急激な移行で、最も強い打撃を受けたのは貧困層である。従来は基礎穀物やバスなどの公共料金には政府の補助があり、割安だった。義務教育や医療は、完全とはいえないまでも、革命政権時代にはほぼ無償で提供された。しかしこうした最低限の生活を維持していく上で不可欠な支出が、急激に上昇した。全てのニカラグアの家計支出調査は結論として異口同音に、貧困層・極貧層が増加していると報告している。

## 3　軍の改革

### 軍の負の遺産

ニカラグアの歴史上、軍歴を持たない大統領が就任したのは、一九三〇年代の混乱期を除くと、現在までに五人にも満たない。一九世紀初頭に独立して以来、レオンとグラナダという二つの都市の権力争いが続き、国内政治は不安定な状態に置かれた。この間アメリカ人のウィリアム・ウォーカーが指揮する傭兵部隊がグラナダに政権を樹立し、奴隷制を宣言するなど稀有な出来事も起きた。二〇世紀に入ると、ニカラグアの債務支払が滞ったことを理由にアメリカ海兵隊が駐留した。その期間は二〇年間余りにも及んだ。こうした中で、後に革命運動の父と称されるアウグスト・セサール・サンディーノによる反アメリカゲリラ活動が、主に北部山岳地帯で展開された。運河建設の利権を確保しようとするアメリカと、権力闘争で政局不安定なニカラグア政府は、一九二七年エスピノ・ネグロ協定を結んで国家警備隊（以下国警隊と略）の創設を決めた。国警隊はもともとは、非政党的で職業軍人の専門家集団となることを目指したものだった。しかし国警隊は後にソモサ独裁の下で体制維持のための暴力装置として利用され、国民の怨差の的となった。国警隊は発足当時は二〇〇〇人足らずであったが、第二次世界大戦が終わった頃には一万二〇〇〇人に膨れ上がっていた。

一九七九年七月一七日、もはや統治能力を失った大統領アナスタシオ・ソモサ・デバイレは、父アナスタシオ・ソモサ・ガルシアと兄ルイス・ソモサ・デバイレの墓地から遺体を掘り起こし、国警隊のヘリコプターと軍用機を乗り継いで家族と共にアメリカに亡命した。ソモサ無き後の国警隊の混乱ぶりは凄じく、幹部たちは先を争って軍用機、民間機を奪って国外に脱出した。首都マナグア市内では行き場を失った軽戦車が狂ったように暴走して民衆を威嚇した。二日後FSLNのゲリラがマナグアに入城し、ほぼ無抵抗で大統領官邸など主要施設を占拠し、革命政府が正式に発足した。

秘密裏にサンディニスタを援助していたキューバはもちろんのこと、日本を含む西側諸国も直ちに革命政権を承認した。余談だがこのときマナグアの日本大使館には岩瀬大使夫妻以下数名の館員がいた。暗号表、無線機を処分し、いつでも脱出できる用意をしていたが、結局避難せずに留まった。筆者は、革命直後の八月に隣国コスタリカから陸路マナグアに入った。今でも印象に残っているのは、そのときに見た人びとの活き活きとした明るい表情である。その後、八五年から八七年まで二年間ニカラグアに在勤したが、この頃には革命直後の熱気は冷め、人びとは内戦と生活難に喘いでいた。革命の光と影がこれほど慌ただしく交錯するのは、人知をはるかに越えることであった。

革命政府にとって、軍は特別の存在であった。まずその呼称はサンディニスタ人民軍（ＥＰＳ）で、事実上ＦＳＬＮの支配下に置かれた国軍であった。このことがチャモロ政権発足後の民主化の過程で大きな障害となった。ＥＰＳの最高責任者には、オルテガ大統領の実弟であるウンベルト・オルテガ・サアベドラ将軍が就任した。兄のオルテガは一九六七年に投獄され、七四年のクリスマスに起きた農牧大臣宅の占拠事件で人質と交換に釈放されるまで、ゲリラ活動から離れていた。この間武装闘争の戦略を練ったのは弟のウンベルトであった。ウンベルトは軍のみならず警察などの治安組織も管轄した。

およそ一〇年余りにわたる内戦の犠牲者は、二万人に達する。ソ連・キューバの軍事援助で増強された政府軍と対峙したコントラは、アメリカが肩入れして立ち上げた、国警隊の元メンバーを中心とした右派武装ゲリラであっ

革命政権時代、首都マナグアの集会風景。（筆者撮影）

た。しかしこれに太平洋岸の先住民族の独立運動や、革命政権に半旗を翻した元サンディニスタ党幹部の蜂起、加えて九〇年の新政権発足後は、サンディニスタやコントラの一部元戦闘員が合体して反政府武装闘争を開始するなど、内戦の情況はきわめて複雑な様相を呈した。チャモロ政権の緊急の課題は、この錯綜した状況にある内戦をすみやかに終結し、ＥＰＳの兵力削減とその組織の民主化を実施することであった。

**新政権と軍**

チャモロは、国家予算の四分の一を占め、九万六〇〇〇人の人員を抱えるＥＰＳを引き継いだ。国防大臣にはチャモロ自身が就任したが、最高司令官の座には九五年二月に辞任するまで、ウンベルトが居座った。国内政治体制が激変し、国の内外ですさまじい非難を受けながらも、ウンベルトが五年間という長きにわたって、軍の最高司令官の地位に留まったことほど、ニカラグアという国とその人びとを理解する絶好の教材となるものは他にないであろう。しかもウンベルトは単にその地位に留まっただけではない。軍と警察の分離、人員削減、軍組織の民主化などの諸措置を粛々と実施したのである。

削減の対象となった兵には、一年分の給料が退職金として支払われた。将校の退職金は六ヶ月分であったが、加えて三〇〇平方メートルの土地が贈与され、医療費は一年間無料となった。またそのうちの何人かには、中米経営大学院（ＩＮＣＡＥ）の奨学金が付与された。ＩＮＣＡＥが設立されたのは一九六四年である。運営にはハーバード大学が協力し、アメリカ流の教育方法を用いたビジネススクールであることが最大の特色となっている。校舎はマナグア郊外にある。一時は内戦のため活動は停滞し、コスタリカの分校に比重が置かれた。ここで学ぶことは、企業経営の実践的な方法論である。

新政権発足直前の九〇年三月二七日、次期政権を代表してラカヨ大臣と、ＦＳＬＮ代表のウンベルト・オルテガ将軍の間で、「政権交代の合意事項」が結ばれた。その骨子は、コントラの武装解除、軍および警察の文民統制と削減、選挙前に分配された土地や財産の所有権の確保、国民和解と恩赦の実施、公務員を政治的な理由による免職から保護することなどである。ラカヨは革命政権時代も国内に留まりサンディニスタと良好な関係を保ちながら、製糖工場やレストラン、中央アメリカ各地の商業施設に投資して成功した実業家である。ウンベルトとも誕生日のパーティーに行き来するなど親交があった。「政権交代の合意事項」はいわば二人の間の信頼関係を頼りに和解の精神を優先する妥協の産物であった。

チャモロ政権にとっては、ウンベルトを解任し国軍の民主化を促進することは、国内外の支持を取りつけるための不可決の条件であった。結局九五年二月、ホアキン・クアドラがウンベルトに代わって軍の最高司令官に就任した。文民の大統領が軍の最高司令官を任命するのはニカラグア史上初めての出来事であった。いずれにせよここまでに到達するのに、およそ五年間の歳月を要したのである。ウンベルトのしたたかさと現実感覚、チャモロの包容力がこのことを可能にしたといえよう。

ニカラグア政府軍は九九年末時点で、依然として一万四〇〇〇人の兵員を有している。これは国家公務員総数八万人（その内保健衛生、教育関係は五万人、警察が六〇〇〇人など）の一七・五％である。ニカラグア政治の閉塞したネポティズム（縁故主義）を象徴するかのように、九七年一月のアレマン新政権発足後、国防大臣にはチャモロ前大統領の長男、ペドロ・ホアキン・チャモロ・バリオスが就いた。

### 4　憲法改正をめぐる抗争

ニカラグアの不安定な政局を象徴していたのは、憲法改正をめぐる大統領と議会の対立であった。革命政権下の一九八七年に制定された旧憲法は、前文で国の英雄として反アメリカ戦争の指導者サンディーノやＦＳＬＮの創設者であるカルロス・フォンセカを称えているように、革命色の強いものであった。しかも大統領が最高裁判事の任命権や、課税権などを独占的に有していて、その権限は絶大であった。旧憲法はまた、大統領の連続再選や近親者の立候補を認めるなど、当時の社会主義体制に傾きつつあった政治状況を色濃く反映するものでもあった。八七年一月に公布された当時は、ダニエル・オルテガは自らの再選と、実弟ウンベルトへの政権引き継ぎを思い描いていたのであろう。一方チャモロは、政権発足以来最も頼りにしてきた存在で、大統領職への野心をあらわにする娘婿のラカヨ大臣に政権を委譲することを目論んでいた（Close 1999 : Ch. 7）。

議会で実質的に憲法改正の動きを開始したのは、ＵＮＯの有力メンバーのルイス・ウンベルト・グスマンである。彼の動きに同調する議員が次第に増加した。九四年九月、国会は一一人のメンバーからなる憲法改正の調査委員会を設置し、憲法の条項二一項目のうちの、六五ヶ所の修正を賛成七〇票、反対ゼロで可決した。翌九五年二月、修正案は再度賛成が六四票、棄権・反対それぞれゼロで可決された（国会議員総数は九二、ＵＮＯの議席は五一、ＦＳＬＮは三九、その他政党が二）。議論の過程で各議員は憲法改正案に対して、オール・オア・ナッシングに賛否を決めていたわけではない。所属政党の枠を離れて、改正項目の一つ一つに賛否を表明した。改正案はその議論を踏まえた上で可決された。したがって修正案は大方の議員の賛成を得ていたのである。八七年憲法では、改正には三分の二以上の賛成により、連続した会期の議会で続けて二回可決されねばならないと規定されてある。よって法律上、この国会議決は有効であった。

ところがチャモロ大統領は官報に憲法改正案を掲載することを拒否した。他方グスマンは主要日刊紙である「エル・ヌエボ・ディアリオ」と「ラ・プレンサ」にそれぞれ、改正新憲法の文面を掲載した。これで議会と政府の対立が決定的となった。加えて大統領と議会がそれぞれ別個に任命した最高裁判事が混在するという異常事態となった。このとき政府が議会運営で頼りにしたのはＦＳＬＮの票であった。もともと旧憲法がサンディニスタ党支配下の革命政権時代に作成されたという経緯がある。両者の利害はある程度一致した。しかしながらそれでも、憲法改正案を否決することはできなかった。

**混乱収拾への努力**

この行き詰まりを打破したのは、これまでのニカラグア政治史が教えてくれるように、諸外国の仲介＝介入であった。一般には友好国グループと呼ばれるカナダ、メキシコ、オランダ、スペイン、スウェーデン政府は、混乱収拾のために動き出した。しかし事実上の解決のためのキーを握っていたのはアメリカの意向であった。

一九九五年六月には、友好国グループと「改正擁護のための国民戦線」（後述参照）を代表するオバンド・イ・ブラボ枢機卿の努力が実り、双方は妥協案に合意した。その概要は、「大統領は官報に改正新憲法を掲載する。議会は新憲法を施行する方法と時期について、大統領が提案する法律を承認する」、というものである。たとえば予算については、議会は政府の決めた予算案の上限を越えない範囲で審議すること。公営企業の予算公開。最高裁判事の選出には、議会は大統領とは別に候補者のリストを作成し、その中から国会議員の六〇％以上の賛成で選任すること、などである。なお議会が強く要求していた、大統領の任期を六年から五年に短縮し、連続再選と近親者の大統領選立候補を禁止する条項は、改正憲法に盛り込まれることとなった。

憲法改正をめぐる議論は、ニカラグアの議会制民主主義の確立を、イデオロギーの枠を越えた社会勢力が促進する貴重な機会となった。それを象徴するのは、上述の九五年二月に結成された「改正擁護のための国民戦線」である。憲法改正案を擁護するために、政府、議会の動きと距離を置いて自然発生的に始まったこの政治運動には、オバンド枢機卿、サンディニスタ政権時代の閣僚で、駐アメリカ大使を務めたこともあるカルロス・ツネルマン、ビルヒディオ・ゴドイ前副大統領、保守派の著名な政治家で、アレマン政権で一時期外務大臣をしていたエミリオ・アルバレス・モンタルバンなどの有力者が、従来の政党の枠を越えて参加した。そして事態の収拾に向けて精力的に活動した。

憲法改正案は多大のエネルギーと時間を要した末に、結局は可決され施行された。しかし本来ならば大統領は、議会が法的に有効な手続きで可決している以上、当初からこれをすんなりと受け入れるべきであったろう。憲法改正を巡る抗争は、ニカラグアでは依然として、「裁量による統治」が行われる余地のあることを物語っている。同時に、既成の政治運動からは独立したエリート層の新しい動きも見え始めていて、今後の進展は注目に値しよう。

## おわりに

本章では、もっぱらチャモロ政権の六年間を、経済改革、軍の問題、憲法改正の三つのテーマに絞って検討した。もし新政権の達すべきゴールを予め低めに想定したならば、六年間の任期を無事に果たし、平和裡に次期政権に引き継いだだけでも、十分に成功したといえるであろう。投票によって選出された政権が二期連続するのは、ニカラグアの歴史始まって以来のことである。

この二〇年間のニカラグアは、ソモサ独裁体制への武装闘争、革命政権の社会主義移行の実験、内戦と政党内の抗争など、ほとんど息をつく暇もないほどの、激しい変動を経験している。この間大多数の国民は、国内外の逆らうことのできない力に翻弄されてきたというのが、実情ではなかろうか。経済面に限っていうならば、確かにチャモロ政権時代には、以前のようなハイパーインフレは収束した。アメリカを主体とする西側諸国の援助が入るようにはなった。アメリカの好景気に側面的に支えられ、マクロレベルの経済指標には好転の兆しもある。しかしかつて革命政権が約束した、富の偏在の是正、教育や保健衛生の普及、最低限の生活水準の確保といった、社会的公正の実現からは遠のいてしまった。今ニカラグアを襲っているのは、市場経済への急激な移行である。生活必需品への補助金がカットされ公共料金が引き上げられたことで、貧富の格差は拡大し、極貧層の数は確実に増加している。活発だった住民参加型の地域開発の試みも、退潮となってしまった。

だがこの問題は見方によっては、ニカラグアが長い間直面してきた諸困難と比べれば、むしろ軽微かも知れない。独裁、社会主義の混乱、内戦の犠牲に比べれば、貧困との戦いは、時間はかかるかも知れないが、目標が明確であるので対応自体は容易であろう。また同じような問題を抱える他の多くの国々や、国際社会とも協力し合えるだろう。この数年の間に、制度面での民主化や軍の縮小、法治国家の確立に向けて、従来のニカラグアの水準と比較すれば、表面的にはある程度の前進が見られた（近年外国援助をめぐる政府部内の汚職が表面化して大きな問題となっているが）。残された最大の懸案の一つは、貧困をいかに撲滅するかということである。過去二〇年間の動乱を生き抜いてきたニカラグアの「敗れざる人びと」のたくましさが、遺憾なく発揮されることを期待したい。

**参考文献**


Chamorro, Violeta. (1996) *Sueños del Corazón : Memorias, la autobiografía de una mujer excepcional.* (Traducción de Andrés Linares) ACENSO Editorial.
Close, David. (1999) *Nicaragua : The Chamorro Years.* Lynne Rienner.
Pelupessy, W. and Weeks, J. (eds.). (1993) *Economic Maladjustment in Central America.* St.Martin's Press.
フリオ・コルタサル／田村さとこ訳（一九八九）『かくも激しく甘きニカラグア』晶文社。
オマル・カベサス／太田昌国・新川志保子訳（一九九四）『山は果てしなき草原ではなく』現代企画室。
サルマン・ラシュディ／飯島みどり訳（一九九五）『ジャガーの微笑：ニカラグアの旅』現代企画室。
高橋均（一九八九）『サンディーノ戦記』弘文堂。

# 〈静かなる革命〉の担い手たち
## チリにおけるシカゴ・ボーイズ

竹内恒理

**はじめに**

本章で紹介するのは、特定の時期に特定の地域において、ある意図を持って作られた人的ネットワークの存在である。より具体的にいうならば、チリにおいて経済学徒を組織的に養成するプログラムを中心に張りめぐらされた知的ネットワークが、一〇、二〇年という長期にわたり、次第に拡大、浸透し、国や地域の経済・財政・金融の各部門に対する政策はもとより、労働や福祉などの政策に甚大な影響力を与えるに至った経緯を事例に基づいて示すものである。

時代は第二次世界大戦直後から始まり、舞台はチリとアメリカ合衆国（以後、アメリカと略す）である。

チリでは史上初の合法的社会主義政権が成立後三年を待たず軍事クーデターにより崩壊した後、一九七三年九月軍事独裁政権が誕生し、再資本主義化の試みがなされた。それは政治、経済、社会など国民生活の全ての分野に及んだ。一九八〇年代の後半に入り、チリではこうした再資本主義化の効果が充分に実を結んだとして、〈静かなる革命〉が成功していると評されるようになった。この〈静かなる革命〉と呼ばれる成功は、輸出競争力と市場原理に基づくネオ・リベラリズム（新自由主義）的経済政策によってもたらされたのである。この〈静かなる革命〉の担い手となった経済学徒集団がシカゴ・ボーイズである。

一九五〇年代の初めからアメリカ政府は、インドネシア、タイからの留学生を対象にカリフォルニア大学バークレー校の大学院で新古典派経済学を教授するプログラムをスタートさせ、その費用をフォード、ロックフェラーなどの財団が支援する仕組みを作った（白石、一九九八、二四）。同じ頃、アメリカ政府は、ラテンアメリカ諸国を対象に、特にシカゴ大学を中心に全く同様のプログラムをスタートさせた。プログラムはまず手始めとしてチリから始まった。

経済学に関しては、カリフォルニア大学では主としてアジアからの留学生、シカゴ大学ではラテンアメリカからの留学生という、受け入れについてアメリカの大学間の取り決めがあったものと考えられる。トレーニングに関わったアメリカ人教授陣はほとんど全員が一つのグループに属するといってもよく、この集団の中心がM・フリードマンであり、A・ハーバーガーであった。また、六〇年代の後半から七〇年代の半ばにかけて、これらの教授陣の下で研究・論文指導を受けた学生の中から、ＩＭＦ（国際通貨基金）の元副理事のカムドゥシュや、アメリカ政府の経済政策に決定的な役割を持つ経済学者のドーン・ブッシュＭＩＴ教授らが輩出したのである。

ラテンアメリカについてみると、チリ、アルゼンチン、メキシコなどでは、いずれもアメリカのこうした大学で新古典派経済学の薫陶を受けた人物たちが一九九〇年代に続々と大統領、経済閣僚のポストに就く傾向が顕著となった。

## 1　チリにおけるシカゴ・ボーイズ

### ある若手経済学者の死――ミゲル・カスト

ここで紹介する人物はミゲル・カストというチリ人の経済学者である。彼は、本章のテーマとなるシカゴ・ボーイズの一員としてピノチェット政権の初期の経済政策の立案に携わった経済テクノクラートである。ミゲル・カストを採り上げる理由は、彼がアメリカで学んだ経済学をチリの社会改革に役立てようと奮闘したシンボリックな人物であり、その志半ばで夭折した伝説中の人物であるからである。

ミゲル・カスト（Miguel Kast）は一九四八年、ドイツのミュンヘン近郊のオーベルスタウフェンに父ミゲル・マルティン・カストと母マリア・クレセンティア・オルガとの間に長男として生まれた。父ミゲル・マルティンはドイツ陸軍の兵士としてヒトラーの軍隊に従軍し、イタリアで終戦を迎え、捕虜となったが、捕虜収容所を脱走し、故郷に徒歩で戻ったほどの勇猛果敢な兵士であった。一九五〇年、ミゲル・マルティンは、妻オルガとともにチリへの移住を決意し、親戚から借りた資金でわずかばかりの果樹園を移住先で買った。幼かったミゲル・カストは先にチリに渡っていた父親の元へ、母オルガに連れられ、やって来たのである。ミゲルはドイツ系の移民の師弟が多く通ったドイツ学校（Colegio Alemán）に入学したが、学校が家から遠く、友達も少なかったので、チリでの新たな生活に慣れることにかなり苦労した。

農村での生活には多くの苦難が伴ったが、やがてミゲル・カストは起業家を目指し、チリ・カトリック大学の経済学部に入学した。チリ・カトリック大学経済学部の教授陣には、セルヒオ・デ・カストロ、パブロ・バラオナ、エルネスト・フォンテェインなどアメリカのシカゴ大学経済学部留学組からなる新進気鋭の経済学者が集まっていた。大学入学当時のミゲル・カストは次のように回想している。「私は小さい頃から父親が農業経営で資金繰りに困っているのを見て育った。自分は幼いながら、何とかお金を稼ぎ出さなければと思っていた。一四歳の頃から麦の脱穀機を売る仕事を手伝った。大学に入った動機は少しでも早く卒業し、事業を起こすことだった」(Lavín 1986 : 24)。

チリの上層階級との縁故も特に持たないミゲルが立身のために選択したのが、経済学を学ぶことだったのである。ミゲル・カストは大変活発な青年で、起業家を目指し、勉学に励んだ。一方、学生運動にも興味を持ち、一九六四年の大統領選挙キャペーンでキリスト教民主党のフレイ大統領候補を擁護する運動に参加した。ミゲルは父親から、ドイツがソ連に占領された後、共産主義がいかに人びとの自由を制限したかをいつも聞かされて育った。そのため社会主義者を中心とする人民連合のアジェンデ候補の勝算が濃いとの巷の風評のなかで、唯一対抗できる候補としてフレイを熱狂的に支援した。

一九七一年、ミゲル・カストはシカゴ大学に留学する幸運を手にした。チリ・カトリック大学経済学部とシカゴ大学経済学部との間には交換留学制度が取り交わされていたからである。しかしながら、ミゲルのシカゴでの学生生活は苦労の連続であったという。

シカゴ大学では朝八時半から授業が始まり、昼に大学のカフェテリアで簡単なサンドイッチの食事をとった後、集団討議や授業が夕方六時半から七時まで続いた。ミゲル・カストは、夕食をとるためいったん家に戻り、その後、大学図書館で夜の八時半から深夜一時近くまで勉強を続けた。シカゴ大学大学院経済学研究科での初年度の最大の関門は Core Exam. と呼ばれる最終試験であった。学生の半分のみがこの試験に合格できるシステムであったため競争は熾烈を極めた。ミゲル・カストは新妻セシリアとともにシカゴ大学のキャンパスに近い小さなアパートで生活を始めた。

英語を流暢に話すこともままならぬ状況の中、異国の地で勉学に明け暮れる生活はストレスが多く、妻セシリアの協力が特に貴重であった。ミゲルは妻セシリアやチリから留学していた仲間たちとの絆に支えられていた。ミゲルは二年半にわたり、シカゴに滞在したが、特にチリ人の留学生たちとの交友を深めていった。これらのチリ人留学生の中にはファン・カルロス・メンデスやファン・イグナシオ・バラス、マルティン・コスタバルなど、その後チリで著名な学者や実業家になる者が多数含まれていた。独身のチリ人留学生にとって、夫婦であったミゲルとセシリアの存在は大切なものであり、チリ人留学生たちは度々、彼ら夫婦に食事の招待を受けた。また、シカゴに留学していたチリ人留学生たちは当時シカゴ大学の経済学部長を務めていたアーノルド・ハーバーガー（Arnold Harberger）博士の家に頻繁に出入りしていた。ハーバーガー博士は、チリにシカゴ学派の学徒からなる集団を形成する上で決定的な役割を果たした人物である。同博士の夫人アニータ（Anita）はチリ人であり、チリ人留学生の面倒をよく見ていた。ミゲルはシカゴ大学で優秀な成績を修め、彼の所属する学年で最も優れた学生として表彰された。ミゲルのシカゴ留学が終盤にさしかかった頃、祖国チリは混乱の最中にあった。このためかミゲルはチリへの帰国を諦め、メキシコで働くことを密かに決めていた。そのような中、一九七三年九月十一日、ピノチェット将軍による軍事クーデターが勃発し、先に帰国していたシカゴ大学時代の友人エルネスト・シルバがミゲルにチリ経済の再建のため経済企画省（ODEPLAN）で自分と共に働くことを勧めたのである。

ミゲルは成立後間もない軍事革命評議会（Junta de Gobierno）の閣僚間社会評議委員会議の次官に任命され、関税政策や労働法の改正などの経済・社会改革に取り組んだ。その後、彼はピノチェット政権の経済企画庁長官、労働大臣、中央銀行総裁として迎えられることになった。しかしながら、アジェンデ時代の混乱が収拾され、チリ社会の再資本主義化に取り組み始めた矢先、ミゲルは癌に倒れ、幼い子どもたちを残して三五歳の生涯を閉じた。ミゲル・カストの死後、彼に続くシカゴ・ボーイズたちが続々とピノチェット政権に参画していった。

### チリにおけるシカゴ・ボーイズの誕生

チリでは一九一七年のロシア革命の直後にチリ共産党が結成され、マルクス主義思想の拡大が早くからみられた。特に北部の鉱山労働者の間でそれは急激な広がりをみせていた。マルクス主義は学問分野にも大きな影響を与え、チリ大学は経済学、哲学などの分野でラテンアメリカ地域におけるマルクス主義思想の一大拠点となった。

一九五〇年代の米ソの対立のなかでアメリカは西側世界におけるマルクス主義的運動の動向に強い関心を持ち、

チリの政治経済の左傾化に警戒感を強めてゆく。こうして一九五〇年代にアメリカ政府は援助の一環としてアメリカの大学とチリの大学間の交換留学制度を進めていった。こうしてアメリカ国際協力監督局（ＩＣＡ、後のＵＳＡＩＤ＝アメリカ国際開発庁）の仲立ちによりシカゴ大学とチリ・カトリック大学との間で交流協定が締結されたが、その内容はチリ、アメリカ間の大学間相互交流というよりは、チリ人学生をシカゴに招き、Ｍ・フリードマン、スティグラーを始めとするシカゴ大学の教員が、新古典派の価格理論と統計学を駆使した実証主義的経済学の手法を徹底的に教授するというものであった。チリではこのような経済学のトレーニングを受けた学生が母校のカトリック大学に戻り、教鞭に就くというパターンが長期間にわたり繰り返された。この「技術協力」の一環としてのトレーニングはチリにネオ・リベラリズム的経済学をもたらす上で非常に重要な役割を演じたと考えられる（Glazer 1968 : 286–314）。一九七三年、アジェンデ社会主義政権を転覆したピノチェット将軍とその協力者は、このネオ・リベラリズム的経済学にチリ社会の変革、すなわち再資本主義化の拠り所を求めたのであった。

イデオロギーとしてのネオ・リベラル的経済思想はアメリカからチリへどのように輸出され、それがどのように拡大していったのか。また、アメリカの知的ヘゲモニーがどのようにチリで構築されていったのかをみてみたい。

## 2　ネオ・リベラルという言葉

チリでの事例をみる前にまず最初に本章で使うネオ・リベラル（新自由主義的）という言葉の定義を行いたい。近代における自由主義には二つの大きな流れがみられる。一つはフランシス・ベーコンを始祖とするイギリス経験主義から来るものであり、ジョン・ロック、アダム・スミスらによって代表される一八世紀イギリス自由主義である。もう一つはルネ・デカルトによって代表されるフランス合理主義を基礎とするものであり、フランソワ・ケネーを代表とする「重農主義」や、ジャン・ジャック・ルソーらによって発展させられ、今日しばしば本来の自由主義と混同されている「自由放任」（laisser-faire）主義を主張するものである。

本章におけるネオ・リベラル経済思想とは一八世紀イギリスの個人主義的自由主義に哲学的基礎を置きながら、資本主義発展の文脈の中で新たな解釈、修正をめざす社会的・経済的イデオロギーを指す。さらに狭義においてはシカゴ学派に属する経済学者グループの経済思想を指すものとする（矢島、一九九一、五十七～六十六）。

このシカゴ学派の特徴は、①自由で競争的な市場機構の資源配分機能に全幅の信頼を置き、②そのために彼らの経済分析上の関心は新古典派価格理論を厳密に援用して、そうした市場の動きを立証することにあった。さらに③政府による経済規制の最小化を主張し、シカゴ学派の第二世代であるM・フリードマンは個人的効用の最大化を経済活動の分析の基礎に置く方法的個人主義（methological individualism）と、仮説の現実妥当性よりも理論の予測可能性を重視した道具主義（instrumentalism）に立脚している、という点である。

フリードマンは所得、雇用、物価などが変動する重要な要因が貨幣供給量の大きさにあることを理論・実証両面から明らかにし、政府のインフレ対策や景気安定策は貨幣供給量の調節のみでよいというマネタリズムの立場を打ち立てた。

### 3　シカゴ・ボーイズの育成

一九三〇年代から四〇年代におけるアメリカのラテンアメリカに対する援助政策は、ルーズベルト大統領期とその後のトルーマン大統領期とで区別される。ルーズベルト期は、戦争準備のためラテンアメリカとの協力が軍事上必要であった。トルーマン期は、冷戦の文脈と共産主義圏への対抗という枠組の中にラテンアメリカとの関係が位置づけられた。技術援助構想は一九三三年のルーズベルトによる善隣外交スピーチの具体策の一つであると考えられ、また一九三五年には対外援助を目的としてアメリカ輸出入銀行が設立された。一九三九年、ラテンアメリカに対する援助プログラムを実施する機関として科学・文化協力連絡委員会と米州問題研究所が設立され、技術援助は第二次世界大戦が勃発した一九三九年に開始されることとなった。アメリカ議会は大統領に対して、ラテンアメリカの国々から要請があった場合、アメリカ政府のいかなる人物にも、助言や一年間を越えない期間の臨時的なサービスを求める権限を承認した。さらに、議会はラテンアメリカ諸国とアメリカが締結した援助に関する条約、声明、勧告などを実施するためにアメリカ政府のいかなる部局のサービスも使用できる権限をも大統領に認めたのであった。第二次世界大戦が終了するとアメリカへの戦略物資補給基地としてのラテンアメリカの地位は低下し、アメリカはヨーロッパの同盟諸国の復興へと援助をシフトさせるに至った。

アメリカ政府は西側諸国に対する戦略援助の一環としてラテンアメリカに対する教育への支援を開始した。シカゴ大学経済学部からチリへとシカゴ学派の経済思想の移転が開始されたのは一九五五年のことであり、国際協力監督局がその仲立ちをした。アメリカは自国の「裏庭」と見なしていたラテンアメリカ諸国の教育機関がマルクス主義の強い影響下に置かれていることを懸念していたこともあって、シカゴ大学のネオ・リベラル的経済学の輸出政策を積極的に支援したのであった。その手始めとしてチリが選択されたのには理由があった。すなわち、シカゴ大学側にとっての利益は、ラテンアメリカ地域が国連ラテンアメリカ経済委員会（ＥＣＬＡ、現在のＥＣＬＡＣ、本部はチリのサンチアゴ）の開発理論の影響下に置かれていたため、これに対抗する「楔《くさび》」を打ち込むことであり、そのためチリのサンチアゴが選択されたのである。シカゴ大学経済学部のカウンター・パートであったチリ・カトリック大学には新たな経済学説を受け入れる素地があった。すなわち、国立のチリ大学経済学部はマルクス主義経済学の「牙城」であり、一方、チリ・カトリック大学の経済学部は脆弱で、経済学の授業は法学部の教員が兼任するありさまであった。チリ・カトリック大学自体にも経済学部を強化することへの必要性があったのである。

チリ・カトリック大学経済学部からシカゴ大学に留学した学生は、留学後、経済学部のスタッフとして迎えられ、同大学においてネオ・リベラル的経済思想の再生産を行っただけでなく、シカゴ経済学の代弁者という役割も担ったのである。

フレイ政権やアジェンデ政権下で加速化されていった社会主義化の過程で生じたイデオロギー的・政治的両極化の中で、これらシカゴ・ボーイズたちは、ネオ・リベラル的経済思想の伝播を行い、やがてアジェンデ政権が崩壊し、権威主義体制へと移行する中で、彼らが活躍する機会が訪れるのである（Valdés 1989 : 15-37）。

## 4 シカゴ大学経済学部のアカデミズム戦略

一九五〇年代のシカゴ大学経済学部ではジョージ・スティグラーやM・フリードマンらの活躍が始まっていた。一方、五〇年代から六〇年代における開発理論の学界では脱植民地過程、新たな伝統の創造、発展途上国における経済の停滞、新ケインズ派理論の拡大、冷戦などが主たるテーマとして論議され、新たな経済成長の理論を目指す動きがあった。ラテンアメリカの開発に大きな影響力を持つ国連ラテンアメリカ経済委員会（ＥＣＬＡ）の初代事務局長を務めたラウル・プレビッシュ（Raúl Prebish）はラテンアメリカの経済開発に関する従属論を展開した。プレビッシュは「ラテンアメリカの経済開発とその主要な問題」（一九四五年）と「低開発国の経済開発に対する手段」（一九五一年）という二つの論文の中で、中心と周辺の間の貿易利益の不平等な配分と、開発のための資源配分における市場メカニズムの不適切さを指摘し、大きな反響を呼んだ。

このような状況の中、シカゴ大学がチリ・カトリック大学と交流協定を締結するに至る有力な原因の一つは、このＥＣＬＡの存在があったためとされている。一九五〇年に初代ＥＣＬＡ事務局長に就任したプレビッシュは、一次産品に特化する発展途上国と製品に特化する工業諸国の長期的交易条件が悪化する傾向を指摘し、ラテンアメリカに固有の経済開発アプローチの必要性を説いた。プレビッシュの主張は学術経済誌『エル・トリメストレ・エコノミコ』に掲載され、ラテンアメリカ地域の経済学界に多大な影響を与え、プレビッシュの主張は、とりわけ当時チリ大学経済学部長であったルイス・エスコバルによって熱狂的に支持された。このプレビッシュの主張に対抗してシカゴ大学のセオドア・シュルツ（Theodore W. Schultz）は発展途上国の開発手段として主に国際貿易・対外援助・市場制度の育成の三つの政策分野に議論を集中させ、特に人的資本（Human Capital）の育成が発展途上国の経済発展に不可欠であることを力説した。シュルツの人的資本重視の考え方はソロモン・ファブリカンやモーゼス・アブラモウイッツの研究を土台にしていた。これら二人の経済学者は、国民総生産（GNP）の伸びは単に資本や労働の集約のみならず、技術マネージメントや経済学の知識にも相関すると主張した。シュルツは経済発展が生産主体としての人的資質の向上と生産技術水準の向上という、それ以前には無視されてきた変数を考慮に入れる必要があると考えたのである。シュルツは人間への投資の結果生じる人的な効率性の向上こそが「人的富」であると考え、「人的富」の蓄積がこれまでの開発理論では無視されてきたと主張した。シュルツは教育を消費の一形態としてではなく、生産的投資としてとらえるべきであることを強調し、発展途上国における貧困は国際経済構造からの帰結よりもむしろ、内面的性質の結果であり、それは人的資本の欠如によると説いた。ここにいう人的資本とは、人間に体化された熟練・技能・知識を指し、熟練や知識を機械設備や工場などの資本になぞらえ、それを習得するための教育や訓練を投資であるとみなしている。

人的資本論はT・W・シュルツ、ベッカー、ミンサーなどのシカゴ学派の経済学者によって唱えられた（ベッカー、一九七五、一～一四）。人的資本理論は一九六〇年代に入り、本格的にアメリカで展開されたが、それには二つの時代的な背景が影響を与えていた。第一は、ジョンソン大統領の下で「貧困との戦い」が重要なテーマとなっていたことで、人的資本理論は、技術革新に取り残された中高年層、黒人など大都市のゲットーにおけるマイノリティ、途上国地域の失業者で働くことができるにもかかわらず貧困にあえぐ人びとを教育・訓練によって救済しようとするマン・パワー政策に理論的支柱を与えようとしたものであった。第二は、米ソの冷戦下で経済成長を促す要素として人的資源への関心が高まっていたことである。アメリカは自由主義国のリーダーを標榜して資本主義体制の優越性を世界に示す必要があったことから、発展途上国に対する援助政策をどのように進めるべきかを模索していた（案浦、一九九八、一五七～一六三）。

一九五〇年代のシカゴ大学経済学部はハーバード、エール、MIT、プリンストンなど東部地区の有名大学の経済学部と競合し、質の高い学生の確保に懸命であった。シカゴ大学はアメリカ政府の援助プログラムを利用し、イスラエルのヘブライ大学やニューヨーク州立大学などから経済学部の学生を確保していた。また国際協力監督局との国際協力プログラムに基づく学生の確保も重要な手段となっていた。この国際協力プログラムは二つの点で重要な意味を持っていた。第一はラテンアメリカからの外国人学生が非常に優秀な研究成果を挙げていたこと、第二はシカゴ大学が政府との協定に基づく「技術協力」を履行するため資金を必要としていたことである。民間の基金は主要大学で博士課程を履修する学生に向かいがちで、シカゴ大学に向けられる民間基金は不足しがちであった。しかしながら、チリ・カトリック大学を始めとするラテンアメリカ諸国の大学との協定によるトレーニング・プログラムは研究・就職面で成果を挙げたため、ロックフェラー財団やフォード財団によるシカゴ大学への資金援助が本格化するようになっていった。

## 5　シカゴ学派経済学の「輸出」

チリ・カトリック大学の学生に対しては、シカゴ大学留学に出発する前から本国においてトレーニングが開始された。これら留学生を対象にチリ側スタッフによるシカゴ大学の大学院教育プログラムについてのオリエンテーションが行われ、留学生たちはシカゴで何を学ぶかについて専門スタッフの指導を受けた。トレーニングの中で最も重視された科目は、価格理論、所得分配理論、貨幣理論であった。シカゴ大学とチリ・カトリック大学で同時平行的に行われたチリ・ワークシップと呼ばれたこのトレーニング計画のスタッフの中心には、シュルツ、ハーバーガー、ハーディンらのシカゴ大学教授陣がいた。シカゴ大学側の中心的関心はチリ経済の抱える問題にあり、チリ人留学生に対して、いかにしてチリの社会・経済問題を解決するのかという実践的な意識に基づき指導が行われた。すなわち、チリの抱えるインフレ問題、農業生産性の向上、資源の活用、内外の投資の活用などに目が向けられた。チリの経済調査の計画も立てられ、①インフレと通貨需要・供給、②インフレと資源活用、③為替レート・貿易管理、④チリ経済の危機管理、⑤農業開発とインフレ、などが調査分野となった。これらの調査はチリ人留学生がシカゴ大学でリサーチ・アシスタントとして調査・研究を行い、帰国後はチリ・カトリック大学付属リサーチ・センターで引き続き調査・研究を継続するという制度に基づくものであった。

シカゴ大学においてトレーニングを受けたチリ人留学生はチリ・カトリック大学で専任の教員として教壇に就き、シカゴ学派経済学の「伝道師」としての役割を果たした。これらチリ人の教員にはセルヒオ・デ・カストロ、ルイス・A・フエンサリダ、ペドロ・フェスタノビッチなど七〇年代から八〇年代にかけてネオ・リベラリズム的経済学による社会・経済の変革を目指す〈静かなる革命〉の担い手たちがいた。

交流協定は、一九五六年から当初三年間の予定であった。その後、この協定は一九六四年まで延長され、二六名のチリ人の研究者の卵たちがシカゴ大学でトレーニングを受けた。また、六四年にはチリ・カトリック大学の経済学部長のポストがシカゴ留学経験者によって占められるようになり、シカゴ大学との関係はより緊密なものとなった。これ以降、本格的に〈シカゴ・ボーイズ〉が世に出ることとなった。

初期の〈シカゴ・ボーイズ〉には留学当時チリ・カトリック大学五年生のセルヒオ・デ・カストロ、チリ大学経済研究所助手であったカルロス・マサ、チリ・カトリック大学経済研究センターのリサーチ・アシスタントであったエルネスト・フォンティンなどがいる。チリへシカゴ学派経済学の伝道を図ったシカゴ大学のアーノルド・ハーバーガーはチリ以外のラテンアメリカ諸国へのシカゴ学派経済学の「輸出」も考え、実際にそれを行おうとした。ハーバーガーに財政的な支援を行ったのがフォード財団であった。アルゼンチンではメンドーサの国立クージョ大学経済学部とチリ・カトリック大学経済学部、シカゴ大学経済学部およびアメリカ国際開発庁（ＵＳＡＩＤ）との間でクージョ・プロジェクトと呼ばれる技術協力計画が立てられ、チリ・カトリック大学側ではチャナ経済学部長の指示の下、ルデーレス、フエンサリダの両教授がこの構想に協力した。一九六四年にシカゴ・スタッフとしてシカゴ大学からはハーバーガー、ラリー・スジャスタットの両教授、チリ・カトリック大学からはエルネスト・フォンティン、ラウル・イヴェルの両教授がクージョ大学を訪れ、協定を締結した。シカゴ・スタッフはチリ・カトリック大学をモデルにし、クージョ大学経済学部のカリキュラムをドラスティックに変えた。クージョ計画の目的はシカゴ大学経済学部においてアルゼンチン人大学院留学生のトレーニングを行うこと、クージョ大学経済学部に常勤スタッフのポストを創設すること、経済リサーチ・センターを開設することなどであった。ハーバーガー教授は、さらにフォード財団の資金援助を背景にコロンビアのカリにあるヴァージェ大学経済学部のカリキュラム改革にも乗り出し、また、シカゴ経済学の「輸出」はコロンビアの他にエクアドルのグアヤキル大学、メキシコのモンテレイ大学、ペルーのリマ・カトリック大学に向けて行われたのであった（Valdes 1989 : 231-259）。

**おわりに**

チリにみられた独自の経済テクノクラート集団の形成は、一九五〇年代の初めにアメリカのシカゴ大学とチリ・カトリック大学の間で交換留学制度として開始された。こうした発展途上国地域の留学生に対する経済学のトレーニングは大学、開発庁、奨学金を供与する財団の三者のコンビネーションにより行われた。また、教育に当たった教授陣はシカゴ大学経済学部のスタッフが中心であり、彼らの出身大学はシカゴ、ＭＩＴ、ハーバード、ジョーンズ・ホプキンスなどの様々な大学であったが、その経済学的立場はケインズ経済学に対抗するシカゴ学派の集団であった。これらのシカゴ学派経済学者がなぜ一九五〇年代初めから盛んにラテンアメリカなどの途上地域の学生に「新しい経済学的思想」を教え込もうとしたのか。それは、彼らの学説をこれらの途上国で実証しようとの試みにほかならなかった。

いずれにせよ、ネオ・リベラル的経済学がアメリカの標榜する自由主義的国際政治経済秩序を基礎づけるイデオロギー（ここでは、現実を調整するための規範という意味において）としてアメリカ型資本主義に馴染まないものを淘汰した現実が存在している。このイデオロギーは、シカゴ大学、ＭＩＴ、スタンフォード大学、カリフォルニア大学バークレー校といったアメリカの大学、ハーバード国際開発研究所（ＨＩＩＤ：Harvard Institute for International Development）などの大学関連研究機関やＩＭＦ、世界銀行といった国際機関、アメリカ政府（国務省、国際開発庁など）、アメリカの民間基金（フォード財団、ロックフェラー財団など）とラテンアメリカなどの途上国の研究者、テクノクラート、関連機関と人、その全てを結ぶきわめて広範なネットワークによって支えられていた。その中心に、イデオローグ＝経済学者「再生産」の機能を持つ高等教育機関（大学）があった。

### 参考文献


Valdés, J.Gabriel. (1989) *La escuela de Chicago : Operación Chile*. Grupo Editorial Zeta, Buenos Aires.

Lavín, Joaquín. (1986) *Miguel Kast : Pasión de vivir*. ZIG-ZAG, Santiago.

Glazer, Myron. (1968) *Students and Politics in Developing Nations*. London.

Schultz, Theodore W. (1971) *Investment in Human Capital*. The Free Press, New York.

――― (1971) *The Economic Value of Education*. Columbia University Press,New York.

ゲーリー・S・ベッカー／佐野陽子訳（一九七五）『人的資本』東洋経済新報社。

ベネディクト・アンダーソン／白石さや・白石隆訳（一九九七）『増補　想像の共同体』ＮＴＴ出版。

矢島欽次編著（一九九一）『新自由主義の政治経済学』同文館。

白石隆（一九九八）「アメリカはなぜ強いか」（『中央公論』一九九八年七月号、中央公論社）。

案浦《あんのうら》崇（一九九八）『教育の経済学』学文社。

# パンパの国の暮らしと保障†
## アルゼンチンの高齢者

宇佐見耕一

†パンパとはブエノスアイレスを中心に扇状に広がる大平原のことで、その広さは八〇万平方キロメートルに及ぶ。地味はきわめて豊かであり、元来草原であったものが、一八七〇年代頃からイタリア・スペイン系移民を労働力とした農業の発展が見られ、世界有数の農・牧地帯となった。

**はじめに**

ラテンアメリカの中でもアルゼンチンはウルグァイやチリ、さらにキューバと共に高齢化率の高い国の一つに数えられる。西暦二〇〇〇年にアルゼンチンで六〇歳以上と六五歳以上の高齢者の総人口に占める比率は、一三・三％と九・七％であり、それが二〇二五年には各々一六・二％と一二・三％に上昇することが予想されるというように、社会の高齢化も着実に進んでいる。また、平均寿命も一九八五～九〇年平均で男性六七・五八歳、女性七四・

六二歳から、二〇〇〇〜〇五年平均で男性七〇・六四歳、女性七七・七四歳へと上昇することが予想され、人びとは社会的活動の第一線を退いた後も長い老後を過ごすことになり、個人にとっても老後の生活への関心が高まっている。他方、一九九〇年代になり経済のグローバリゼーションの中、ペロン党のメネム政権によりネオ・リベラル（新自由主義）的傾向の強い経済改革が推進され、アルゼンチンの社会経済システムは、大きな変容を遂げている。メネム政権の推進した経済改革の中心には、国家の役割の見直しが含まれていたが、増大する高齢者に対してその生活を保障することは、二一世紀の新たな国家の主要な役割の一つとなるであろうことは疑う余地はない。とはいえ高齢者に対する支援は、公的部門に留まらず、家族、民間部門も関与しているのも事実である。本章の目的は、アルゼンチンにおいて社会経済システムが変容する中での高齢者に対するインフォーマル部門、民間部門、公的部門からの支援（横山、一九九七、一七四）がいかなる特色を持ち、それらが複合して高齢者に対する支援がいかなる方向に向かうかを検討することにある。

## 1　高齢者と家族の支援

### インフォーマルな支援

産業化や都市化の進展と共に、高齢者が子どもと同居する比率は世界的に低下する傾向にある。また、経験的事実によれば、高齢者の子どもや家族との同居率は、経済発展の水準との関係が認められ、例外はあるもののおおむね高所得国では低く、低所得国では高くなっている。一九八〇年におけるアルゼンチンの高齢者の同居率は、中所得国としては二五％ときわめて低く、これはむしろ高所得国の水準に近いものである。事実、筆者がブエノスアイレスに滞在していたときの印象でも、子どもは結婚すると独立し、親子別々に暮らすパターンが一般的であったように思える。こうしたアルゼンチンの中所得国としての特異なパターンは、都市化が早期から進行していたことや、農業地帯の構造は一般的に大土地所有制に基づく企業的農業が主流で、伝統的農村が不在であったというアルゼン

高所得国における 65 歳以上の者のいる世帯類型（1980 年）単位：%

| | 子ども・家族と同居 | 高齢者単身 | その他 |
|---|---|---|---|
| オーストラリア | 7 | 30 | 62 |
| カナダ（ケベック） | 16 | 21 | 63 |
| アメリカ合衆国 | 13 | 30 | 57 |
| 日本 | 69 | 8 | 23 |
| ニュージーランド | — | 39 | — |
| ネーデルランド | 12 | 33 | 56 |
| スウェーデン | — | 40 | — |
| 平均 | 23 | 29 | 52 |

中所得国において 60 歳以上の者のいる世帯類型（1980 年）単位：%

| | 子ども・家族と同居 | 高齢者単身 | その他 |
|---|---|---|---|
| アルゼンチン | 25 | 11 | 64 |
| チリ | 59 | 10 | 31 |
| コスタリカ | 56 | 7 | 37 |
| パナマ | 76 | 10 | 14 |
| トリニダドトバゴ | 41 | 13 | 46 |
| ウルグアイ | 53 | 16 | 31 |
| 平均 | 52 | 11 | 37 |

低所得国における 60 歳以上の者のいる世帯類型（1980 年）単位：%

| | 子ども・家族と同居 | 高齢者単身 | その他 |
|---|---|---|---|
| 中国 | 83 | 3 | 14 |
| （農村部） | 89 | 1 | 10 |
| （都市部） | 74 | 5 | 22 |
| コートジボアール | 96 | 2 | 2 |
| フィリピン | 92 | 3 | 5 |
| ギアナ | 61 | 2 | 38 |
| ホンジュラス | 90 | 5 | 5 |
| インドネシア | 76 | 8 | 17 |
| マレーシア | 82 | 6 | 12 |
| タイ | 92 | 5 | 4 |
| 平均 | 84 | 4 | 12 |

表 1　各国の高齢者との同居類型（出典 : Banco Mundial, *Envejecimiento sin crisis*, Banco Mundial, Washington D.C., 1995 : 74.）

チンの社会構造の中にその原因の一端を求めることができると考えられる。他方、こうしたアルゼンチンの同居率の低さについては、年金や医療制度が「発展途上国」としては比較的早期から整備され、高齢者が別居可能な社会的基盤がある程度整っていたのではないかという点にも注目する必要がある。とはいえアルゼンチンは、第二次世界大戦直後をみると、一人当たりＧＤＰがイギリスと北欧を除くヨーロッパ諸国を凌いでおり、その意味で必ずしも発展途上国とは言い難い面がある。

もっともこうした核家族化が家族の絆、具体的には高齢な親へのインフォーマルな家族の支援機能を弱めているという説には反論がなされている。事実、クリスマスや誕生日に家族が一同に会することは当然として、週末やまた勤め帰りなどにも子どもが高齢の親の住居を訪問することが日本と比べて格段に多いようにみえた。こうした濃密な接触が、インフォーマルな高齢者への支援が別居の多さにもかかわらず継続される背景となっていると考えられる。一九七九年にブエノスアイレス大都市圏で行われた調査では、「（高齢者とその家族間の）財とサービスにおける援助は頻繁に行われ、互恵的である。たとえば結婚した息子が別居していても同じ地域に住み、毎日顔を合わせている」、と報告されている（Oddone 1991 : 51–54）。

また、九一年に実施されたアンケート調査でも、生活上の問題に対して高齢者の七一・一％が家族を頼りにしており、逆に誰も頼りにしていないと答えた者は一三・八％に留まっている（SDS 1994 : 30）。実際、高齢な両親、特に母親が共働き夫婦の子どもの面倒を見ることは非常に日常的なことであり、逆に子どもが高齢な親に対して、経済的援助から始まり病院への送り迎えや買い物などの支援を行うことも非常によく見られる光景である。

その際、留意すべきことは、核家族化にもかかわらず高齢者へのインフォーマルな支援機能が維持されているということと、今日家族が抱える要介護者への介護の問題を区別しなければならないということである。高齢な親が要介護状態になったとき、家族のみの支援では立ち行かなくなり、民間老人ホームへの入居や、数としては少ないが公的支援を求めるようになる場合が多々ある。これはアルゼンチンに限った問題ではなく、医療が普及した産業化社会に共通した問題であり、「介護問題」とは優れて現代的な課題であるといわれている。つまり現在は医療の普及とその技術進歩により、従来は短期間で死亡していた重症患者も救命されることになり、重い後遺症や痴呆を抱えた状態で長期の介護を必要とするケースが多々出現したということである。さらに多産多死社会では少数の者が生き残り、高齢者介護の条件も現在よりは遥かに恵まれていたので、昔と比べて現在の家族が介護能力を喪失しているという論拠は成り立ち難い（山田、一九九八、一〇〇〜一〇三）ということになる。

### 高・低所得者層の世帯家族構成と支援・介護

一方、アルゼンチンでは中流以上の家庭では家事の一部、またはその大部分をメード（empleada）に委ねることが古くから普及しており、介護が必要になった場合、メードあるいは看護婦を雇うことはきわめて日常的にみられる光景である。筆者の知る範囲でも、要介護の高齢者で個人的にメードを頼み、それに加えて親戚・知人の支援を受けて一人暮らしを続けている人がいる。こうした介護形態がかなり普及していると思われる背景には、アルゼンチンでは高学歴・高賃金で正規の労働契約を結んだ女性労働市場と、低学歴・低賃金で正規の労働契約を結ばない女性労働市場があるという、女性労働市場における二重構造があることを指摘できる。こうした二重構造が、前者の女性労働市場に含まれる女性、あるいは高所得層の女性の家庭内でのインフォーマルな介護負担を、後者の女性労働市場に含まれる女性に代替してもらうという、家庭内介護の私的な社会化を可能としているのである。

このことを逆にみると、メードを雇えないような低所得層の高齢者は、介護を含めた支援が必要になった場合、公的支援の絶対量の少なさを考えるとインフォーマルな家族の支援に頼らざるを得ない状況に置かれるということがいえる。また、低所得者層の年金制度や老人医療制度などのフォーマルな社会保障制度への加入率は低く、その意味でも低所得高齢者の家族への支援依存度は大きくなっている。このことを端的に示しているのが所得階層別家族の規模の相違である。一九八〇年代のブエノスアイレス大都市圏で所得が最上位二〇％の世帯の家族構成人数は平均二・七人であったが、所得の低い世帯ほど家族構成員は多くなり、所得が最下位二〇％の世帯の平均家族構成人数は四・七人に達している（三田、一九九八、一五九〜一六一）。低所得層になるほど家族構成が大きくなる主要な要因は、子どもの数の相違であると思われるが、同時に上述した高齢者へのインフォーマルな支援の必要性が低所得者層ほど高く、親子の同居率が高まるという事情もこのことと関係してくると推測される。

## 2　年金制度と年金受給

### 年金制度

次に老後の経済生活を保障する上で中核を占める年金制度について触れたい。高齢者が加齢により経済的活動から引退するのはアルゼンチンに限ったことではないが、経済的活動から引退した後に老後をいかに過ごすかに関しては、経済的基盤がどうあるのかが重要な課題となってくる。ブエノスアイレス大都市圏での調査によると、一九九七年において男性の労働力化率は五〇歳代で約九一％であったものが、六〇歳代で約五四％、七〇歳以上で約一二％にまで低下する（INDEC 1997 : 28）。表2は六〇歳以上の高齢者の所得源を示したものである。それによると高齢者の主要な収入源は、第一に年金が四七・五％を占め、それに遺族・傷害年金一七・五％を加えると六五％に達し、高齢者の生活の上で年金がきわめて重要な役割を果たしていることがわかる。年金以外の主要な収入源として家族の援助と勤労収入があるが、高齢者全体でみるとそれらは二次的な役割を果たしているに過ぎない。

アルゼンチンの年金制度は一九九四年に全面的な改正があり、それまでの公的賦課方式年金制度から、国民が〈公的賦課方式〉か〈賦課方式＋民間積み立て方式からなる混合方式〉のいずれかを選択する方式に変更された。制度変更の最大の要因は、従来の公的賦課方式年金が、人口の高齢化による支出の拡大、経済社会状況悪化による保険料不払いの増加、保険料申請の基となる賃金の過少申告などにより赤字が拡大したことである。また隣国チリにおける民間積み立て方式導入の成功も制度変更を促す要因となったと考えられる。

制度改正前の年金受給の条件は、制度への登録期間三〇年でそのうち一五年間の保険料支払いというものであったが、新制度では基礎年金受給には三〇年間の保険料支払いが必要となり、保険料収入の増大が目指された。支給開始年齢は男性六五歳、女性六〇歳と旧制度より各々五歳延長され、支出面でも高齢化社会へ向けてその抑制が計られることとなった。給付される年金としては、〈公的賦課方式〉を選択した人Aと、〈賦課方式＋民間積み立て方式〉を選択した人Bの両者とも共通して、公的賦課方式による共通基礎年金と補償年金を受け取ることができる。共通基礎年金が定額であるのに対して、補償年金は所得比例年金となっている。賦課方式選択者Aはこれに加えて同じく所得に比例した付加年金を受け取ることができる。

一方、〈賦課方式＋民間積み立て方式〉を選択した人Bは、共通基礎年金＋補償年金に加えて、年金基金運用会社（ＡＦＪＰ）で積み立てられた個人の積立金からの運用益を受給できる。受給の方法は、計画年金と終身年金がある。計画年金は、ＡＦＪＰが直接支給し、基本的には個人の積立金を平均寿命で割った額が支給される。これに対して終身年金は、ＡＦＪＰが保険会社と契約して支払い、傷害・遺族年金も保険会社からの支払いとなっている。

また、保険料の支払いは雇用労働者の場合、被雇用者が賃金の一一％、使用者が一六％を支払うことになっている。そのうち〈公的賦課方式〉を選択した人Aの保険料は、全額が公的制度に向かい、〈賦課方式＋民間積立方式〉を選択した人Bの保険料は、使用者負担分が公的制度に向けられ、被雇用者負担分はＡＦＪＰに積み立てられることになった。公的賦課制度および民間積立制度はそれぞれメリットとデメリットを持ち、それに関係してきわめて多くの議論がなされてきた。また、制度改正に際して経済界や労働組合などの諸勢力の利害を反映した活発な議論がなされた（宇佐見、一九九九）。しかし、本章ではそうした公的賦課方式か民間積立方式かという議論には立ち入らず、現在の年金が高齢者の生活を保障しているのかどうかという観点から若干の検討を行いたい。

| | | | |
|---|---|---|---|
| 年金 | 47.5 | 家賃 | 1.5 |
| 家族の援助 | 18.0 | 無収入 | 0.9 |
| 遺族・傷害年金 | 17.5 | 貯蓄 | 0.6 |
| 勤労 | 11.9 | 友人の援助 | 0.1 |
| その他 | 2.0 | 合計 | 100.0 |

表２　高齢者の収入源　単位：％　（出典：Secretaría de Desarrollo Social, *La Situación de los ancianos en la argentina*, Buenos Aires, 1994, p. 22.）

| | 平均年金額 | 雇用労働者 | 自営業者 |
|---|---|---|---|
| 1991 | 158.26 | 183.98 | 129.81 |
| 1992 | 206.69 | 251.66 | 152.57 |
| 1993 | 264.26 | 340.16 | 167.54 |
| 1994 | 282.19 | 367.47 | 185.26 |
| 1995 | 298.37 | 392.58 | 190.59 |
| 1996 | 303.92 | 400.91 | 190.31 |
| 1997・3月 | 321.19 | 427.87 | 190.29 |

表3　年金給付額　遺族・傷害年金は除く／単位ペソ／1ペソ＝1ドル（出典：*Panorama de la seguridad social*, Ministerio de trabajo y seguridad social, Buenos Aires, 1 trimestre de 1997, p. 85.）

**年金受給状況**

まず、一九九一年の年金受給率をみると全国平均で六九・六％であり、これを逆にいうと全高齢者の三〇・四％が何らの年金も受給していないことになる（SDS 1994 : 23）。後にみるようにアルゼンチンの社会保障において公的扶助は貧弱であることから、無年金高齢者は家族の援助を得られない場合、たちまち困窮状態に陥る危険性が高い。また、社会保険制度から漏れた無年金高齢者は、インフォーマルセクターに代表される低所得層が多く、その家族の経済的な援助能力も低いと推定される。

一九九四年の年金制度改革以来、年金制度への登録者数は積立方式選択者の急増により大幅に拡大している。九四年九月の年金制度への登録者総数は約五七一万人で、そのうち賦課方式が一八六万人、積立方式が三〇三万人であったものが、九七年三月には登録者総数は八一二万人に拡大し、そのうち賦課方式が二四四万人、積立方式が五五五万人となっている（MTSS 1997 : 43-46 以下同様）。ところが年金制度への登録者総数が大幅に拡大したにもかかわらず、保険料を実際に支払っている人の数はほとんど変化していない。同じく一九九四年九月の保険料支払い者総数が四三八万人で、支払い者の契約者に対する比率は約七七％であったが、九七年三月の保険料支払い者総数は四六〇万人で、支払い者の契約者に対する比率は五七％と逆に低下している。保険料未払い者は自営業者に集中しており、九七年三月に保険料を支払った人は三七％に過ぎない。自営業者には零細なインフォーマル部門が含まれている。このように制度の大幅改革にもかかわらず、保険料を実際に支払っている人数は変わっていないことになる。保険料未払い者は、年金を減額されるか無年金になる可能性が高い。要するに無年金者の問題は制度改革では改善されず、インフォーマルセクターの状況や雇用情勢がいかに改善されるかに関係していると思われる。また、そうしたインフォーマルセクターの高齢者問題は、社会保険である年金制度では解決することが困難で、公的扶助（アルゼンチンでは社会扶助）の拡充がより直接的対策であると思われる。

それでは次に残りの七〇％の高齢者が受給している年金の給付水準はどうであろうか。表3は一九九〇年代の遺族・障害年金を除く平均年金額を示したものである。九〇年代に入り、経済状況の改善などにより平均年金給付額は上昇を続け、九七年三月には月額三〇二ペソ（一ペソ＝一ドル）まで達している。もっとも雇用労働者と自営業者は年金給付額に大きな差があり、自営業者の場合、雇用労働者の平均給付額四二八ペソの半額以下である一九〇ペソしか受給していないことになる。多くの高齢者、特に雇用労働者は特別な資産がない場合この年金が主たる収入源であり、この金額で生活していることになる。一九九八年の雇用労働者の全国平均賃金が六七六ペソであるから、雇用労働者の平均年金は、その六三％に相当する。年金のみで生活している高齢者をみると、最小限の消費生活を送らざるを得ないとの印象を受ける。また、自営業者は、年金が少額であるため、その不足を補うために所有する店舗などで営業を継続する場合が多々みられる。もっとも、雇用労働者で妻が主婦である場合、主婦には事実上年金制度が適用されないので、雇用労働者本人のみの年金で生活を送らねばならない。また、雇用労働者の主婦は、夫が死亡した場合遺族年金を給付されるが、その平均額は九七年三月で二八六ペソと本人年金の四二八ペソの六七％に過ぎず、一人暮らしの女性高齢者は経済的に一段と厳しい状況に置かれているといえる。

### 3　医療の財源とサービス

アルゼンチンの医療を財源からみると、税金で負担される原則無料の公立病院、保険料で賄われる社会保険である医療保険（アルゼンチンでは一般に社会事業と呼ばれ、医療以外にも宿泊施設やレジャーなどの活動がこの保険

| 医療保険の種別 | 実数 | % | % |
|---|---|---|---|
| 老人医療保健（PAMI） | 3,453 | 61.3 | |
| その他の社会医療保険 | 1,581 | 28.0 | |
| 州立医療保険 | 504 | 8.9 | |
| 民間医療保険 | 101 | 1.8 | |
| 全医療保険所持者 | 5,639 | 100.0 | 85.7 |
| 医療保険未所持者 | 935 | | 14.2 |
| 無回答 | 7 | | 0.1 |
| 合計 | 6,581 | 100.0 | 100.0 |

表4　1991年高齢者の医療保険加入率アンケート調査（出典：Secretaría de desarrollo social, *op.cit.*, p. 33.）

で営まれる）、それに民間医療保険あるいは完全な医療費の個人負担の三部門に分類することができる。公立病院は市・州が主たる運営主体であり原則無料であるが、社会医療保険所持者からは料金を徴収することになっている。また、社会医療保険が普及していることから、公立病院の利用者の主流は社会医療保険を持たない低所得者となっている。

社会医療保険は、経済活動年齢に限ってみると雇用労働者とその家族が主要な対象であり、自営業者向け医療保険は事実上存在しない。大規模な医療保険組合では独自の医療サービス提供機関を有しているが、ほとんどの医療保険組合が実際に行っている医療サービスは、各々の医療保険組合と契約した民間の医師あるいは病院が担っている。他方、年金受給者と七〇歳以上で他の医療保険に未加入である高齢者向けには、老人医療保険であるＰＡＭＩ（統合医療プログラム）が存在し、退職者社会サービス院（INSSJ y P）により運営されている。老人医療保険の財源は、加入者が自己の年金の二％を拠出するのに加えて、雇用労働者が賃金の三％、使用者が賃金の二％、自営業者が収入の五％を負担するほか、国家の拠出金により構成され、そのうち七二％が現役の勤労者により拠出されている。

医療保険の加入率アンケート（表４）をみると、六〇歳以上の高齢者で何らかの医療保険に加入している者が八五・七％に達し、六〇％から七〇％といわれている全人口の平均加入率より高くなっている。これは六〇歳以下の場合、自営業者には基本的に社会医療保険がないのに対して、高齢者には年金受給者と七〇歳以上の高齢者向けの老人医療保険があることが影響している。事実、全高齢者の六一%が老人医療保険の加入者になっている。その反面、自営業者を中心に拡大しつつある民間医療保険の加入率は、高齢者では一・八%に過ぎない。すなわち高齢者向け医療は、基本的に無料の公立病院と、社会保険である老人医療保険という二段階のシステムから構成されている。

今日公立病院は、予算不足が主たる要因で医療サービスの提供には多くの問題を抱えている。たとえば待ち時間がきわめて長く、初診のときにはしばしば前日夜から順番待ちをしなければならないことや、手術の順番待ちのための長期間の待機、無料薬剤の不足により診察を受けたが薬剤が入手できないなどの問題がしばしば指摘されている。これらは高齢者医療の問題点というよりも公立病院システム全体の問題として把握することができる。もっとも、利用者へのインタビュー調査によると、そうした諸問題にもかかわらず、公立病院の利用者は、その原則無料というシステムを肯定的に評価しているケースが多々みられた(Lumi 1992 : 80-88)。

一方、老人医療保険所持者は、老人医療保険機構が自ら運営する病院の他に、それと契約を結んでいる多くの民間医療施設を利用することができる。もっともPAMIは年度末になると財政難により契約医療機関に対する支払い停止と、それに呼応した契約医療機関側の医療サービスの提供停止という問題を繰り返している。また、老人医療保険加入者には六〇%の割引などの特典はあるものの、薬剤の購入費用も年金生活者にとって大きな負担となっている。

他方、アルゼンチンでは、入院した場合の入院期間が日本よりはるかに短く、収容施設が不足しているため要介護状態の老人を一般病院が引き取るという社会的入院は少ない。そこで介護の中心はスペイン語でヘリアトラ(geriatra)とかレシデンシア(residencia)と呼ばれている老人向け施設か、そうした施設に入居できない場合、あるいは望まない場合には家族というインフォーマルな部門において実施されることになる。そこで次に高齢者専用の施設についてみてみよう。

## 4　老人ホームと在宅介護制度

### 高齢者向け施設

現在アルゼンチンにおける高齢者向け施設に関する調査は、一九八七年にブエノスアイレス連邦首都圏で行われたものが存在するのみである（Pantelides 1988）。それによると人口約二九七万人のブエノスアイレス連邦首都の施設総数は四七五で、ベッド数は一万六〇八六であり、これは六五歳以上人口の約三・三％に相当する。また、連邦首都をとり囲む人口七九七万人のブエノスアイレス大都市圏では、施設数一八〇、ベッド数七六一三でこれは六五歳以上の人口の一・二％に相当する。高齢者施設はその運営主体により公的施設、非営利団体施設、純民間営利施設の三種類に分類できる。公的施設は州および州と同格のブエノスアイレス連邦首都が運営の中心となっている。その全ベッド数に占める割合は、連邦首都の場合六・七％、ブエノスアイレス大都市圏の場合二四・四％であり、高齢者向け施設の中心は営利・非営利の民間施設であることがわかる。公的施設は支払い能力のない者に対しては無料であり、社会医療保険との契約がある者はそこから支払いがなされる。その他の非営利団体施設と民間施設は原則有料であり、社会医療保険と契約を結んでいる施設も多い。

こうした高齢者施設は名目上自活可能な人を対象にした施設と、介護が必要な人を対象にした施設に分かれているが、実際にはほとんどの施設が両者を受け入れている。一般に公的施設は民間施設の数倍の大きさの大規模施設であることが多い。筆者の訪問した公的施設、ブエノスアイレス市立Ａ老人ホームも定員三五〇名の大規模施設である。入居基準は「市内に住む六五歳以上の自活している人」となっているが、実際には六五歳以下、あるいは要介護状態の人も入居している。入居者三五〇人のうち二〇〇人はいかなる社会保険にも加入しておらず無料で入居しており、残りが老人医療保険を中心とする医療保険所持者である。入所の原因は社会経済的要因が多い。入所者に対する家族の訪問はこの施設では少なく、家族から援助を受けられない者もいる。入所の判定は連邦首都政府の社会局が行っており、入所申込に対して施設数が足りず、順番待ちリストによって待機している人びとがいるとのことであった。

ブエノスアイレス市立A老人ホームはブエノスアイレス連邦首都内にあり、広々とした敷地に居住施設と病院棟が配置されている。居住施設は男女ごとに分かれ、二〜四人部屋で構成され、一部に夫婦用の部屋がある。ちなみに、アルゼンチンではかなりの高級民間老人ホームでも相部屋が一般的である。トイレ、シャワー、食堂は各階にあるが、建物は老朽化しており、部屋の仕切りも完全ではなく、居住環境は改善の余地がみられた。食事時間は、朝食（八時〜九時）、昼食（一二時〜一三時）、おやつ（一六時〜一七時）、夕食（一九時〜一九時三〇分）となっており、昼食や夕食時間が現地の平均的な食事時間より早めに設定されているが、これは施設職員の就業時間と関係しているとみられる。施設での入居者の生活様式は筆者の見た限りでは、ベッドの上にいる者、食堂で歓談する者、庭を散歩する者など様々である。

ヘルパー（cuidadora）は各階に二〜三人おり、午前・午後の二交代で勤務している。同施設の入居には自活が条件となっているが、入居時にアルコール中毒を患っているなど要介護状態の者もおり、また自活状態から要介護状態に移行しても入居し続けることができる。ちなみに筆者が見かけたヘルパーは全員女性であり、アルゼンチンでも福祉の女性化という現実が目撃された。また、そこではヘルパーになるには特別な資格を必要とせず、介護職の専門化は図られていなかった。筆筆が訪問したときにはブエノスアイレス大学心理学部の学生による音楽療法が行われていたが、そうした活動を始めとして予算不足を補うためにNGOやボランティアとは協力関係にあるという。また、ソーシャル・ワーカーも常駐しており、入所者家族の問題の相談や諸手続の代行などを行っている。

入居者の病状が重くなった場合は、病院棟に移される。病院棟には二四時間当直医がおり、近隣の公立病院（Hospital Peña）と提携関係にあるため、重症患者は提携病院へ移送される。同施設の看護部門には二〇名の看護婦が在籍するが、全体の看護需要には対応しきれていないという。

このように、公的施設はまず社会経済的問題のある入居者の収容を第一の目的としているが、収容人員に制限があることから実際の需要には対応しきれていない。だが小規模のものが多い民間施設と比べると、大規模であるがゆえに、スタッフの種類は揃っている。しかしそれも予算の制約から十分ではなく、また介護職員の専門化もいまだ図られていなかった。さらに施設にも老朽化等の問題があり、改善の余地は大きいという印象を受けた。こうした公的施設に対して民間施設は、施設数と収容人数からみて高齢者施設の主流をなしている。民間施設は当然有料であり、社会医療保険と契約のある場合は、そこから使用料を得ることになる。料金は月額四〇〇ペソ(一ペソ=一ドル)から五〇〇〇ペソと差があり、提供するサービスも料金により異なってくる。

### 在宅介護

アルゼンチンにおける高齢者介護は、このように公的施設が不十分で民間施設が中心的役割を果たし、民間施設に入れない者、あるいはそれを希望しない者は家庭内での介護が行われるという状況である。そのような中で、高齢者介護に関して在宅介護への公的支援拡充という新たな動きが出現してきた。従来高齢者介護政策の中核をなしていた施設への収容は、家族や慣れ親しんできた環境から高齢者を切り離し、人格を喪失させる危険を伴うと同時に、経費的にも高くつくという批判がなされてきた(Paola 1998 : 46-47)。また最近とみに強調されてきたノーマリゼーションという考え方からみても「たとえ要介護状態になっても、人生の終末期は、なるべく今まで生きてきた人生の最も幸せな時と同じように生活する」(大國、一九九八、一七五)のが良いこととされている。

筆者の知っている心臓疾患を患っている高齢者の家族のケースをみると、医師からこれから何が起こるかわからないので本人の好きなことをさせてあげるように言われたようだ。本人は在宅で療養していたのだが、夏になるとアルゼンチンの労働者は一ヶ月ぐらい夏休みをとることが一般化しており、その家族もブエノスアイレスから三五〇キロほど離れた海岸の町に一家で夏休みに出かけた。そして老人はその海辺の町にある貸別荘のお風呂で発作を起こし亡くなったという。個人的な感想を述べると、もし病院あるいは施設で療養していれば、この老人はもう少し長生きできたかも知れない。しかし、家族と一緒に夏休みに出かけ、そこで亡くなるというのは人生の終わり方としては幸福な終わり方ではなかったかという気がしてならない。

しかし、在宅介護の場合、家族の負担の問題が常につきまとう。アルゼンチンの中流以上の家庭では、家事の一部または多くをメードに任せている家庭が多く、家族が要介護状態になってもメードあるいは看護婦、またはホームヘルパーに介護を任せることができるので、その分家族の負担は減少する。しかし、個人的にそうした人を雇えない家庭の負担は当然過重となる。そこで近年アルゼンチンにおいても公的ホーム・ヘルパー（cuidador domiciliario）制度の整備が徐々に進められてきた。

ブエノスアイレス連邦首都の場合、公的ホーム・ヘルパー雇用への全額または一部補助制度がある。ホーム・ヘルパー養成コースへの入学の条件は、性別に関係なく年齢三〇歳から五五歳、小学校卒業、現在失業中などの条件があり、養成コース在学中から奨学金を受け取る。ホーム・ヘルパーが必要な人は市に申請を行い、家庭の経済状況を考慮し市の全額負担（一時間六ペソ六四センタボを市が負担）か、一部自己負担（五ペソを市が負担）かを決定する。経済的に余力がある家庭には市の援助が行われず、個人的に介護要員か使用人を雇用することになる。公的介護の典型的なパターンは、一回二時間・週三回または一回三時間・週二回などである。現在ブエノスアイレス連邦首都で四〇〇人、全国で二〇〇〇人の公的ホーム・ヘルパーが就労しているが、その必要人員は全国で一万七〇〇〇人とみられ、現状はこれを大幅に下回っている。ここで特徴的なのは、公的ヘルパーになる条件が現在失業中であるということであり、そこには失業対策政策が福祉政策と結合されている状況をみることができる。

このようにアルゼンチンにおける高齢者介護は、一部に在宅介護に対する公的な支援の動きも出現してきたが、それはまだ限定的にしか広がっていない。そのため少数の公的施設を除けば、中流以上の家庭は民間の施設を利用するか個人的にヘルパーを雇用する方法が中心となっている。それに対して低所得層での高齢者介護は家族に依存せざるを得ない状況が続いている。

## おわりに

アルゼンチンの高齢者の生活は、高齢者が経済活動を行っていた時の状況に大きく影響されている。青年期・壮年期に正規の労働市場に参入していたかどうかにより、社会保険である年金を受給できるか、無年金になるかが決まってしまう。年金受給者は七〇歳以下でも老人医療保険に加入し、要介護状態になった場合でも老人医療保険からの支払いで民間経営の介護付き老人施設に入居が可能となる。もちろん本人あるいは家族の資産が多い人は、高額な民間の医療保険、豪華な有料老人施設、個人的なホーム・ヘルパーの雇用などを利用している。一方、無年金の高齢者は、七〇歳になるまで老人医療保険がなく、病気になったり介護が必要になった場合、多くの問題を指摘されている公立病院や量的に全く不十分な公的高齢者施設を利用するしか選択肢がない。そのため、この層の高齢者は家族のインフォーマルな扶助に依存する傾向がひときわ強い。

家庭内でのインフォーマルな高齢者介護の場合でも所得格差により状況には大きな相違がみられる。中流以上の家庭では介護が必要な場合、家族の構成員（多くの場合女性）の他に、ホーム・ヘルパー、看護婦、メードを雇用してそれに当たらせる場合が多い。それは家庭内介護の私的な社会化であるといえる。これに対して低所得層は家庭労働者すなわちメードの供給源であり、かつ社会扶助の不備から高齢者の家庭内介護の機会は格段に高くなっている。すなわち低所得層の女性は、中流以上の家庭の介護を行う一方で、自己の家庭における高齢者の介護を行うという二重の責任を負わされていることになる。アルゼンチンは発展途上国の中では高齢者の家族との同居率がきわめて低い国である。しかし上述したような所得格差による社会福祉資源の不均衡分配により低所得層の高齢者はより家族への依存を強め、その結果低所得層ほど大きな家族構成がみられる。そこには公的部門、民間部門、家族による高齢者支援の組み合わせが、所得状況により左右されるといういわば途上国的な福祉多元主義がみられる。

## 参考文献


INDEC. (1997) *Encuesta permanente de hogares, Gran Buenos Aires.* octubre, INDEC, Buenos Aires.

Lumi, Susana. (1992) “Pobreza urbana y atención de la salud”, Susana Lumi, Laura Golbert y Emilio Tentifani, *La mano izquierda del estado, la asistencia social según los beneficiario.* CIEPP, Buenos Aires.

MTSS. (1997) *Panorama de la seguridad social.* Ministerio de Trabajo y Seguridad Social, 1 er. trimestre, Buenos Aires.

Oddone, María Julieta. (1991) “Los ancianos en la sociedad”, René A. Knopoff y María Julieta Oddone (ed.), *Dimençiones de la vejez en la sociedad argentina.* Centro editor de América Latina, Buenos Aires.

Pantelides, Alejandra (ed.). (1988) *Servicios sociales para la tercera edad en el aglomerado del Gran Buenos Aires.* CENEP, Buenos Aires.［未刊行］

Paola, Jorge P. (1998) “Es imprescindible la articulación a fin de pensar políticas sociales para la terecera edad”, *Gerontología mundial.* año 2, núm. 3.

SDS.(1994) *Las situaciones de los ancianos en la Argentina.* Secretaría de Desarrollo Social, Buenos Aires.

大國美智子（一九九八）「保険・医療保障」（小倉襄二・佐野仁編『老後保障を学ぶ』世界思想社）。

三田千代子（一九九八）「開発と社会」（小池洋一他編『図説ラテンアメリカの開発』アジア経済研究所）。

山田祐子（一九九八）「老人と家族」（小倉襄二・浅野仁編『老後保障を学ぶ人のために』世界思想社）。

横山博子（一九九七）「高齢期を支える資源」（岡村清子・長谷川倫子編『エイジングの社会学』日本評論社）。

宇佐見耕一（一九九九）「アルゼンチンにおける年金制度改革」（『ラテンアメリカ・レポート』一六巻一号）。

# 移民の家族ストラテジー
## メキシコ日系二世の労働と教育

三澤健宏

### はじめに

一八九七年メキシコに日系移民が初めて入植してから一世紀が経つ。日本からメキシコに渡った一世は、その多くが労働移民として入国した。彼らはやがて経済的に独立し、配偶者を得て家族を形成し、社会的地位を築きながら次世代を育てるという過程で様々な生活のストラテジー（戦略）を生み出してきた。

戦前の日系移民は、同郷の「花嫁」の呼び寄せ、夫婦の共働きあるいは教育配慮による故郷への子弟の送還、そして仕送りなど、移出後も様々な形で出身地共同体との関係を維持していた。第二次世界大戦の終結に至るまで、母国の農村共同体は、海外の日系移民にとって生活保障としての準拠枠であり続け、目的が達成されればいずれは帰郷が予定されていた。

日本の敗戦は、このような帰国の前提を打ち砕き、日系移民の生き方の指針に大きな転換をもたらすと同時に、生活と老後の保障の場を日本ではなく移住先に、そして主に二世との関係の中にそれを求めるようになった。一世は、こうした新たな状況における家族関係の意味づけを行うために、「家」イデオロギーを積極的に解釈していった。第二次世界大戦の始まりとともに、日系人は地方からの強制移動によってメキシコ市などの大都市へ集中し、家族労働力を集約的に動員しながら自営業を中心に生計の維持を展開してゆくが、そこでも「家的」な観念が助長され、ジェンダーや世代に基づく家族内での役割分担を規定していった。

本章では、こうした移民家族内における世代関係の中でも、特に二世の一世に対する経済的貢献について取り上げる。それは、一世が、移民であることの法的制約からメキシコ国家の社会保障制度に頼ることのできない状況において、受け入れ社会での生存の保障と経済的安定を達成していく過程で決定的な役割を果たしたからである。

以下では、まず1-メキシコの日系人について簡単に述べ、次に2-二世の経済的貢献について家族ストラテジーの視点から検討する。続いて3-仮説と調査方法について説明し、4-面接調査によって得た資料の提示によって仮説を検証してみよう。

## 1　メキシコの日系人

ラテンアメリカへ向かう日系人の労働移動は主に今世紀の初頭から一九三〇年代にかけてみられた。その中でも、メキシコは、一八九七年の榎本植民を契機にラテンアメリカ諸国の中では最初の移住計画が試みられた。現在メキシコに在住する日系人推定人口は約一万人で、他のラテンアメリカ諸国に比べるとその数は少ない。歴史的に日系移民が導入される契機と定着の過程には、興味深い特徴がみられ、マリア・エレーナ・オオタは、時代によって移民の流れを七つに分類している（Ota Mishima 1983 : 6）。本章で触れる一世は、初期にみられた農園、鉱山、鉄道建設における契約労働移民や、アメリカ合衆国への不法入国を目的としてメキシコに滞在した日系移民とは区別され、第二次世界大戦が始まるまでの約二十年の間に「呼び寄せ」によってメキシコに入国した人びとである。またこの章では、メキシコ市在住の日系人を取り上げるが、同市はメキシコ国内において最も日系人口が集中している地域である。首都への日系人口の集中は、第二次世界大戦時におけるメキシコ政府の強制的集住政策を契機として始まったが、大戦終了以後も日系家族の大部分が同市に残留した。その主な理由は、子弟の教育機会を考慮したことであり、さらに一九五〇年以降の経済成長の中心となったメキシコ市の発展によって、日系移民にとっても有利な経済機会が存在するようになったからである。

## 2 家族ストラテジーとしての二世の経済的貢献

日系移民がメキシコ社会の中で生活していく上で、日系社会内でのつながりや組織とともに、家族内での連帯と分業は決定的な役割を果たした。その際、日系家族の行動を理解する枠組みとして、家族ストラテジーをとりあげる。それは制約条件下での選択、具体的な状況における認識、主体的な意味づけと解釈による決断と行動（前山、一九九六、二一五）、また家族と個人の利害対立や葛藤をも含めて理解しようとする分析の視点である。

一世は、二世の教育、雇用、結婚といった重要な機会に対して積極的に関与しようとするが、その理由は、このような機会がまさに一世自らの将来における保障のあり方に直結する重要な問題だと認識されるからである。つまり一世は、二世が経済的機会と社会的地位を確保してゆく過程に積極的に関わることによって、自らの将来の生活に対する安全と保障をも手に入れようとする。以下では、このような家族ストラテジーの視点から、結婚前の二世による一世への経済的貢献、特に家族労働力の動員について考察してみよう。

第二次世界大戦後のメキシコ市では、一九七〇年代まで維持された経済成長の中で、急速な都市化とともに大学教育の拡充および大衆化の傾向がみられた。したがって、二世の間では家族労働力として一世の商売・事業に貢献する者と、他方で大学に進学して学業に専念する者も存在した。このような兄弟・姉妹間の役割分担については、二つの説明がなされてきた。一つは、父親と長男または年上の兄弟・姉妹による生計維持と学費の捻出によって、年下の兄弟・姉妹が大学に進学し、ホワイトカラーの職業に就くことによって家族全体としての社会的威信を高めようとする社会上昇ストラテジーである（前山前掲書、一九九六、一〇一）。もう一つの説明は、家業と教育をそれぞれ二世の経済的機会を確保するための代替的な手段として見なすものである。家業と教育は、いずれも二世の雇用を確保するための手段であって、家族の内部で働くか、外部の労働市場にそれを求めるかの違いで、教育は後者を有利にする手段に過ぎない（Misawa 1990 : 4–5）。

いずれの説明でも、日系コミュニティ内での家族観・イデオロギーの教育と社会化が重要な役割を果たしていた。前者では、二世全員に同じ機会が与えられない不平等の状況において、二世間の葛藤を抑える上で一定の役割を果たしていた。後者の説明では、家業も教育も、一世の「相続財産」の一部として見なすことが可能であり、したがっていずれも二世に対して一種の「負債」を形成するものであるが、日系社会内での教育と社会化は、このような二世の「負い目」から生まれる、一世に対する義務の履行を保証するためにも不可決であった。

以上、家業と学業の間における兄弟・姉妹の役割分担について、経済的貢献という観点からは、家族労働力としての貢献という側面を中心に述べてきた。本章では、このような家族労働力としての貢献とともに、これまでに論じられてこなかったもう一つの貢献のあり方、すなわち賃金労働から得る現金収入による家計への寄与という点に対しても注意を払いながら考察してみよう。

## 3　二世の経済的貢献についての仮説

二世の一世に対する経済的貢献の形態は、メキシコ市の都市化・工業化に伴う固有の労働市場の動態と職業構造の条件の下で、社会の中での家族の社会経済的な地位と家族の中での個人の地位、すなわちジェンダー、出生順位および後継者か否かで規定される地位によって条件づけられる。以下では、一世移民家族の経済的な地位と二世の家族内での地位によって、二世の経済的貢献の形態にどのような違いがみられるのか、検証可能な仮説を示してみよう。

企業家の家族　企業家家族の二世の男子は出生順位にかかわらず、早い時期から父親の仕事を手伝い、女子も結婚前には家族の仕事を手伝う。

第二次世界大戦直後の時期は、一世の多くが世帯を形成し始め、自営による生計維持に不可欠な家族労働力としては配偶者が唯一の頼りであった。このような時期には部外者を雇い入れることも容易ではなかったであろう。また経営の規模が拡大していく過程においては、二世の家族労働としての需要が他のいかなる経済的地位にある家族よりも大きかったであろう。さらに、家業の後継者を育てるという意味においても、二世の早い時期からの労働参加を促す動機が存在したと考えられる。

小規模自営業の家族　小規模自営家族の長男または後継者と考えられる二世は、早い時期から父親の仕事を手伝い、年下の兄弟、非後継者および女子は、一定の教育を終えた後で家庭外の就業から得られる現金収入を一世に渡すであろう。

商売の規模から考えても、家業を支える家族労働力としての貢献は、長男または後継者に限定される。家業を継がない二世や女子は、一世に現金を渡すことによって貢献することが考えられるが、それが可能になった背景の一つとして、一九五〇年代から四半世紀以上にわたって続いたメキシコの経済成長が挙げられる。実際、メキシコ市に定住を決意した一世は、このような状況を認識しながら、家業を継がない二世に対しては大学教育を、また二世の女子に対しては秘書、タイピスト、簿記などといった短期専門コースの教育を選択し、与えることとなった。

独立専門職の家族　独立専門職家族の場合、二世の性別にかかわらず、父親の職業を続ける場合には、大学教育を修了の後に父親の仕事を手伝う。大学へ進学しない二世女子の場合は、短期の専門学校を終えて就業し、一世に対して現金を渡すだろう。

給与所得者の家族　給与所得家族の場合、男女ともに全ての二世は、外部の賃金労働から得た現金を一世に渡す。男子の場合は大学に進学した後に、また女子の場合は、自営家族の女子と同様に、短期専門コースを終えた後にそうするであろう。

検証の結果を示す前に、二世の経済的貢献と一世家族の経済的地位に関する手続き上の定義、および調査方法について触れておこう。

一世に対する二世の結婚前の経済的貢献は、二つの形態、すなわち家族労働力として一世の家業の経営を助ける場合と、家庭外の賃金労働を通して得た現金収入により家計に貢献する場合に分けることができる。ただし、家庭外の賃金労働に従事したが現金を渡さなかった場合も区別して示す。家業の手伝い、賃金労働のいずれも行わなかった二世がいるが、きわめて少数であるという理由から結果の表（後出）には含めなかった。二世の結婚前における貢献の形態が複数考えられる場合、被面接者自身が最も重要であると述べたものをとりあげた。

一世の家族の経済的地位に関しては、調査時の状況について、まず自営業と非自営業、すなわち給与所得者と独立専門職とを区別し、前者については経営の規模によってさらに中規模（従業員六人以上：以下「企業家」と呼ぶ）と小規模（従業員六人未満：以下「小規模自営」と呼ぶ）に分けた。また、独立専門職とは、高い学歴を必要とする職業に就き、独立して働く者で、メキシコ日系移民の場合、そのほとんどが歯科医として開業している。ただし、仮説の検証結果においては、給与所得者を独立専門職と同じカテゴリーに含めた。なぜなら、その数が少ないことに加えて、学歴や次世代への地位の継承の形態という点において、自営業よりも独立専門職の方に近いと考えられるからである。また、本章では、後継者という用語を家業（父親の職業または事業）を継ぐ場合に限定して用いる。

本章で取り上げる二世世帯への面接調査は一九八九年一〇月から九〇年にかけて約十二ヶ月間、メキシコ市に在住する一四一の二世世帯に対して行った。二世世帯の選択は、以前実施した男子一世との面接調査の結果（Misawa 1990 : 7）に基づいている。すなわち、一世との面接を行った当時、少なくとも一人の子どもを持つ全ての二世のリストを作成し、メキシコ市に在住していると判明した者全てを面接の対象とした。最終的には六八%に当る一四〇名との面接調査が可能となった。実際には、これらの数に配偶者も二世である場合も含めて合計で一七二名の二世が調査の対象となっている。このような手続きを踏まえた理由は、調査の関心が、①親世代との具体的関係とともに、②自らの子どもとの関係に対する期待に置かれたという点にあったからである。

## 4　仮説の検証

### 二世の性別と一世の経済的地位

女子における家族の経済的地位と一世への経済的貢献の関係についてみると、表1からわかるように、予想通り、小規模自営業の家族と給与・独立専門職の家族において、賃金労働による現金収入の貢献がいずれも六四・一%と高く、二世女子の家計への現金収入による貢献の重要性が示された。これらの家族において、一世の経済的な地位の違いにもかかわらず、女性の現金による貢献の割合が高かった理由の一つは、一世の家族モデル、特に世代間の義務と権利についての解釈と期待によるものと考えられる。一世の家族モデルの解釈では、息子との義務と権利の関係は生涯にわたって継続されるのに対し、娘との関係は結婚時までと考えられた。したがって経済的に生活の苦しい一世にとっては、娘をできるだけ早い時期に、賃金は高くなくても安定した収入をもたらす雇用を得るために、義務教育を終えると同時に短期の専門学校に通わせることを選択した。このようにして、結婚までの二世の就業期間をできる限り長く保つことによって家計への経済的貢献を最大限にすることが可能となった。実際に専門学校の経験者は、企業家家族以外では四割に達している。

父親が歯科医である二世の女性に対して、結婚前になぜ稼いだお金を母親に渡していたのかと尋ねたところ、「何らかの形でどうしても感謝の気持ちを表わしたかったの。シンボルとしてね」という返事が返ってきた。また、父親が雑貨商を営む別の二世の女性は、自分が結婚する時に、それまで家計を少しでも助けるためと思って渡して

表1　一世の経済的地位と二世の性別による二世の経済的貢献の形態

| 性別 | | 女子 | | | 男子 | | |
|---|---|---|---|---|---|---|---|
| 一世の経済的地位 ／ 二世の結婚前の経済的貢献 | | 企業家 | 小規模自営業 | 給与・独立専門職 | 企業家 | 小規模自営業 | 給与・独立専門職 |
| 賃金労働収入の貢献 | NO | 31.8 | 12.8 | 20.0 | 8.3 | 27.7 | 15.1 |
| | YES | 22.7 | 64.1 | 65.0 | 33.3 | 31.9 | 84.6 |
| 家業の手伝い | | 45.5 | 23.1 | 15.0 | 58.3 | 40.4 | 0.0 |
| 合計（人数） | | 100.0 (22) | 100.0 (39) | 100.0 (20) | 100.0 (25) | 100.0 (47) | 100.0 (13) |

表2　一世の経済的地位と二世の後継者の地位による二世の経済的貢献の形態

| 一世の経済的地位 | | 企業家 | | 小規模自営業 | | 給与・独立専門職 | |
|---|---|---|---|---|---|---|---|
| 二世の後継者の地位 ／ 二世の結婚前の経済的貢献 | | 家業の後継者か否か | | 家業の後継者か否か | | 家業の後継者か否か | |
| | | NO | YES | NO | YES | NO | YES |
| 賃金労働収入の貢献 | NO | 25.7 | 0.0 | 24.6 | 5.9 | 16.1 | 50.0 |
| | YES | 31.4 | 18.2 | 52.2 | 23.5 | 77.4 | 0.0 |
| 家業の手伝い | | 42.9 | 81.8 | 23.2 | 70.6 | 6.5 | 50.0 |
| 合計（人数） | | 100.0 (35) | 100.0 (11) | 100.0 (69) | 100.0 (17) | 100.0 (31) | 100.0 (2) |

表3　一世の経済的地位と二世の性別による二世の大学進学

| 一世の経済的地位 | | 企業家 | | 小規模自営業 | | 給与・独立専門職 | |
|---|---|---|---|---|---|---|---|
| 性別 ／ 教育 | | 女子 | 男子 | 女子 | 男子 | 女子 | 男子 |
| 大学進学 | NO | 45.5 | 37.5 | 64.1 | 42.6 | 40.0 | 23.1 |
| | YES | 54.5 | 62.5 | 35.7 | 57.4 | 60.0 | 76.9 |
| 合計（人数） | | 100.0 (22) | 100.0 (24) | 100.0 (39) | 100.0 (47) | 100.0 (20) | 100.0 (13) |

いた現金が全く手がつけられずに返却されたことを語ってくれた。このような事実は、二世の現金による貢献が、一世の経済的な必要のみによるものではなかったことを示している。

企業家の家族においては、女子も労働力として家業に参加する割合が最も大きく（四五・五％）、他方で賃金労働に従事しながらも家計への貢献を行っていない割合が三割以上（三一・八％）に達している。この事実は、企業家家族においては、経営の拡大過程で性別にかかわらず二世の家族労働力の需要が高かったという状況と、他方で、女子の家族労働力はそれほど必要とされず、また現金による家計への貢献も、経済的に安定した一世に対してあえて行う必要がなかったと考えられる。

二世の男子については、一世の事業経営の規模が大きいほど二世が家族労働力として貢献する割合が大きいのは予想していた通りの結果であった。ここで意外に思われるのは、一世が小規模自営の家族である場合にみられる男女の差である。賃金労働に従事している者に注目してみると、表1では、現金を渡している男子の割合は女子の半分に過ぎない（三一・九：六四・一）。経済的に最も苦しいと思われる小規模自営の家族におけるこのような傾向は、改めて、現金による貢献が単純に経済的な理由だけによらないことを表している。この点については後に詳しく検討する。

### 一世の経済的地位と二世の後継者の地位

次に、二世の家族内での地位を規定する要因として、後継者の地位をみてみよう。実際に、小規模な自営業を営む家族では、長男が早くから家業を手伝い始めるが、それは人手不足の事情と、若い時から後継者としての実務を覚えるのが望ましいという一世の考えが存在するからである。表2からわかるように、確かに事業を営む家族の場合は、後継者が家業を手伝っている割合が圧倒的に高い。他方で、最初は家業を手伝いその後に異なる道に進んだ二世も多く、特に企業家の家族では、非後継者にもかかわらず、家業を手伝った二世の割合が四割以上（四二・九％）に達している。これは、明らかに一世企業家家族が人手不足を解消するためにとった方策の結果である。

また、結婚前、最初から家業を手伝うことがなかったにもかかわらず、結果として家業の後継者になった二世の存在もみられる。特に小規模自営業の家族では、後継者でありながら、賃金労働に従事していた二世の割合が三割弱（二九・四％）となっている。メキシコ経済危機の長期化を伴う一九八〇年代に入って就業年齢に達した若い年代の二世の中には、一定条件の雇用を見出せないまま、あるいは一度就職しながらも退職して家業を継ぐ者もいた。このような状況では、家業が雇用の創出源として機能している。いずれにせよ、家業の後継者といった場合には、必ずしもそれが本来固定された地位ではないことがわかる。

**二世の性別と大学教育**

これまでみてきた二世の経済的貢献とともに、家族ストラテジーの視点から重要なのは、二世の教育である。後にこの二つの間の関連について検証するが、その前に教育を受ける機会が、家族の経済的地位と二世の家族内の地位によって異なる様相を見てみよう。

表3は、一世の経済的地位による大学進学の割合を男女別に示している。女子の場合、給与職・独立専門職の家族において大学への進学率が最も高く、小規模自営家族で最も低い。男子の場合も、同じ傾向がみられる。男女ともに、給与職・独立専門職の家族で大学進学の割合が最も高い理由は、自営業家族がその内部に雇用機会を見出すことができるのとは異なり、二世は全て外部に雇用機会を求めなければならず、そのため最も有利な条件として大学教育の機会が与えられたからである。独立専門職の場合、家業として父親の職業を受け継ぐ際に大学教育が不可欠となる。これらの家族においては、男女を問わず二世の教育機会を有利にするために、自営業の家族よりも低い出生率がみられた（Misawa 1990 : 24）。表４ａから読みとれるように、自営業の家族の場合は、家業の後継者ではない二世の大学進学が考えられる。

次に、それぞれの経済的地位における大学進学の男女の差についてみると、企業家家族においてその差が八％と最も小さく、小規模自営の家族で二一・七％と最も大きい。企業家家族において、男女とも半数以上が大学に進学するのは、単に労働市場での競争を有利にするだけではなく、社会的な威信を獲得するという意味合いも含まれる。特に興味深いのは、二世の女子における大学進学の意味が、一世の経済的地位によって異なることである。たとえば、企業家家族の女子には、進学しても卒業することに固執せず途中で退学する傾向もみられる一方で、小規模自営家族の二世女子は、進学する割合が低くてもほとんどが卒業する。特に前者の中退理由として結婚が挙げられている。このことからも明らかなように、大学進学が結婚を有利にする条件の一つとして認識される状況が存在していた。ある一世の企業家は、女性の学歴の意味は次世代の教育に対して責任が持てるということであると述べ、「嫁」の理想として大学教育を受けた日系出身者を挙げている。

企業家の二世女子の大学進学が「結婚市場」における条件を有利にする状況を伴うのに対し、小規模自営業家族の女子の大学進学は、高校までの成績が優れていると認められた女子に対して有利な雇用条件の就業機会を期待するからであった。実際に、表5が示すように、小規模自営家族の出身で大学に進学した女子は、七割が現金による一世への寄与を行っており、このことからも進学と労働市場の結びつきが明らかである。

**二世の後継者の地位と大学教育**

二世が家業を継ぐか、あるいは大学に進学するかは、雇用の確保と経済的安定を達成するための代替的なストラテジーとして考えられる。そこで、表4aを参照しながら、それぞれの経済的地位における、家業の後継者か否かによる差をみると、自営業の家族はいずれも後継者が大学に進む割合が低い。反対に、家業の非後継者においては、大学進学の割合が高くなっている。この結果から、大学進学と家業の継承との間に一定の関係がみられ、これを二世の経済的安定を確保するための代替ストラテジーとして理解することができよう。

家業の多くは男子を通じて継承されるが、男子に限定して大学進学と後継者の地位の関係をみると、表4bで裏づけられる通り、その関係はさらに強まっていることが明らかである。また、同表の結果で興味深いのは、小規模自営家族の後継者の中に大学進学者（二三・五％）がみられることである。本来なら、大学進学は、非後継者に対

表4a　一世の経済的地位と家業後継者の地位による二世の大学進学

| 一世の経済的地位 | | 企業家 | | 小規模自営業 | | 給与・独立専門職 | |
|---|---|---|---|---|---|---|---|
| 後継者の地位 ／ 二世の教育 | | 家業の後継者か否か | | 家業の後継者か否か | | 家業の後継者か否か | |
| | | NO | YES | NO | YES | NO | YES |
| 大学進学 | NO | 31.4 | 72.7 | 46.4 | 75.5 | 35.5 | 0.0 |
| | YES | 68.6 | 27.3 | 58.6 | 23.5 | 64.5 | 100.0 |
| 合計（人数） | | 100.0 (35) | 100.0 (11) | 100.0 (69) | 100.0 (17) | 100.0 (31) | 100.0 (2) |

表4b　一世の経済的地位と家業後継者の地位による二世の大学進学（男子のみ）

| 一世の経済的地位 | | 企業家 | | 小規模自営業 | | 給与・独立専門職 | |
|---|---|---|---|---|---|---|---|
| 後継者の地位 ／ 二世の教育 | | 家業の後継者か否か | | 家業の後継者か否か | | 家業の後継者か否か | |
| | | NO | YES | NO | YES | NO | YES |
| 大学進学 | NO | 22.2 | 60.0 | 36.6 | 76.9 | 21.4 | 0.0 |
| | YES | 77.8 | 40.0 | 63.4 | 23.1 | 78.6 | 100.0 |
| 合計（人数） | | 100.0 (18) | 100.0 (10) | 100.0 (41) | 100.0 (13) | 100.0 (14) | 100.0 (1) |

してのみ必要とされるはずであった。個別の事例に当たってみると、たとえば、菓子の小売店舗を経営していた一世が大病を患った際に、大学に在学中の長男が父親の代わりに店舗を経営し、その時点で父親に請われて家業の後継者になった場合や、一九八〇年代の不況期に大学を卒業したが就職が見つからず、父親の経営していた食料品店を他の兄弟と共同で経営するようになった場合などが挙げられる。いずれの二世もはじめは家業を継ぐ予定ではなかったが、家族内での危機、あるいは不況という具体的状況に対処してゆく過程で後継者という地位を占めるようになった。

　企業家家族の男子後継者の場合、大学進学者は四割いるが、これはあらかじめ決められた後継者であっても経営者としての威信と知識を備えるために大学に進学したという状況が背景にある。

　また、表4bからは、自営業家族の後継者の割合が、企業家家族では約三分の一（二八人中十人）、小規模自営家族では四分の一（五四人中一三人）と相違がみられる。小規模自営業の後継者の割合が低いのは、一世の家業にみられた近郊農家、大工、時計修繕業などの家内工業的職種が、メキシコ市における経済発展の中で次世代への継承が困難になってきたこと、さらに雑貨商、自動車修理工などのように肉体労働を伴う家業を継承するよりも大学に進学し、別の業種に就くことを希望する二世が増えてきたことと関連する。たとえば、雑貨店を経営する一世は次のように語った。「うちのような商売は、四六時中店を開けていなければならないし、休みもない。息子に家業を続けろと言ったって、説得は無理だな」。

### 二世の教育と経済的貢献

教育の家族ストラテジーは、二世の一世に対する経済的貢献とどのように関連しているのだろうか。まず表5を見ながら、女子の場合から家族の経済的地位による違いを比べてみよう。

小規模自営家族の場合、大学に進学したか否かにかかわらず、賃金労働で得た現金による貢献の割合が最も大きい。給与・独立専門職の家族も、小規模自営業の場合と同様に、大学進学のいかんにかかわらず現金を渡す割合が高いが、特に大学に進まなかった女子の場合、外部での就業者については全員が現金を渡している。これらの結果は、一世の経済的必要性の高さを反映すると同時に、結婚前に家計に対して貢献していた女子の役割を改めて浮き彫りにするものである。企業家家族の場合、大学に進まなかった女子は家業を手伝う傾向が高く（六〇％）、大学へ進学した者は、外部での賃金労働に就くことがあっても（六六・七％）現金を一世に渡す割合は少ない（二五％）。つまり、企業家家族出身の大学進学者にとっては、外で働くことはあっても両親を経済的に援助する必要はみられない。

表5から明らかなように、男子の場合、自営業の家族では、その経営規模のいかんにかかわらず、大学へ進学しなかった二世のほとんど（七割以上＝七七・八％）が、家業を手伝っている。ただし、大学への進学者については、自営業の経営規模によって一世への貢献の方法が異なる。企業家家族の場合、大学進学者の場合も家業を手伝う傾向がある（四六・七％）。これに関しては、二つの状況が考えられる。一つは、表4の結果で触れたように、企業家の後継者は、早くから家業を修得すると同時に、大学にも進学する動機を有することである。もう一つは、一世

表5　一世の経済的地位と二世の大学進学による二世の経済的貢献の形態

| 一世の経済的地位 | | 企業家 | | 小規模自営業 | | 給与・独立専門職 | |
|---|---|---|---|---|---|---|---|
| 二世の結婚前の経済的貢献 | | 大学進学 | | 大学進学 | | 大学進学 | |
| | | NO | YES | NO | YES | NO | YES |

〈女子〉

| | | | | | | | |
|---|---|---|---|---|---|---|---|
| 賃金労働収入の貢献 | NO | 20.0 | 41.7 | 8.0 | 21.4 | 0.0 | 33.3 |
| | YES | 20.0 | 25.0 | 60.0 | 71.4 | 87.5 | 50.0 |
| 家業の手伝い | | 60.0 | 33.3 | 32.0 | 7.1 | 12.5 | 16.7 |
| 合計（人数） | | 100.0 (10) | 100.0 (12) | 100.0 (25) | 100.0 (14) | 100.0 (8) | 100.0 (12) |

〈男子〉

| | | | | | | | |
|---|---|---|---|---|---|---|---|
| 賃金労働収入の貢献 | NO | 0.0 | 13.3 | 10.0 | 40.7 | 0.0 | 20.0 |
| | YES | 22.2 | 40.0 | 20.0 | 40.7 | 100.0 | 80.0 |
| 家業の手伝い | | 77.8 | 46.7 | 70.0 | 18.5 | 0.0 | 0.0 |
| 合計（人数） | | 100.0 (9) | 100.0 (15) | 100.0 (20) | 100.0 (27) | 100.0 (3) | 100.0 (10) |

の事業が拡大していく過程で多くの家族労働力が必要とされたため、家業の後継者ではなくても大学に進学するまで、あるいは大学入学後も家業を手伝う場合である。たとえば、子供の数が最も多い一世の一人は、揚げ物菓子の工場を経営し、年上の子どもから順に工場の手伝いを始めたが、末娘が生まれたときには、家族全体で十人近くが工場を手伝っていた。長男と次男は、それぞれ二六歳と二五歳になるまで、大学在学中も家業を手伝い、卒業後にホワイトカラーとして就職するが、それ以後は、年下の兄弟姉妹の進学を支えるために現金による援助を行った。同じように、進学を果たした年下の兄弟は、自分が就職すると今度は末の弟と妹の進学を支援するというように、この家族の場合は、各々の、家族への経済的貢献の方法がライフコースによって変化している。

小規模自営家族の大学に進学した男子の結果は非常に興味深い。大部分（八一・四％）が外部の賃金労働に従事しているが、現金を渡しているのはその半分（四〇・七％）に過ぎないのである。非自営業家族（給与・独立専門職）の大学進学者の場合は、全員が賃金労働に従事しているが、その多く（八〇％）が現金を一世に渡している。また同じ小規模自営家族の大学進学者であっても女子の場合は、多数（七一・四％）が現金を手渡している。

このように、小規模自営家族は生計のやり繰りが苦しいにもかかわらず、なぜ大学に進学した二世の男子は現金を渡さないのか。それは、一世が定住を決意したメキシコの地で、安定した将来に向けて努力していくには、どのような家族のあり方を理想として掲げながら日々の生活に対処していくかということ、言い換えれば、新しい家族モデルが必要であったことと深く関係していると考えられる。すなわち、伝統的な家族関係に基づきながらも、メキシコの状況に対処していく過程で新たな解釈が加えられていったのである。世代間の義務と権利の関係が女子の場合、結婚までの期間に限定され、一世両親への「負債」の返却は現金を渡すという形で、また一世が経済的に必要がなくても象徴的な意味を込めてそれがなされたことはすでに述べた。男子の場合は、大学進学が家業にとって代わる、親からの経済的独立のための手段として選択されたが、女子のようにその「負債」を直ちに返却する必要はなく、むしろ一世に対して老後の経済的保障という形で返却されることが期待されているのである。さらに、小規模な自営業家族の場合には、家業を継ぐことが同時に日常生活の共有をも意味し、世代間の紐帯に頼る保障の枠組みを提供した。したがって、大学に進学した非後継者の息子と一世の間には、相対的に独立した関係が保たれる。

小規模自営業家族の一世が、結婚前の非後継者の息子から現金を受け取らなかったことは、以上のような家族の状況との関連において理解できるが、さらに結婚に際しての一世の支援のあり方との関連から仮説として次のような説明ができる。すなわち、経済的に安定した日系家族の場合、新居のための不動産の提供や購入のための資金援助など、子弟の結婚に対しても様々な形での支援が可能である。これは、実際に非日系メキシコ人の企業家家族においてもみられる現象である（Lomnitz and Perez Lizaur 1987 : 131）。しかしながら、小規模自営の家族にとっては、同様の支援を行うことは難しく、したがって結婚資金が必要となる息子から結婚前はあえて現金を受け取らないことによって消極的な支援を行っていたという解釈ができる。

## おわりに

本章では、二世による一世に対する経済的貢献の形態について、一世家族がメキシコ社会の中で占める経済的地位および、二世自身が家族の中で占める地位によって規定される家族ストラテジーについて考察した。現金収入および家族労働力による二世の貢献のあり方は、一世の経済的地位、家業の規模や後継者の地位、二世の受けた教育などによって相違がみられるが、とりわけ注意をひくのは、二世の男女の差であった。特に結婚前の期間において、男子が家族労働力として一世に貢献する傾向が高いのに対して、女子は家庭外の就労による現金収入によって家計を助ける傾向がみられる。このような相違は、一世が二世に期待する世代間の関係や義務と権利のあり方が、二世の性別によって異なるということを反映している。さらに、二世の女子が、一世に対して現金を渡すことに与えた意味づけ、すなわち「感謝」や「負い目」としてそれが語られた説明をみても、日系社会における教育と社会化が、二世による家族モデルの解釈に対して大きな影響を与えたことがわかる。

また、男子の場合、一世の経済的地位とともに、後継者であるか否かが二世の経済的貢献の形態を規定する。特に小規模な自営業家族においては、相対的に生活が苦しいにもかかわらず、二世男子の大学進学者が結婚前に賃金労働で得た現金を渡す傾向が少なく、多くの二世女子がそうしているのとは対照的である。このような状況は、世代間の義務と権利に対する期待が、ジェンダーだけではなく、後継者か否かによっても異なることに起因すると考えられる。このような経済的貢献のあり方における相違は、経済的な理由のみでは説明ができず、日系移民がメキシコにおける新たな状況に対処する必要から解釈された家族モデル、特に世代関係のあり方に対する認識が決定的な要因となっている。さらに、世代関係のあり方と期待は、ジェンダーとともに後継者の地位によって区別されるが、この地位そのものは、決して生得的に決まるのではなく、一世と二世が経済不況や家族内の危機といった具体的な状況に対処していく過程で定まるものである。

家族ストラテジーとは、二世の結婚前とその後の様々な行動を互いに関連づけながら、一世にとってどのような意味が与えられていったのかということを考察するための分析概念である。言い換えれば、本章でみてきた一世に対する結婚前の二世の経済的貢献も、その後の具体的な状況における一世と二世の関係と関連づけてその意味を問うことによってはじめて、日系移民による家族モデルを理解することができるのである。

**参考文献**


Lomnitz, L. and Perez Lizaur, M. (1987) *A Mexican Elite Family 1820–1980*. Princeton University Press, Princeton.

Misawa, Takehiro. (1990) "La transformación del comportamiento reproductivo entre dos generaciones : el caso de las familias de inmigrantes japoneses en la ciudad de México (1940–1980)", *Latin American Studies*. No. 11, pp. 1–38.

Ota Mishima, María Elena. (1982) *Siete migraciones japonesas en México 1890–1978*. El Colegio de México, México D.F.

石田雄（一九七三）『メヒコと日本人』東京大学出版会。

前山隆（一九九六）『エスニシティとブラジル日系人』御茶の水書房。

日墨協会・日墨交流史編纂委員会（一九九〇）『日墨交流史』ＰＭＣ出版。

ペルー、オジャンタイタンボ遺跡前の露店。少女の背後に先住民の生活が刺繍されたタペストリーがかけられている。

第四部
# 映し出された世界

私たちの生きるこの世界は、
私たちそれぞれの脳の中に結ばれる
自己と他者のイメージとしてのみ存在する。
第四部では、ラテンアメリカの内外に
生きる人びとをめぐって存在する
さまざまなイメージを、
象徴、うわさ、文学作品などを通して
浮き彫りにする。

# 二五年目の断罪
## ラテンアメリカの独裁者を裁くスペイン

淵上　隆

### はじめに

一九九八年一〇月一六日夜、アウグスト・ピノチェット元将軍（元チリ大統領で、アウグスト・ピノチェとも表記する）が、滞在中のロンドンで逮捕された。国際刑事警察機構（INTERPOL）を通じて逮捕状を発出したのは、スペインの全国管区裁判所（Audiencia Nacional）のバルタサル・ガルソン判事だった。判事は、さらに一一月三日、スペイン政府を通じて英国政府にピノチェットの身柄引渡し請求を行った。容疑は、「一九七三年九月から一九九〇年三月まで、特に、一九七四〜七五年に、また、一九七六〜八三年には、秘密警察を通じてアルゼンチンなどの南米南部（Cono Sur）諸国（ブラジル、アルゼンチン、パラグァイ、ウルグァイ、チリ）と協力し、事前の周到な計画に従い、イデオロギー上の反対者を不当逮捕、誘拐、拷問で死に至らしめたことは、ジェノサイド（大量殺戮）、国際テロ、拷問の罪に該当する」というものである。また、拘束されてから行方不明になったままの者は、少なくとも三一七八名に達するとしている。

一九七〇年にチリで誕生したサルバドル・アジェンデ大統領の人民連合政権は、「革命」を標榜した左翼が、ラテンアメリカで初めて、「選挙」という合法的手段により政権への到達を実現したものであった。「冷戦」が終わるなどとは誰も考えていなかったこの時代に、「選挙」でマルクス主義政権が誕生したことは世界的にも大きな反響をよんだ。しかし、七三年九月一一日のピノチェット将軍率いる軍部の力の一撃で、人民連合政権はあえなく消滅した。アジェンデ大統領自身もクーデター軍と交戦し、降伏を潔しとせず自らの生命を絶った。ラテンアメリカのみならず世界に衝撃を与えたこのクーデターから二五年目にして、不問に付されるかに見えていたクーデター後のピノチェット軍事政権による人権蹂躙が裁かれようとしていたのである。

逮捕とその後の一連の出来事を「ピノチェット事件」と名づけるなら、「ピノチェット事件」は人権擁護思想の普遍化、国家主権と「介入」思想の関係、欧州とラテンアメリカの狭間に揺れるスペイン、独裁体制や権威主義体制から民主主義体制への「移行」の問題など種々の考えるべき題材を提供する。ここでは、ラテンアメリカのかつての独裁体制の人権蹂躙を裁こうとする動きが、ラテンアメリカと歴史的にも文化的にも強いつながりを持つスペインから生じていることに着目しながら、「ピノチェット事件」が提起する諸問題について考えてみたい。

## 1　ピノチェット事件

### 全国管区裁判所——ガルソン判事

「盗賊としてこの国に入国したのではない。外交旅券で入ったのだ」。——マリオ・アルタサ駐英チリ大使（当時）によれば、これが、椎間板ヘルニア手術のためロンドンの病院に入院中のピノチェット元大統領が、自分の逮捕を知らされたときに放った第一声であった由。同大使自身、一九七三年のクーデターのため亡命生活を余儀なくされた経験があり、自分の人生を変えてしまったこの人物を、二五年後に立場上とはいえ擁護しなければならないとは何とも皮肉なことであったろう。

筆者が長年住み慣れたラテンアメリカを離れてスペインに移ってきた直後の一九九七年一二月、次のような新聞記事が目にとまった。それは、故アジェンデ大統領の次女イサベル・アジェンデ（現チリ上院議員）の、以下のような要旨の投稿記事であった。

「去る九月、私は、マドリッドにおいて、チリ軍政時代の独裁者ピノチェットやその他の人権侵害の責任者について審理するスペインの法廷で証言した。チリで裁判ができればそれに越したことはない。チリ国外で正義を求めなければならないことは心痛むことである。進歩的検察官連盟が、スペイン人行方不明者について行った提訴は、九六年半ばに全国管区裁判所が予審のためこれを受理した。チリにおける正義のための努力は道が閉ざされた中で、スペインのガルシア・カステジョン判事が行う予審調査は最後の希望である。国際法は多くの条約で拷問やジェノサイドを禁止しており、それを罰することは普遍的であるべきである。目下、スペイン司法府で行われている審理は、チリのみならず、世界における人権の確立に向けて重要な一歩となるであろう。人道に対する犯罪が普遍的に裁かれるかどうか。今このことが問われている」（一九九七年一二月二六日付 El Mundo 紙）。

一九九六年夏、スペインの進歩的検察官連盟が、チリ軍政時代の殺害・拷問事件のスペイン人被害者遺族らの意向を受け、その人権侵害の責任者としてピノチェットを全国管区裁判所に告発し、ガルシア・カステジョン判事が証拠調べなどの予審調査を行うことになった。その少し前には、ガルソン判事が一九七〇年代後半～八〇年代初頭のアルゼンチン軍事政権の人権侵害事件について調査を開始していた。ガルソン判事は、一九七〇年代の南米南部諸国の軍事政権がチリのピノチェット政権と協力して人権を蹂躙していたとして、チリについても調査を進めており、結局、ピノチェットの逮捕を請求したのは、最終的にガルソン判事であった。これにより、当初からチリの調査を行っていたガルシア・カステジョン判事は、審理案件を一本化する観点から、チリに関する予審調書をガルソン判事に引き継ぎ、以後、チリの人権侵害の審理もガルソン判事が一手に引き受けることになったのである。

「ピノチェット事件」の報道には、「スペイン人が多数殺害されたことに対してスペイン司法が事件を審理する」という記述がみられたが、これは必ずしも正しくない。スペイン人が多数殺害され（推定約三〇〇名）、あるいは行方不明になっていることは事実である。これは当時のスペインがまだフランコ体制下にあったため、人民連合政権に共感したスペインの左翼青年たちが多数、これに協力するためにチリに渡航し、クーデターに遭遇したためであろうと思われる。しかし、ピノチェットに対する罪状は、決してスペイン人の被害に限定されたものではない。ガルソン判事の身柄引渡し請求の中には膨大な数のチリ人被害者の氏名が延々と記載されている。すなわち、ガルソン判事はピノチェットの犯罪を、国籍などに関係なく、人類に対する犯罪として裁こうとしていたのである。

ある国の裁判管轄権が国外に及ぶかどうかには大いに議論がある。それでもチリやアルゼンチンの軍政による人権侵害の被害者（あるいは遺族）が、スペインの全国管区裁判所を頼るのは、スペインの司法が、特定の犯罪について裁判管轄権を国外に及ぼす規定を備えているからである。一九八五年に発効した司法組織法は、「スペイン国外において、スペイン人あるいは外国人が犯した犯罪で、スペイン刑法が定めるジェノサイド、テロリズムなどの犯罪（これ以外に、通貨偽造、麻薬密売、スペインが遵守を約する国際条約などで規定された犯罪にも言及）について審理することは、スペイン司法の権能である」（第二三条第四項）としている。また、全国管区裁判所法には「スペイン国外での犯罪は同裁判所で審理する」（第四条）とあり、これが全国管区裁判所でチリやアルゼンチンの事件を扱うことについての国内的な法的根拠となっている。全国管区裁判所とは、フランコ体制下の司法制度を民主的に改革する過程で、通常の裁判所体系とは別個に、政治家が絡む重要犯罪、バスクのテロ組織「ＥＴＡ（バスク祖国と自由）」のテロ犯罪などを想定して創設されたものである。国外に対する裁判管轄権も本来は、ＥＴＡやその外国人協力者が、国外でテロ犯罪を犯す場合のことを想定していたものとみられる。チリやアルゼンチンの軍政の事例に照らした場合、「ジェノサイド」や「テロリズム」がこれに該当するのかどうかの議論もあった。通常、歴史上の「ジェノサイド」はナチスのユダヤ人大量殺戮に見るごとく、宗教や人種・民族を理由に行われたが、軍政時代の「左翼狩り」がこれに該当するのかどうか、また、通常、非合法暴力集団が行う「テロリズム」に、軍部の行為が該当するのかどうかなど、用語の定義上の疑義である。しかし、これらの疑義は基本的人権の観点からみれば、全く意味はない。さらに、司法組織法が一九八五年に発効していることから、法の遡及性の観点からみて、一九八三年に民政移管となったアルゼンチンの軍政時代のことは裁けないのではないか、また、チリに関しても、司法組織法が成立した一九八五年以降の事件しか審理できないのではないかとの見解もあったが、ガルソン判事は、スペイン刑法において「テロリズム」を犯罪として規定したのは一九七一年のことであるから、両国の事案も審理の対象になると判断した。

ピノチェット逮捕以後の司法手続きは紆余曲折を経ながらも進められた。英国貴族院は対象容疑を「拷問禁止条約」が発効した一九八八年九月以降に行われた拷問に限定しながらも容疑事実を認定し、一九九九年九月にはスペインへのピノチェットの身柄引渡しは可能であると判断した。結果として、法の非遡及性の観点から、最も人権侵害が激しかったクーデター直後の事件は容疑対象から除外されてしまったわけであるが、独裁者が過去に行った暴虐が外国で裁かれる可能性を拓いたという点で、その意義の大きさに変わりはない。

### 「主権」と「介入」——司法のグローバリゼーション

スペイン司法によるピノチェット逮捕と身柄引渡し請求を、チリ政府が国家主権の侵害と受け取ったのも無理はない。しかし、欧州では統合により「主権」の垣根が低くなっているため、チリ政府が主張するような旧来型の「主権侵害」の主張は、欧州ではさほど共感を呼ばなかった。

世界の中で最も国家の統合が進んでいるのは西欧一五ヶ国による欧州連合（ＥＵ）であるが、本来、統合とは各国がその主権を互いに少しずつ譲ることに他ならない。ＥＵの場合、経済統合がすでにかなり進み、統一通貨「ユーロ」も実現し（参加一一ヶ国は通貨主権を失ったことになる）、ゆくゆくは政治統合を目指している。そのような中で、司法面でも欧州を「共通空間」にしようとする動きが高まっている。経済統合は国境の垣根を低くし、物、人、金の往来を従来以上に激しくする。それに伴い、麻薬密売とその資金洗浄、武器密売などの組織犯罪横行の余地が広がり、あるいは、域外からの非合法移民、テロリストなどの移動が捕捉しにくくなる。このような傾向を阻止するため、統合を進めようとする諸国間では刑事犯罪対策で協力し合う動きが顕在化してくるが、その障害となるのは各国の「主権」である。それでも犯人逮捕の過程における隣国への一定範囲内までの警察の越境が認められるようなケース（たとえば、フランスとスペイン、スペインとポルトガル）も現れており、欧州内では犯罪対策でも国境は低くなっているのである。さらに、「ベルリンの壁」と社会主義の崩壊が、民主主義の普遍的価値を高め、その基盤たる基本的人権の価値がますます認識されるようになり、人権を侵す犯罪は国境なしに処罰されるべきであるとする考えが、特に欧州において強まり、司法のグローバリゼーションに寄与していることは疑いない。国連決議により設置された旧ユーゴ国際法廷で戦争犯罪人を裁こうとする行為もそのような動きの現れである。

他方、このような傾向は、人道上の判断から他国の国家主権に「介入」しても良いとする考え方にもつながる。コソボのアルバニア系人に対するセルビア人の「民族浄化」に対抗して、北大西洋条約機構（ＮＡＴＯ）が行ったユーゴ攻撃などはその例である。主権国家に対する国連決議もないままの攻撃は国際法上の問題はあるが、人道上の配慮がそれに優先したということであろう。しかし、この思想は、同時に、ある権威主義的、独裁的な体制の国に、他国が民主主義を「強制」するための介入へと拡大される可能性を孕んでいることも間違いない。アメリカ合衆国（以後、アメリカと表記）がラテンアメリカ諸国に行ってきた軍事面も含めた数々の介入は、多くの場合、民主主義を旗印にし、それは「押しつけ」としてラテンアメリカ側からの反発を受けてきた。特に、キューバに関する「ヘルムズ・バートン法」のように、国内法の域外適用であるとして、第三国からも反発を受けるケースが出ている。「ピノチェット事件」の場合も、いわばスペイン国内法の域外適用であり、多くのラテンアメリカ諸国で反発を受けたのである。

ところで、スペイン司法の措置は司法独自のものであって、スペイン政府としてこの措置を支持していたわけではない。政府は表面上、「司法の決定は尊重する」としながらも、チリや、広くラテンアメリカ諸国との関係を考え、司法の措置を苦々しく見ていたのである。

近年、スペインの対ラテンアメリカ投資はめざましく、年度ベースの投資額ではアメリカを凌いでいるケースもある（たとえば、対チリ、ペルー）。一九九八年にはスペインの対外投資のうち対ラテンアメリカ投資は六八％を占め、一九九七年の三八％を大きく上回った。また、意外に知られていない事実であるが、スペインは軍用輸送機、装甲車、フリゲート艦などを主体とする武器輸出国で、ラテンアメリカに対しても輸出を行っている。特に、ピノチェット逮捕当時、チリ海軍に対する二隻の潜水艦納入契約が進んでいた。「ピノチェット事件」でスペイン政府が困惑したのは、このような投資関係、通商関係に悪影響が及ぶのではないかという点であった。

しかし、司法独自の措置とはいえ、統合が進むEUの一員としてのスペインが、EU全体の潮流から無縁であるわけはない。スペインがEUと一体化すればするほど、EUメンバーとしての立場で、ラテンアメリカとの関係をどう調整していくかの問題に直面することになる。「ピノチェット事件」も、欧州の反応とラテンアメリカの反応を比較するとき、その点の難しさがかいま見られたのである。

### ラテンアメリカの反発、欧州の共感

ピノチェット逮捕の報が知れ渡ったとき、チリ国内では、被害者の遺族、行方不明者の家族、反ピノチェット派が、「スペイン、ありがとう」と喜びを表明したし、逆に、ピノチェット支持者は、首都サンチアゴの英国やスペインの大使館前で国旗を燃やすなどの抗議行動を行った。亡命したまま国外に居住しているチリ人たちも、それぞれの国で喜びの声を上げた。当事国であるチリで、賛同や抗議の声が上がるのは当然としても、欧州諸国やラテンアメリカ諸国の政府の反応はどうであったろうか。

ピノチェット逮捕が報道の一面を飾った一九九八年一〇月一七日、ラテンアメリカ諸国首脳は、第八回イベロアメリカ・サミットのためポルトガルのオポルトに集結しつつあった。マスコミの注目を最も集めたのはキューバの

カストロ議長がこの事件にどうコメントするかであった。アジェンデ政権時代のチリと密接な関係を持っていたキューバは、ピノチェットとは相容れないはずであるが、カストロのコメントは、「生じていることは干渉である」として、スペインの裁判権を疑問視するものであった。反体制派抑圧を国際的に批判されているキューバとしては、人権問題で他国からの干渉を拒否する立場上、このようなコメントは当然であろう。一方、フェルナンド・エンリケ・カルドーゾ・ブラジル大統領のように、自身がブラジルの軍政時代にチリに亡命した経験から、「すべての独裁と独裁者に反対する」として、ピノチェットを擁護しない立場もあった。アルゼンチンの場合は、前述のように、ガルソン判事が軍政時代の人権侵害事件を調査しており、チリと同様にかつての軍政の責任を問わない形で民主化を進めてきたので、カルロス・メネム大統領は「一〇〇％チリ政府の立場を支持」と述べ、スペイン司法に反発を示した。明示的に発言されたもの以外のラテンアメリカ諸国の政府関係者の反応は、総じて「無言の反発」であったといえる。

しかし、この反発が、スペインの裁判所が訴追に動くことの中に、ラテンアメリカが旧植民地宗主国のある種の「植民地主義」の匂い、お節介な「文明教化意識」を感じ取っていることの現れであるといえば言い過ぎであろうか。国家元首や元国家元首を外国に拘束されることは、一九八九年一二月のパナマ侵攻のように、「麻薬犯罪人」であるという理由でノリエガ将軍を拉致するようなアメリカの荒々しい介入と本質的には変わらないものを、ラテンアメリカ諸国に感じさせたのである。

他方、ＥＵ諸国全般の反応は、ピノチェットには冷淡であった。英国ではブレア首相の右腕ともいわれるマンデルソン貿易大臣（当時）が、ＢＢＣ放送でピノチェットのことを「残忍な独裁者」と断じたし、フランスのジョスパン首相、ドイツでは発足したばかりのシュレーダー新政権のフィッシャー外相も逮捕に喜びを表明した。欧州議会も逮捕を支持する決議を行ったのである。その後、フランス、スイス、スウェーデンなどもピノチェットの身柄引渡しを英国に要請している。このような冷淡な対応は、現在のＥＵ諸国の全般的な政治潮流、すなわち、ＥＵ一五ヶ国のうち、ほとんどが社会民主主義政党ないしそれを中核とする連立政権であることが影響している。しかも、

ＥＵ諸国の指導者はいわゆる「六八年世代」で、一九六〇年代末から七〇年代にかけての学生運動を青年時代に経験してきた世代である。ブレア首相も七〇年代に南米諸国の軍事政権に反対するデモに参加したことがある。

もちろん、単に世代論にとどまらない。当時、ＥＵとメキシコは自由貿易協定を交渉中であったが、当初、メキシコはＥＵからの政治的要求に強く反発していた。それは、自由貿易協定のようなＥＵとの緊密な経済関係を持ちたいとする域外の諸国に対して、ＥＵはその相手国が民主国家であることを求めたためである（メキシコが民主的であるかどうかは、もちろん議論の余地がある）が、このようなＥＵの姿勢が「ピノチェット事件」にも反映されたといえる。

## 2　スペインとラテンアメリカ

### 「フランコはベッドで死んだ」——民主化

ラテンアメリカの一九六〇〜七〇年代は、一部の例外的事例を除けば、おおむね軍部主体の、あるいは軍部が背後から支える権威主義的な政治体制が主流を占めていた。しかし、一九八〇年代は対外債務危機を契機に「失われた一〇年」として経済停滞に苦しむが、政治的には権威主義体制が次第に「民主化」していく過程であった。また、同時に進められた経済の自由化、開放、構造改革は「民主化」の基盤を強固にすると考えられた。ラテンアメリカの二〇世紀は、最後の二〇年間で「民主化」がかなりの程度進捗し強固になったかのように見えたのである。しかし、「ピノチェット事件」が露呈させたものは、チリ、さらには抑圧的で赤裸々な軍政を経験したアルゼンチンなどの「民主化」の過程で人権問題の総括を意図的に避けたがゆえの、その「民主化」の脆弱性であった。

ピノチェット逮捕が報じられたときのスペイン社会労働党のある幹部のコメント——「それは良いニュースだ。我々もできればフランコに同じことをしたかった」。——は、スペイン人がピノチェットのイメージの中にフランコ総統をみていることを示す興味深いエピソードである。外国の要人がほとんど参列することのなかったフランコの葬儀に、軍服に青マントを羽織って佇立するピノチェット大統領の姿は、中年以上のスペイン人の脳裏に焼きついている。チリのクーデターから二年後の一九七五年一一月のことである。一九三九年の内戦終結とともに始まったフランコ体制。それは、フランコが「神と歴史の前にのみ責任を有する」典型的な独裁体制であり、彼の死まで継続した。この間、翼賛政党以外の政党は非合法化され、バスクやカタルーニャの地方民族主義運動も抑圧された。ピノチェットが軍服姿で参列した葬儀は、皮肉なことにスペインの民主化の始まりを告げたのである。

スペイン現代史において民主主義体制への「移行」(transición)の時代とされるフランコの死後も、一九八一年二月二三日の、国会に乱入した治安警備隊と軍の一部が連携したクーデター未遂事件が示すように、一九八〇年代初頭まではまだ内政は不安定であった。内政が安定し「民主化」が定着するのは、一九八二年からフェリペ・ゴンサレス首相の社会労働党政権になってからのことである。つまり、スペインもラテンアメリカも、「民主化」過程に入ったのはほぼ同じ時期である。

ところが、約二〇年後の現在、ラテンアメリカの民主化が、必ずしも完全に定着したとはいえないのに対し、スペインの民主化はほぼ「完成の域」に入ったと断じて差し支えない。この彼我の相違は何に由来するのであろうか。それはスペインの内部事情と外部環境の点から説明可能である。まず、内部事情とは、フランコの死とともに王政が復古し、立憲君主制がフランコ体制に代わるものとして体制の新たな基本的枠組みを提供したこと、また、より重要なことは、合法化された左翼政党、すなわち、社会労働党やスペイン共産党が立憲君主制を受け入れたことで、内戦前の状況に逆戻りすることが避けられ、国王の存在が国の求心力として機能するようになったことである。一九八一年二月のクーデター未

[ピノチェットを裁くべきか]

| | |
|---|---|
| 賛成 | 73.5% |
| 反対 | 2.2% |
| わからない | 24.3% |

[ピノチェットを裁くとすれば、どこで裁くべきか]

| | |
|---|---|
| 英国 | 0.6% |
| スペイン | 14.5% |
| チリ | 18.3% |
| その他の国 | 1.1% |
| 国際法廷 | 32.8% |
| わからない | 32.6% |

表1　ピノチェット訴追に関する世論調査
(出典:DIARIO 16 紙 1999 年 1 月 5 日)

遂事件では、ホァン・カルロス国王は自分を担ごうとする一部軍人の試みを拒否することで、以後、民主化のプロセスの中核的役割を担った。

外部環境とは、スペインが地理的に西欧民主主義諸国に近く、常にその存在を意識し、また、欧州におけるスペインの異質性にスペイン人自身がある種の劣等感を感じてきたがために、それを克服して欧州の仲間入りを果たすためには、「民主化」が絶対条件であるという一種の強迫観念のようなものがあったことである。西欧側も欧州共同体（EC）に加盟する国は民主主義国でなければならないとしていた。他国から「民主化」を条件とされることが、スペインでは内政干渉と解釈されず自らの課題と意識されたことが、「民主化」を成功に導いた大きな理由でもあった。同じ二〇年程度でラテンアメリカよりはるかに進んだ「民主化」の水準に達成したことで、「ピノチェット事件」の裏にラテンアメリカに対するスペインの潜在的な優越意識が存在していることは否定できない。しかし、同時に、「フランコはベッドで死んだ」——フランコ独裁体制をフランコの生前に総括できなかった——という事実に、スペイン人にも内心忸怩《じくじ》たるものがあり、ピノチェット訴追がその心理的代償行為になっているとみることもできる。ピノチェット訴追に関する世論調査があるが（表1参照）、必ずしも多くがスペインで裁くべきであると思っているわけではないものの、約四分の三が「ピノチェットは裁かれるべきである」と考えている。

**「架け橋」と「模範」**

スペインのラテンアメリカを見る目——対ラテンアメリカ意識——がどのようなものかを知ることは、「ピノチェット事件」の背景を理解する上でも参考になる。これまで筆者は、「ラテンアメリカ」（ラテンアメリカのスペイン語では「アメリカラティナ」）という地域呼称を使ってきたが、実は、スペインのスペイン語ではラテンアメリカを指すとき、「アメリカラティナ」よりも、「イベロアメリカ」の方が一般的である。これは、一定の定義に従って使い分けているわけではなく、公文書や報道のみならず、一般のスペイン人の日常会話においても、単純に我々が「ラテンアメリカ」というのと同じ地域概念を「イベロアメリカ」と呼んでいるにすぎない。「イベロアメリカ」とは、「歴史の主要な根源をイベリア半島に発する米州大陸の地域・諸国」（したがって、ポルトガル領であったブラジルも含まれる）というほどの意味であるが、そこにはラテンアメリカの根源は自分たちであるというスペインの強い自己中心意識が込められている。それはまた優越意識とも表裏一体である。

スペインではラテンアメリカ植民地を失った一九世紀に、「イスパニスモ（Hispanismo）」という考えが生まれた。これは、政治的経済的支配権と影響力を失ったことにより、ラテンアメリカをスペインにつなぎとめるため、言語、文化、宗教等の共通性を口実に編み出された一種の旧宗主国優越思想である。また、これはスペイン市民戦争（一九三六～三九）とフランコ体制（一九三九～七五）において、秩序、権威、カトリックを至上とする「イスパニダー（Hispanidad）」の思想として展開し、ラテンアメリカとの関係ではスペインを「母なる祖国（Madre Patria）」として位置づけたさらなる優越思想に発展した。

しかし、フランコ時代の「イスパニダー」思想はラテンアメリカからは冷たく無視されたし、スペインの側もその思想を外交関係において具体化するだけの国力と国際的プレスティージに欠けていたのである。「イベロアメリカ」という呼称は、フランコ体制末期から「民主化」の時代にかけて登場する。「イベロアメリカ」は字義通り「イベリア半島系米州諸国」という意味であるから、スペイン自身をラテンアメリカから若干距離をおいてとらえ、その「米州性」を認める意味内容を含むが、同時にその起源がイベリア半島にあることを示したことで、双方の特殊な関係を含蓄する言葉である。ラテンアメリカがスペインにとって特別の地域であることは、たとえば、スペイン憲法の中で国王の立場を規定する項に「国際関係、特に、歴史的共同体の国々との関係において、スペイン国家の最高の代表性を有する……」（第五六条一項）とあることなどに意識されている。スペインがラテンアメリカと若干距離をおく（＝ラテンアメリカの独自性を認める）ことは、同時にスペインが欧州への一体性をより強調し始めたことと表裏一体である。欧州への一体性とラテンアメリカとの特殊な関係は、当然のことながら、スペインの両地域に対する役割の再規定とならざるを得ない。それは、スペインは欧州とラテンアメリカの「架け橋」であるという立場で、ラテンアメリカに対してはかつてのように「母なる祖国」ではなく「兄弟諸国」であり、スペインはその中で「長男」である。長男たるものリーダーとして「弟たち」の「模範」――特に「民主化」において――であらねばならないという立場になる。ラテンアメリカの独自性を認めるものの、そこにおけるスペインの優越意識は顕著である。スペインはEUに加盟することで、スペイン一国の国力では実現し得ないものをEUメンバーとして実現し得る。また、ラテンアメリカとEUの「架け橋」を任じることによって、EUにはスペインとラテンアメリカの特殊な関係を認知させ、ラテンアメリカにはスペインを通じたEUへの「口利き」を期待させることで、ラテンアメリカのリーダー役を確保しようとしているのである。一九九九年六月に開催された初のEU－ラテンアメリカ・サミットは、このような立場にあるスペインの提唱によるものであった。

それでは、一般的なスペイン人の対ラテンアメリカ認識の具体例とはどのようなものであろうか。興味深い調査結果がある（表2参照）。スペイン人が自らの将来的な位置づけを欧州に置きつつあることの反映として、スペインと欧州の共通点が多いと答える比率が上がった分だけ、ラテンアメリカとの共通点を認識する比率が減少しているが、しかし、まだラテンアメリカへの親近感が欧州へのそれを上回っていることは興味深い。また、ラテンアメリカへの親近感は強いものの、政治家、作家等の名前が意外に知られていないことがわかる。スペインが欧州の国であるとしても、恐らく、たとえば北欧文学よりラテンアメリカ文学の方がスペイン人にとって身近であるし、実際に読まれているはずである。それでも一般の認識とはこの程度のものである。

### イベロアメリカ・サミット

スペイン語圏およびポルトガル語圏諸国の協議機関として定着したイベロアメリカ諸国首脳会議（イベロアメリカ・サミット）がある。これはラテンアメリカ諸国がその声を世界に反映させようとするものであるが、スペインにとってはラテンアメリカ諸国との緊密な関係を誇示し、この集団における主導権を維持しようとするものである。スペインの肝いりで発足し、一九九一年にメキシコのグアダラハラで第一回サミットが開催されてから、毎年開かれている。

一九九九年一一月、ハバナで開かれた第九回サミットには、「ピノチェット事件」が大きく影を落とした。キューバのカストロ体制を問題視する中米三ヶ国（コスタリカ、ニカラグア、エルサルバドル）が欠席しただけでなく、チリとアルゼンチンが、「ピノチェット事件」を理由に欠席したのである。最終宣言文においては、「国内法の域外適用への反対」が盛り込まれたが、チリやアルゼンチンは、これをスペイン司法の域外適用を指すものと解釈し、スペインはキューバに投資する自国の観光企業ソルメリア・グループが、ヘルムズ・バートン法を適用されるかもしれない状況下にあったので、これを同法批判と解釈したのであった。

歴史的関係の強さを梃子にしたスペインとラテンアメリカの従来の関係のあり方に、「ピノチェット事件」はイ

［スペインと共通点が多いのは欧州諸国か、ラテンアメリカ諸国か］

| | 1997 年 | 1995 年 |
|---|---|---|
| 欧州諸国 | 49% | 36% |
| ラテンアメリカ諸国 | 37% | 48% |
| どちらも同様に共通点あり | 4% | 6% |
| どちらとも共通点なし | 1% | 3% |
| わからない・無回答 | 10% | 7% |

［EU 諸国にどの程度親近感を感じるか（10 段階評価）］

| | 1997 年 | 1995 年 |
|---|---|---|
| ＥＵ全体 | 5.80 | 5.62 |
| フランス | 4.21 | 4.20 |
| ドイツ | 4.57 | 4.84 |
| イタリア | 5.58 | 6.13 |

［ラテンアメリカ諸国にどの程度親近感を感じるか（10 段階評価）］

| | 1997 年 | 1995 年 |
|---|---|---|
| ラテンアメリカ全体 | 6.13 | 6.54 |
| アルゼンチン | 6.19 | 6.68 |
| メキシコ | 6.16 | 6.42 |
| キューバ | 5.27 | — |
| チリ | 4.73 | 5.53 |
| ベネズエラ | 5.30 | — |

［ラテンアメリカ諸国の（元）国家元首で名前を知っているのは誰か］

| | |
|---|---|
| カストロ議長（キューバ） | 37% |
| メネム大統領（アルゼンチン） | 25% |
| ピノチェット将軍（チリ） | 15% |
| フジモリ大統領（ペルー） | 8% |
| ペロン元大統領（アルゼンチン） | 6% |
| アジェンデ元大統領（チリ） | 3% |
| セディージョ大統領（メキシコ） | 3% |

［ラテンアメリカの作家で思い出すのは誰か］

| | |
|---|---|
| マリオ・バルガス・リョーサ（ペルー） | 30% |
| ガブリエル・ガルシア・マルケス（コロンビア） | 22% |
| パブロ・ネルーダ（チリ） | 6% |
| イサベル・アジェンデ（チリ） | 5% |
| ホルヘ・ルイス・ボルヘス（アルゼンチン） | 2% |
| ルベン・ダリオ（ニカラグア） | 2% |
| オクタビオ・パス（メキシコ） | 2% |

表 2　スペイン人はラテンアメリカをどのように認識しているか
（出典：EL PAIS 紙 1997 年 11 月 8 日）

ベロアメリカ・サミットを通じて疑問を投げかけたともいえる。

**おわりに**

「ピノチェット事件」は、権力による人権侵害が後年になって裁かれるかもしれないこと、人権分野における権力犯罪が国内では不問に付されても、国際的にはそれが今後は許されないかもしれないことを示した。これは現在の独裁者には大きな警告となるであろうし、また、今後の独裁者による人権侵害への抑止力ともなるであろう。しかし、「ピノチェット事件」は、同時に、スペインとラテンアメリカという特殊な歴史的関係の上に生じた事件であることも確かである。換言すれば、天安門事件、ポル・ポト時代のカンボジアの大量殺戮事件など、ラテンアメリカ地域以外の人権侵害が、スペインの全国管区裁判所に提訴される可能性はゼロといってさしつかえないのである。人道に対する犯罪が人類普遍の犯罪であるという思想は、地域的にまだ同じ水準で司法に定着してはいないが、スペイン司法が投じた一石は、この思想の普遍化を求めているようにも思われる。

しかし、「ピノチェット事件」は、単に司法のグローバリゼーション、あるいは人権擁護思想や民主主義の普遍化などというより、世界的な価値の均一化に対するある種の抵抗であるのかも知れない。特に欧州においては、一九世紀以来確立してきた「ネーション・ステート」の概念が揺らぎ始めている。それは、経済のグローバル化にとって、「ネーション・ステート」が邪魔になる側面が多々あるためであるが、他方、これを押しつけと感じて自己のアイデンティティを保持したいとする動きが出てくるのは当然である。統合が進む欧州においては、その過程で従来の「ネーション・ステート」の枠内に閉じ込められている少数民族の運動がかえって活発になっている。また、ラテンアメリカにおいても、一九八〇年代半ば頃から始まった経済の自由化（ネオ・リベラリズム）に抵抗感を持つ政権が生まれ始めている。おそらく、「ピノチェット事件」は、司法という一分野ではあるが、ひとつの価値を貫徹しようとする世界的な動きと、自己の価値を保持したいとする個々の国々との間の対立の一側面なのであろう。

さて、一九九九年四月、パラグァイの作家ロア・バストスがストロエスネル元大統領（ブラジルに亡命中）の在任中の人権抑圧に関して、ガルソン判事に対して証言を行った。さらに、一九九九年一一月、ガルソン判事は、アルゼンチン軍政時代の「ジェノサイド、テロ、拷問の容疑」で、ビデラ元大統領ら軍政時代の軍高官九九名を国際指名手配し逮捕状を発出した。さらに、一九九九年一二月、グアテマラのノーベル平和賞受賞者リゴベルタ・メンチュ女史が、グアテマラの軍政時代の人権侵害について、リオス・モント元大統領ら八名の元軍高官を全国管区裁判所に告発した。

軍政時代の人権侵害は、それぞれの国が民主化の過程で手をつけられなかった問題である。「もし手をつけていれば今の水準まで民主化が進んだであろうか」、「民主化とは過去の人権犯罪を不問に付すことなのか」などの疑問は種々残るが、一八〇年も昔の旧宗主国が今になって独裁者たちを裁き始めたことの積極的な意義、また否定的側面にも注目しておく必要があろう。

†本章における見解は筆者個人のものであり、筆者の所属する組織のものではない。

**参考文献**

Documentos. (1998) *El caso de España contra las dictaduras chilena y argentina : Los documentos del juez Garzón y la Audiencia Nacional.* Editorial Planeta, Madrid.

Grugel, Jean. (1995) "Spain and Latin America", Richard Gillespie et al., *Democratic Spain : Reshaping External Relations in a Changing World*. Routledge, New York / London.

Nadelmann, Ethan. (1993) "Harmonization of Criminal Justice Systems", Peter H. Smith (ed.), *The Challenge of Integration : Europe and the Americas*. North-South Center, University of Miami.

Perez de Mendiola, Marina (ed.). (1996) *Bridging the Atlantic: Toward a Reassessment of Iberian and Latin American Cultural Ties.* State University of New York Press, New York.
Soto, Oscar. (1998) *El ultimo día de Salvador Allende.* Ediciones El País, Madrid.
畑恵子（一九九八）「イスパノ世界の政治・外交関係」（川成洋・奥島孝康編『スペインの政治――議会君主制の「自治国家」』早稲田大学出版部）。

# 二つの旗

## ペルーの反政府組織とその世界認識

富田　与

### はじめに――「旗」の象徴性

一九九七年四月二三日、前年一二月に発生し一二〇日以上に及んだ在ペルー日本大使公邸人質事件（以下「人質事件」）がチャビン・デ・ワンタル作戦（強行突入）により終結した。この事件のときほどペルー国旗が日本で見られたことはないだろう。

首都リマでは一般市民がペルー国旗を掲げ人質との連帯を示した。強行突入のとき、ペルー国軍特殊部隊が日本大使公邸を制圧したことを示すために使ったのもペルーの国旗だった。それまで掲げられていた犯行グループであるＭＲＴＡ（トゥパック・アマル革命運動）の旗を焼き払い、代りにペルー国旗を高く掲げた兵士の姿は何度となく放映された。フジモリ大統領が、解放された人質を乗せたバスから身を乗り出し、「ペルーは自由だ（解放された）」と高らかに宣言したときに手にしていたのもペルー国旗だった。

こうしたとき、旗はその国や組織を明示するための象徴として使われる。特に、高度の緊張の中で様々な象徴が引き起こす心理作用が大きな戦略的意味を持つ場面では、旗は通常予想される以上の影響力を持つ。テロリズムが蔓延した一九八〇年代末から九〇年代初めにかけてのペルー、そして「人質事件」のときはそうした状況だった。

旗には、その旗を見るだけで、それがどこの国の、あるいはどの組織のものであるかがわかる様々な仕掛けが施されている。ペルー国旗の図柄を見てみよう。

ペルー国旗は、全体が縦に三分され、これら三つの帯のうち両側は赤、中央は白に配色されている。そして政府関係の公式行事では中央の白地の部分にペルーのエンブレムが配置されたものが使われる。一八二一年にサン・マルティン将軍が独立を宣言したときには、旗を二本の対角線で四つに区切り、左右を赤、上下を白にそれぞれ塗り分けた別の図柄が使われていた。その後、トレ・タグレ将軍により現在の図柄に改正された（Valcárcel 1998 : 69）。

仕掛けが特徴的なのはエンブレムの図柄で、それは、「ペルーの国家の紋章は三つの部分より構成される。右側には内側を向くビクーニャ（ラクダ科の動物）を配した空色の部分、左側にはキヌアの木を配した白色の部分、そして下側には貨幣を撒《ま》くコルヌコピア（ギリシャ神話に登場する「豊饒」を表すヤギの角）が配される。これらのシンボルは、自然の三界（動物界、植物界、そして鉱物界）に占めるペルーの価値を示している」（一八二五年二月二四日の法律）と説明される（Valcarcel 1998 : 69）。

では、MRTAのような反政府組織の旗にはどのような仕掛けが施されているのであろうか。反政府組織の存在は公に認められたものではない。そのためにかえって、その旗には、内部での求心力と外部に対する心理的効果（たとえば恐怖を喚起するなど）が国旗以上に求められる。したがって、図柄も仕掛けもより巧妙なものとなり、旗の持つ影響力もそれだけ大きくなる。

以下では、MRTAとペルーのもう一つの反政府組織であるセンデロ・ルミノソ（輝ける道、以後センデロと略記）［本書二七三頁、細谷論文参照］の旗が持つ仕掛けとその戦略的意味を考えていくことにしたい。

## 1　もう一つの中心――MRTAの旗

「人質事件」のときはたびたび放映されたMRTAの旗だが、まず、その図柄を確認しておくことにしよう。MRTAの旗は、縦に三分された帯のうち、両側は赤、中央は白に塗り分けられ、中央の白地にMRTAのエンブレムが配されている。赤地と白地の部分はペルー国旗と同じであり、エンブレムの構成だけがペルー国旗とは違っている。

MRTAは一九八二年までには組織化が進んでいたとされるが、実際に武装闘争を開始したのは一九八四年一月だった。この旗が一般に知られるようになるのはさらに遅く、一九八四年七月のことだった（DESCO 1989 : 183）。この時期MRTAはリマを中心に活動を展開しており、そのことなどからMRTAは都市型の反政府組織とみられている。

ペルーの国旗。赤白赤の配色、中央白地部分に特徴的なエンブレムが配置されている。

MRTAはある時期までもう一つの旗を持っていた。一九八五年八月、MRTAは誕生したばかりのガルシア政権（一九八五～九〇年）との間に一方的な休戦を宣言した。MRTAのリーダーであるポライの父親は政権与党のアプラ党員［本書二一八頁、遅野井論文参照］で、彼自身アプラ党青年部に在籍しガルシア大統領と旧知の仲だったともいわれている。このとき、MRTAは初めて記者会見を開き、現在のペルー国旗を下地とした旗と共に、サン・マルティン将軍が用いた旗を下地としたもう一つの旗も掲げた（Munaro 1988 : 122）。一年あまりの休戦の後、一九八六年八月、MRTAは一方的に休戦を破棄した。このときの記者会見でも二つの旗が掲げられていた（Munaro 1988 : 114）。

その後、サン・マルティン将軍の旗を下地とした図柄は次第にみられなくなり、MRTAの支援紙「カンビオ」にたびたび掲載された旗は、現在のペルー国旗を下地としたものであった。「人質事件」のときに日本大使公邸の屋上に掲げられたのも、現在のペルーの国旗を下地とした旗だった。

旗の中心に描かれたMRTAのエンブレムは、一八世紀に先住民運動の英雄として反乱を起こしたトゥパック・アマル二世の肖像と、それを挟んで「マサ」と呼ばれるインカ時代の武器である追槌とライフルとが交差する構図となっている。MRTAの名称にも使われているトゥパック・アマル二世は、一般に、支配者と戦い被支配者層を解放する存在とされ、これら三つの図柄はいずれも「戦う」という行為を含意している。

ではMRTAは何のために戦うのだろうか。トゥパック・アマル二世はインカ皇帝の末裔とされ、エンブレムに描かれたインカ時代の武器と共に植民地支配以前のペルー社会への回帰をイメージさせる。しかし、エンブレムに描かれたライフルはそれが単なるインカ時代への回帰ではないことを示している。

旗やエンブレムの図柄にこそ使われてはいないものの、MRTAはその印刷物などでキューバ革命の英雄チェ・ゲバラの肖像を頻繁に使っている。たとえば、先に触れた彼らの記者会見のときにもゲバラの肖像が掲げられていた（Munaro 1988 : 114-122）。これはMRTAがその思想的背景としてキューバ革命を重視していることを示している。つまりMRTAにとって、植民地以来の支配構造からの解放とは、ライフルによるキューバ型の革命の達成であり、MRTAが戦う目的もそこにある。

MRTAの旗全体に目を移してみよう。この旗をペルーの国旗との対比で見るならば、ペルー国土の支配をめぐり現政権と戦うMRTAの姿が見てとれる。すなわち、ペルー国旗と共通する地の部分はペルー国土を、そしてエンブレムはMRTAをそれぞれ示しており、政府の公式行事のときにだけペルー国旗に配されるペルーのエンブレムは、MRTA政権を樹立するためには打倒しなければならないペルー現政権ということになる。つまり、MRTAの旗がそれ全体で示しているのは、現在の中心であるペルーの現政権がなくなり、もう一つの中心であるMRTA政権がペルー国土を支配するようになった有り様ということになる。

## 2　中心へ――センデロ・ルミノソの旗

センデロの旗はMRTAの旗ほどは知られていない。むしろ、落書きと共に残された赤い鎌とハンマーやPCP（ペルー共産党）の赤い文字の方が印象的であろう。一九九一年にJICA（国際協力事業団）の専門家三名が殺害されたときにも、残された落書きには鎌とハンマーを交差させたセンデロのエンブレムが添えられていた。

軍政下の一九七〇年に結成されたセンデロは、七〇代後半期まで地下での組織化を進め、民政移管に向けて行われた一九八〇年五月の大統領選挙のとき、本格的な武力闘争を開始した。最初の武装闘争はリーダーのアビマエル・グスマン［本書二七三頁、細谷論文参照］が大学で教鞭をとっていたペルー南部のアヤクチョ県で実行され、その後一九八〇年代の初めにはアヤクチョを中心としたアンデス山岳地帯がセンデロの活動の舞台となった。そうしたことからセンデロは農村型の反政府組織と位置づけられる。

リマでセンデロの落書きが初めて見られたのは、一九八七年六月一九日に行われたペルー労働者総同盟（CGTP）のデモのときだった（Oviedo 1989 : 88）。デモに潜入したセンデロは、国立競技場のスタンドに「ゴンザロ大統領（グスマンの別称）万歳」という落書きを残した（Oviedo 1989 : 88）。その後、リマ周辺の貧困地区を中心にそうした落書きが至るところでみかけられるようになった。

センデロの支援紙「エル・ディアリオ」は、MRTAの支援紙「カンビオ」とは違い、警察の摘発により八〇年代末には地下に潜っていた。センデロは自ら記者会見を行うこともなく、赤一色の地に交差した鎌とハンマーのエンブレムが白色で描かれたセンデロの旗が人目に触れることは少なかった。落書きというメディアには、簡便なエンブレムの方が描きやすかったということであろう。

しかし、旗に対する思い入れはセンデロの方がむしろ強い。武装闘争を開始する前年の一九七九年（センデロによれば六月、カルロス・デグレゴリ論文によれば九月）に書かれた「新しい旗のために」で、センデロはその旗を

旧ソビエト連邦の国旗。赤地に金色の鎌とハンマー、金色で縁どられた五芒星が描かれる。

「今日、六月七日こそ旗に誓う日である」（SL 1979. カルロス・デグレゴリ、一九九三）。「しかし、われわれの旗は赤と白に塗り分けられたペルー国旗ではなく、われわれの旗は赤旗であり、そこには鎌とハンマーという徴が付されている。われわれの旗は赤一色であり、掲げられるのは常に赤旗である」と説明している（SL 1979）。

センデロにとって赤は、かがり火や光を示し、マルクス・レーニン・毛沢東思想の色であり、沸き上がる血の色であり、それは魂の中で黒い旗と戦う赤い旗の色でもあった（SL 1979）。センデロの武力闘争にとって「問題なのはわれわれの魂の中にある二つの旗、つまり黒い旗と赤い旗である。われわれは左翼である。皆で黒い旗を葬り去ろうではないか。一人ひとりがそうしようとすることは簡単だ。しかし皆でそうしようと出向くことは難しい」（SL 1979）とされ、センデロが葬り去るべき黒い旗は魂の内側に見出されている。

内なる黒い旗は裏切りの瞬間に顕在化する。実際、党としてのセンデロの作戦（「皆でそうしようと出向くこと」）に障害となる者全てが葬り去られるべき対象とされた（N・マンリケ、一九九三）。内と外とを問わず裏切りの可能性をあらかじめ葬り去っておくことは毛沢東のゲリラ戦とも共通している。つまり、センデロの敵である黒い旗は、自らの赤い旗の中にも見出されることになる。

ここで、センデロの旗を、それときわめて似た構図を持つ旧ソ連の国旗と比べてみよう。一九七七年のブレジネフ憲法では、その第一七〇条で「ソビエト社会主義共和国連邦の国旗は、赤い長方形の布で造られ、竿の側の上の隅に金色の鎌とハンマーが描かれ、その上に金色で縁とられた赤い五芒星が描かれる。旗の縦横の比は一対二である」と定められている。

両者の違いは、センデロの旗には五芒星はなく、鎌とハンマーの位置も明確ではない点にある。実際に描かれたセンデロの旗を見ると、鎌とハンマーは旗の中央やや上部に置かれることが多く、これらにより象徴されるセンデロの構成員たる農民と労働者は、常に中央からやや外れたところに位置づけられる。五大陸（つまり世界）を示しているとされる旧ソ連邦国旗の五芒星は、また、軍の象徴でもあり、軍の機関誌は「赤星」と名づけられていた。つまり、五芒星のないセンデロの旗には「世界革命」とそれを実現するための「軍」が示されていないことになる。この比較から導かれる一つの解釈は、センデロの旗は、農民と労働者、すなわちセンデロが周辺から中心へと攻め上がる革命観を示しており、しかも、そこには軍という武装闘争に専従する職能集団の存在はない、ということであろう。

しかし、センデロの敵は旗の中心だけにいるわけではない。センデロが中心へと向かう革命の途上で、葬り去るべき黒い旗との戦いは赤い旗の随所で繰り返され、赤い旗の全体で革命を実現しない限り、中心でセンデロ政権を創ることはできない。つまり、「中心へ」という動きは「全体へ」という動きと同義であり、そこでは、旗の中心と全体が渾然としている。

### 3 メッセージの方向性

次に、二つの反政府組織の旗を比べてみよう。ＭＲＴＡの旗はそのエンブレムにみられるように土着性が強く、武器など戦いのイメージが色濃く配されている。これに対し、センデロの旗には、土着性や戦いに直接結びつくイメージは一切配されていない。

こうしたイメージは両組織の実際の活動とは食い違ったもののようにみえる。ＭＲＴＡは一九八六年にはコロンビアのＭ‐19（「四月一九日運動」）などと「アメリカ大陸」と呼ばれる国際的な連帯を結ぶなどむしろ国際的であり、また、「人質事件」のときにみられたように、武装闘争ばかりではなく交渉による問題解決もやぶさかとしない性格を持っている（Munaro 1988：111–112）。一方、センデロは、その海外での活動はプロパガンダにとどまり、国内の武力闘争では解放区とすべき農村そのものを戦場とし、農民をも殺害する「南米のポル・ポト派」ともいわれるほどに残忍な戦略をとってきた。

旗のイメージと実際の活動との食い違いはどこからくるのであろうか。それぞれの旗に含まれたメッセージの方向性を考えながら、食い違いの原因を探ってみよう。

ＭＲＴＡの世界認識は二つの部分から構成される。一つはペルー政府とＭＲＴＡ政府の二つの中心が闘争するペルーという国土、すなわちＭＲＴＡの旗の内側であり、もう一つはペルーの国土の外側、すなわち旗に示されていない外部である。ＭＲＴＡがその旗を通じてメッセージを伝えようとした対象は、旗には描かれなかった部分、すなわち、ペルー国土の外側（ＭＲＴＡの旗の外側）とＭＲＴＡの旗には含まれないペルー政府であると考えられよう。つまり、ＭＲＴＡの旗が持つメッセージは、ＭＲＴＡ政府という中心から外（ペルー政府、ペルー国外）に向かう方向性を持っていることになる。

他方、センデロの旗にはＭＲＴＡの旗に仕組まれたような「外部」がない。ＭＲＴＡの旗のように周辺が国境を示しているわけではなく、また、旧ソ連国旗の五芒星のように「世界」をことさらに示してもいない。世界とペルーの区別が曖昧なだけではなく、すでに見たように、旗そのものも中心と全体とが渾然としており、ペルーやペルー政府も旗に内部化されてしまっている。つまり、センデロの旗はその内部に全てを集約しており、その結果、メッセージの方向性も内へと向かうことになる。

このように二つの旗が持つメッセージは逆方向に発せられていた。ＭＲＴＡがその旗に土着のイメージを配したのは、そのメッセージの方向性が、自ら支配しようとするペルーからその外へと向かうものであり、国外に対してペルーを強調する必要があったからであろう。メッセージの方向性が内側に向かっているセンデロの旗の場合には、ことさらに土着性を強調する必要はなくなる。同じように、ＭＲＴＡの戦いのイメージはペルー政府に対するメッセージであったのに対して、センデロの鎌とハンマーは、自らの内部、すなわち農民や労働者に対する連帯のメッセージであった。

旗のイメージと現実の活動との食い違いは、それぞれの旗に込められたこうしたメッセージの方向性の違いに求めることができる。

## 4　「旗を持つ」ということ

二つの反政府組織が共にその活動を激化させていた一九八〇年代末、ガルシア政権与党のアプラ党系とみられるパラミリタリー（私設警備隊）組織の存在が表面化した。なかでも「コマンド・ロドリゴ・フランコ」と自称するパラミリタリーが注目された。

「ロドリゴ・フランコ」は一九八七年八月にテロ事件の犠牲となった基礎投入財供給公社（ＥＮＣＩ）総裁の名前であり、ロドリゴ・フランコ総裁とパラミリタリー組織との間には直接的なかかわりはなかった（Oviedo 1989 : 155–158）。コマンド・ロドリゴ・フランコは、反政府組織によるテロ事件の犠牲者の名前を使うことで「反・反政府」という自らの政治傾向を示していた。実際、コマンド・ロドリゴ・フランコが起こしたとされる事件は、野党議員や反政府組織を支援したとされる弁護士などの殺害や脅迫で、明らかに与党寄りとみられた（IDL 1990 : 157–161）。

たとえば、一九八八年七月二八日、収監中のセンデロのリーダー、オスマン・モロテ（六月一二日に逮捕）の弁護士が殺害されたとき、コマンド・ロドリゴ・フランコは、反政府組織によりペルーの軍人や警官が殺害されたならば、その報復として反政府組織の人間を殺害していくと宣言している。（Ｒ・クラッターバック、一九九二、二〇〇）。ガルシア政権末期にはパラミリタリーに関する調査委員会が下院に設置されるなど、その存在は社会的にも政治的にも無視できないものとなっていた（IDL 1990 : 161–171）。ところが、パラミリタリーの旗やエンブレムはＭＲＴＡやセンデロの場合のように一般市民の目に触れることはほとんどなかった。わずかな例外は、一九八八年八月、アヤクチョ県の国立サン・クリストバル大学で、CRFというコマンド・ロドリゴ・フランコの頭文字を記した旗が掲げられるという事件があった程度であろう（DESCO 1989 : 251）。

同じことは、フジモリ政権の後半になりその存在が知られるようになったパラミリタリー組織についてもいえる。一九九八年頃から報道されるようになった「四月五日運動」と自称するパラミリタリー組織は、ペルーに派遣された米州人権委員会調査団やフジモリ政権に批判的な報道関係者に脅迫を行ったとされる。名称に使われた「四月五日」という日付は、一九九二年にフジモリが自主クーデター（大統領自身が憲法を停止し議会を強制解散した事件）を起こした日付であり〔本書一四六頁、村上論文参照〕、そのことから、「四月五日運動」はフジモリ政権の強制的とされる政治姿勢に賛同する組織であることがうかがわれる。しかし、その旗やエンブレムは知られていない。

では、そもそも、「旗を持つ」という行為は何を意味するのであろうか。

旗を持たない組織であった八〇年代末のアプラ系パラミリタリーは、思想あるいはイデオロギーの上ではアプラ党のそれと一致していたであろう。そうした思想やイデオロギーを現実のものとしていく主体であるアプラ党本体は、当時、与党の座にあった。その下にあったとされるパラミリタリーがその活動の出発点としなければならなかったのは、ガルシア政権という現状の肯定とその維持であった。現状肯定と現状維持を活動の基盤とする点は、同様に旗を持たない組織である九〇年代の「四月五日運動」にもあてはまる。

これに対し、旗を持つ組織であるMRTAやセンデロは現状を否定することから出発した。現状否定はそれ自体が目的ではなく、現政権が覆ったときには、そこには反政府組織が建設した理想の社会が登場することになる。そうした理想の社会はユートピアと呼ぶことができるだろう。

あらためて反政府組織の旗に示された図柄を思い出しておこう。そこに示されていたのは、ユートピア像やそこに至るまでの道筋だった。ところが、現状肯定から出発したパラミリタリーにはそうしたユートピア像は存在しなかった。つまり、旗を持つという行為は、何らかのユートピアを持つことを意味していると考えることができる。

## 5　旗と戦略・戦術

MRTAの「もうひとつの中心」、そしてセンデロの「中心へ」というそれぞれの旗に示されたモティーフは、それぞれの組織が示したユートピアへの道筋であった。一九八六年から八七年にかけて、二つの反政府組織は、麻薬地帯として知られるペルー東北部のサン・マルティン県とリマ首都圏の二ヶ所で戦線を交錯させるようになった。そうした接戦の中で、それぞれの旗に示されたユートピアへの道筋は、各組織の戦略として具体的な布陣の形をとるようになっていた。

センデロは、一九八四年頃から「大躍進計画」と呼ばれる戦略上の新たな段階に入り、貧困地区や労働組織への浸透を通じて首都攻勢への準備を進めた（Oviedo 1989 : 81）。一九八六年六月一八日、カリャオ沖に作られたエル・フロントン刑務所と貧困地区に隣接したカント・グランデ刑務所で、収監中のセンデロのメンバーが暴動を起こし、治安出動した軍がこれに銃撃を加え多数の死傷者を出す事件が発生した（DESCO 1989 : 147–148）。「中心へ」の攻勢はこうして始まった。

センデロはこの六月一八日と一九日を「英雄の日」と名づけた。センデロの落書きが初めてリマ市内に現れた八七年六月一九日は、この「英雄の日」とも重なっていた。これ以降、この記念日の前後、年末年始、そして七月二八日の独立記念日の前後にはリマ周辺でセンデロによるテロ事件が頻発するようになった。こうして、それまでMRTAの拠点だったリマ首都圏で、二つの組織は戦線を交替させるようになった。

一方、MRTAは、それまでの首都圏の戦線に加え、チェ・ゲバラの二〇回目の命日にあたる一九七九年一〇月八日、「北東戦線」を開いた。この日、MRTAはペルー北東部のサン・マルティン県ホアンフイを急襲し、制圧した。センデロは、一九八三年頃、オスマン・モロテを中心にアルト・ワリャガ地方に進出し、その後、戦線を拡大し、この頃までにアルト・ワリャガ地方の北に位置するホアンフイ付近にまで影響力を伸ばしていた。ここでも二つの組織は戦線を交錯させることとなった。

ホアンフイを中心とした北東戦線は、その後、MRTAの戦闘員のリクルートや訓練の拠点となった。北東戦線は、また、ユートピアの実験場でもあった。拠点形成が一段落した一九八八年八月には第二回中央委員会が開催され、そこで採択された詳細な決議が支援紙「カンビオ」に掲載された(Cambio 1988)。これはMRTAの憲法とでもいうべきものであり、内部的な制度整備の始まりを示すものだった。首都のリマを現政権の支配の中心とするならば、北東戦線は「MRTA政権」の支配の中心であり、北東戦線という「もうひとつの中心」から首都リマに攻勢をかけるMRTAの布陣ができ上がったのである。

それぞれの旗に示された二つの組織のユートピアの筋道は、こうして現実の布陣として具体化された。さらに、これら二つの筋道は、接戦により引き起こされた競争や抗争のなかで二つの組織の戦術的な違いとしても具体化していた。

ユトレヒト大学の社会学者クルイートは、一九九一年に行ったペルー国軍の将官へのインタビューとして、「センデロ・ルミノソは軍と直接的に交戦しようとしたことがないのに対し、MRTAは軍に対して直接攻撃することもあった」とする証言を引用している(Kruijt 1991 : 76–77)。「中心へ」攻め上がる中で、自らの内部である農民の中に葬り去るべき内なる「黒い旗」を見出すセンデロの戦術と、敵はあくまでもペルー政府や軍であるとするMRTAの戦術の違いを示唆する証言といえるだろう。

他方、MRTAはセンデロに比べ交渉可能な相手と見なされていた。MRTAは武装闘争を繰り広げる一方、ペルー政府との間で政治闘争をも展開していた。そうした政治闘争は手段としての交渉の可能性を残すこととなり、実際、「人質事件」でも保証人委員会を介してフジモリ政権と交渉を実行した。これに対し、センデロにとってペルー政府はあくまでも攻め上がるべき「中心」でこそあれ、交渉すべき相手ではなかった。「人質事件」で、犯行グループがMRTAでありセンデロではないと知らされたときに人質が感じたとされる「不幸中の幸い」ともいうべき感情は、こうした両者の戦術の違いがペルーに住む人びとのなかで明確に認識されていたことを示している。

## おわりに

テロリズムは、政治的な暴力として説明されることが多い。実際、テロ事件として報じられる人質事件や爆弾事件などでは、テロリストが引き起こした物理的な暴力が印象深く伝えられる。しかし、テロリズムの本質は、その語源が「恐怖」であることからもわかるように、恐怖により住民をコントロールしようとする点にあるといえるだろう。テロ事件は、そうした恐怖を引き起こすための手段に過ぎない。

ここまでみてきたように、ペルーの二つの反政府組織が持つ旗の仕掛けは現実の戦略や戦術にまで投影されるようになっていた。旗が単なる象徴以上の意味を持つようになった背景には、一九八〇年代後半から九〇年代前半にかけて、反政府組織のテロリズムが蔓延し恐怖が日常性のなかに忍び込んでしまった社会状況があった。

第一に、反政府組織による落書きや旗は、テロ事件と同様に、恐怖を喚起する道具でもあった。テロ地帯に派遣された一兵士の物語であるペルー映画『狼の口』では、実際のテロリストにではなくセンデロの旗や落書きに脅える主人公の姿が映し出されている。第二に、いつ起こるとも知れない次なるテロ事件の手がかりを求めるとき、政府や住民は、それぞれの旗や「英雄の日」などの記念日に示された反政府組織が持つ独自の世界認識に目を向けた。八〇年代末には、年末のテロ攻勢による停電に備え、クリスマス商戦では自家発電機が賞品とされるようにすらなっていた。そして第三に、反政府組織内部では、それぞれの旗は高度の緊張のなかで分裂を回避し結束を保つための結集の原点でもあった。

テロリズムによる恐怖が恒常化した社会状況下では、住民、政府、そして反政府組織が、旗に代表される象徴をめぐりこうした駆け引きを繰り広げていた。象徴と現実とが照応されるそうした駆け引きの結果、それぞれの旗の持つ仕掛けは単なる象徴としての意味合いを超え、現実の戦略や戦術にまで反映されるようになったのだと考えることができるだろう。

## 参考文献


Cambio. (1988) Documento de II C.C. de MRTA. año 3, no. 34, suplemento especial.

DESCO. (1989) *Violencia Política en el Perú 1980–1988*. tomo 1, DESCO, Lima.

IDL. (1990) *Perú 1989 en la Espiral de Violencia*. Instituto de Defensa Legal, Lima.

Kruijit, D. (1991) *Entre Sendero y los Militares*. Del Autor, Lima

Munaro,Y.S. (1988) *Estado y Guerrillas en el Perú de los '80*. IEES, Lima.

Oviedo, C. (1989) *Prensa y subversión*. Mass Comunicación Editores, Lima.

SL. (1979) *Por la Nueva Bandera*. Sendero Luminoso, Lima.

Valcárcel, C.D.et al. (1988) *Historia General de los Peruanos 3*-El Perú Republicano. Ediciones Peisa, Lima.

R・クラッターバック（一九九二）『世界のテロ組織——日本人が狙われる』首藤信彦訳、The Japan Times.

カルロス・イバン・デグレゴリ／竹内史子訳（一九九三）「センデロ・ルミノソのイデオロギーと政治暴力」（松下洋・乗浩子編『ラテンアメリカ　政治と社会』新評論）。

公安調査庁（一九九八）『国際テロリズム要覧』。

N・マンリケ「恐怖の時代」（一九九二）（カルロス・イバン・デグレゴリ他／太田昌国・三浦清隆訳『センデロ・ルミノソ——ペルーの〈輝ける道〉』現代企画室）。

東海大学平和戦略国際研究所編（一九九八）『テロリズム』東海大学出版会。

# テロ・軍隊・他者表象
## センデロ・ルミノソ活動下アヤクチョのピシュタコのうわさ

細谷広美

社会科学における「イデオロギー」に大きな注意が払われている。しかし実質的に私の知るかぎり、人々が彼らの世界を、その世界のミクロな政治と同様にマクロな政治を含めて物語や物語の類の創作の中に思い描いていることに誰ひとりとして注意を払っていない。……イデオロギーや思想が、感情に訴えかけるほど強力になり、活発な社会循環と意味ある実存との中へ入り込む場所こそ、うわさ、ゴシップ、物語、おしゃべりの螺旋の中であることは間違いないのではないか？」（マイケル・タウシグ「暴力の文化——死の空間」）

### はじめに——一九八八年アヤクチョ

一九八八年のことである。私は植民地時代にスペイン人によって太平洋岸に建設された街であるペルーの首都リマから、飛行機で四〇分ほどのところにある山間部の街アヤクチョに降り立った（図1）。飛行場に着いたとき、

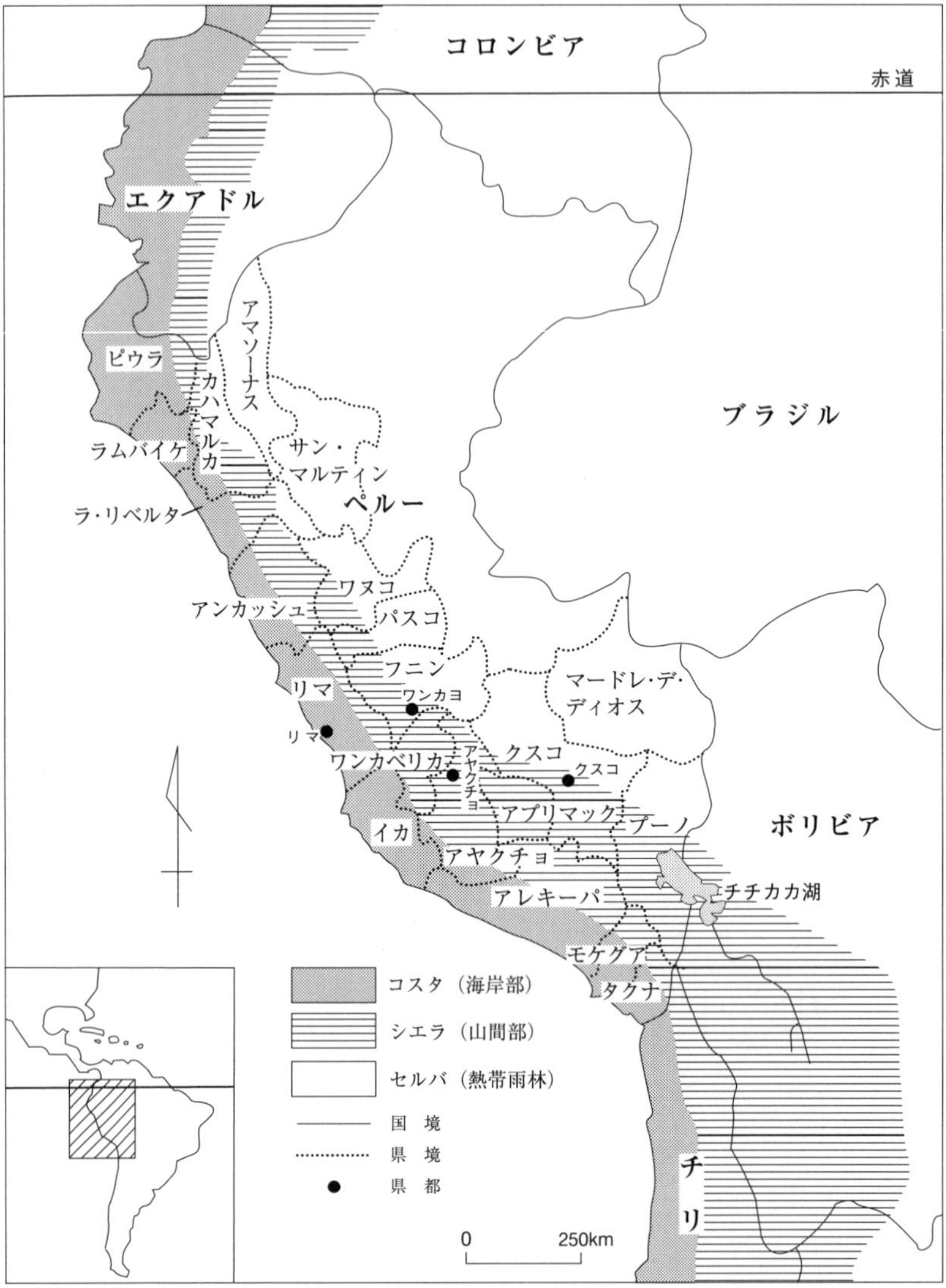


図1　ペルーの区分と分県図

そこは直前に訪れた国内外からの観光客で賑わう山間部の都市クスコ（インカ帝国の首都が位置していた街）とは全く雰囲気が違っていた。植民地時代の面影を残す美しい街として（タクシーに乗った観光客は、「ペルーで一番教会が多い街は？」という質問を向けられるだろう）かつては観光客を集めたアヤクチョの玄関には、殺伐としてかつ緊張した雰囲気が漂っていた。飛行場には軍隊の兵士が集まっており、私が一般の乗客にまじって乗って来た民間機には、軍楽隊の演奏と共に棺に入れられた政府軍の兵士の遺体が積み込まれ、再び首都へと帰っていった。空港から市街地に行くと、市場《メルカド》は活気に溢れ、人びとの日常生活は営まれていたが、ホテルはどこも閑散としていた。

翌々日乗合の小型トラックに乗って、植民地支配からの独立を決定づけた戦闘であるアヤクチョの戦いが行われた近郊の村キヌアに向かった。村に着くと、駐留していた政府軍の兵士が案内を申し出た。私は兵士と歩いているところを村人に見られるのを避けたかったが、訪問者に気晴らしを見出す兵士たちにそれを断る術はなかった。キヌアの丘陵地には、各国からの寄金によって建てられた記念の白い塔が、優美な姿をたたえていた。兵士は、戦いを記念する祭りの前日にセンデロ・ルミノソ（Sendero Luminoso「輝ける道」、毛沢東思想系のテログループ。以下センデロと略す）［本書二五九頁、富田論文参照］によってこの塔が真っ赤に塗られてしまい、再び白く塗り直すことがいかに大変であったか、と語った。

### ワンカヨの不穏な静けさ

アヤクチョに滞在した後、私はそこからさらにバスで一晩かかる同じ山間部の街ワンカヨ市に向かった。途中の山道では何度も軍の検閲を受けた。全員バスを降ろされ、銃をかまえた兵士たちが見張る中、零下に及ぶ寒さに震えながら並び、身分証の提示を求められた。夜明けにワンカヨ市に着くと、今度は「武装ストライキ（palo armado）」で店は全部閉まり、食事をするどころかバスのターミナルから市街地までタクシーに乗ることもできなかった。武装ストライキとは、センデロがよく使っていた戦法で、特定の街で特定の日を指定して武装ストライキを宣言する。

すると街の機能は全て停止せねばならず、そのときに、店を営業していたり、タクシーの仕事をしていたりした場合は反革命分子と見なされ、爆弾を投げ込まれたり射殺されたりする。このため、武装ストライキが宣言されると人びとは、誰ともわからず、どこかで目を光らせているセンデロの報復を恐れ、仕事を休み、なるべく外に出ないようにする。日銭を稼いで暮らしている人びとにとってこの負担は大きく、つい仕事に出た人に対しても容赦なくセンデロの手は及んだ。

## センデロとMRTA

センデロは毛沢東の思想の流れを汲むテロ集団である。その最初の武装蜂起は一九八〇年五月一八日にアヤクチョ県カンガヨ郡チュスチ区チュスチ村で起こった。アヤクチョ県は、先住民系人口が多く、ペルーで最も貧しい県の一つである。センデロ・ルミノソという名称はマルクス主義とインディヘニスモ（ラテンアメリカの先住民の擁護と復権を目指す運動）の融合をはかった社会主義運動家ホセ・カルロス・マリアテギ（一八九四〜一九三〇）の著作からとられている。ペルーではセンデロに続き、一九八二年にビクトル・ポライをリーダーとするMRTA（Movimiento Revolucionario Tupac Amarú トゥパック・アマル革命運動）も蜂起した。しかし、MRTAがテロ集団ではなく、不用意に無関係の市民に危害を加えることはしないゲリラ集団であろうとすることにある程度こだわったことに対して、無差別攻撃を行うセンデロは、はるかに恐ろしい存在と認識されてきた。センデロは諸外国の搾取に対しても批判をし、企業を襲撃したり、外国の経済協力によるODAプロジェクトやペルーで活動するNGO組織に対する攻撃も行った。日本との関係においては、一九九〇年に、国際協力事業団（JICA）の日本人農業技術者三名がリマ近郊のワラルで殺害されるという事件が起こっている。また、MRTAは一九九六年一二月に日本大使公邸占拠事件を起こしている。このとき、大使公邸を占拠したのがセンデロではなくMRTAであったことに、人びとが人質の身の安全の可能性を見い出したことは周知のことである。

センデロのリーダーであるアビマエル・グスマンは、アヤクチョ市にある国立サン・クリストバル・デ・ワマン

刑務所の中のセンデロたち（*Caretas* No. 1170, 1991. 7. 30）

ガ大学の哲学科の教授であった。彼はそこを拠点にグループを組織化した。ワマンガ大学は一六七七年に創設された古い大学であり、一八八五年以降は閉鎖されていたが、一九五九年に再開された。このことにより、アヤクチョ県の農村部の子弟にも大学に進む道が開かれた。一九六〇年代には世界各国の人類学者や考古学者を集め、活発な研究活動が行われていた。たとえば、アンデス研究の民族誌として必読文献の一つとなっているビリー・ジーン・イズベルの『我々を守るために――アンデス村落における生態と儀礼』（Isbell 1978）のフィールド・ワークが行われたのは、まさにセンデロの最初の武装蜂起が行われたチュスチ村であった。

しかしながら、山間部で軍隊とセンデロによる住民の虐殺が進行している一方で、当初首都リマでは差し迫った問題として関心をもって語られることがなく、適切な対応もなされなかった。同じ国内であっても海岸部にあり、白人やメスティソ（先住民と白人の混血）が多く住み西洋化した近代的都市であるリマと、ケチュア語を話す先住民系農民が多く住む山間部のアンデス地域とは別世界である。アンデス山脈という天然の城壁に隔てられ、その間の情報のやりとりは限られていた。さらに、山間部で起こっていることが十分リマまで伝わらなかったことの背景には、海岸部と山間部の間にある国内植民地的状況、すなわち、人種と階級が渾然と結びついたペルー社会の抱える現実も一因になっていた。

**センデロのリマでの活動**

初期段階では首都の左翼系の人びとの中には、センデロを貧しい農民層のために立ち上がったゲリラ・グループとしてとらえ、むしろ共感をもっている人びとも少なくなかった。首都ではセンデロのプロパガンダ新聞「エル・ディアリオ」が街角で他の新聞にまじって公然と販売されていた。リマの人びとにとってアンデス世界での出来事はひどく遠かった。

一九八〇年代後半からはセンデロはリマに活動拠点を移した。しかし、その活動の中心はリマの中でも山間部からの移住者が多く住む貧困地区や国立大学であった。リマはラテンアメリカの都市に多くみられるように、階層によって居住地区の住み分けが明確に行われている。中産階級以上の人びとが貧困地区に足を踏み入れることはないし、国立大学に子弟を入れることもほとんどない。サン・イシドロ地区やミラフロレス地区などの中産階級以上の人びとが住む地区で本格的に襲撃が始まり、停電や断水が頻発し、戒厳令が敷かれ、住民たちが追い詰められていったのは一九九一年以降であった。恐怖や危機意識の波及には明らかに時差が存在していた。

結果としてセンデロによるテロ活動は、ペルー国家を危機的状況に陥れるに至った。国土の四割強が非常事態宣言地域となり、死者数は三万人強と推定されている。センデロのリーダーであるグスマンは一九九二年九月一四日に、MRTAのリーダーであるポライに続いて逮捕された。国家はグスマンにまつわるカリスマ性を剥奪し、彼の存在が神話化するのを防ぐため、檻に入れ囚人服を身に着けた姿をマスメディアに流した。

本章では、軍とセンデロの双方による先住民系農民に対する虐殺が行われ、不安と恐怖が蔓延する中で流布したピシュタコという存在をめぐるうわさを、アヤクチョを中心に扱う。ペルーで展開された「汚い戦争」はこれまで主として政治的側面、経済的側面から扱われてきているが、ここでは文化的側面に焦点を当てる。すなわち、ペルーにおける「汚い戦争」が均質な文化的空間を有する国家の内部で起こったのではなく、人種・民族的相違と結びついたヘゲモニー関係の中で展開していたことを明らかにする。

## 1　ピシュタコ

### ピシュタコとは何か

ピシュタコはアンデス高地で広く知られる存在であり、地域によってピスタコ、ニャカ、ナカ、カリスリなどの名称でも呼ばれている。本章では便宜的にピシュタコという名称を用いることにする。一般にピシュタコは人目につかないところで一人で歩いている人間を襲い、眠らせ、脂肪を抜き取る。犠牲者は何が起こったかわからないまま衰弱して死に至る。

　ピシュタコがどのような姿をしているかについては、様々な描写がある。ピシュタコはしばしばカトリックの僧のような格好をしているとされる。また、先住民系の人びとから見た場合、メスティソや白人のイメージと結びつく。さらに、農村か

逮捕されたセンデロのリーダー、アビマエル・グスマン（Oscar Medrano 撮影 *Caretas* No. 1230, 1992. 10. 1）

ら見た場合、都市のイメージと結びつく。村のなかの特定の人物がピシュタコとされる場合もある。たとえば歴史民族学者ナタン・ワシュテルは、ボリビアのチパヤで持ち上がったカリスリをめぐる騒動について著している。チパヤでは、資本主義の波が押し寄せていると同時にプロテスタントの浸透が閉鎖的な村落内部に葛藤を引き起こしていた中で、村落外の社会とつながりを持つ人間がカリスリとして告発を受けた（ワシュテル、一九九七）。

ピシュタコが抜き取る脂肪に関しては、アンデス世界において様々な意味がある。家畜の脂肪は土着の神である山の神や大地の神パチャママに対する重要な供物となっている。なかにはピシュタコが脂肪ではなく血を採るとされている場合もある。抜き取った脂肪の用途は様々である。教会と関連づけられ、鐘のためや聖油として使われるとされる。また高価な薬となるとされたり、近年では機械の油として使われるとされる場合もある。

ピシュタコは、アンデスの人びとにとって単なる伝説上の存在ではなく、リアルな存在として認識されている。そして、周囲の人びとが実際に犠牲者となることで、経験的にもその実在は疑いをはさむ余地のないものになっていく。また、ピシュタコは大学教育を修了したような高等教育を受けた人びとからも恐れられている。

## ピシュタコ概史

ピシュタコはアンデス世界において古くからみられる。植民地時代以前のピシュタコについては、アンデスに文字記録がなかったことからうかがい知ることは難しい。しかし、すでに植民地時代の記録の中にはピシュタコをめぐる記述がみられる。たとえばクロニスタ（年代記記録者）の一人であるクリストバル・デ・モリナの記録の中では、スペイン人が人間の脂肪を薬にするために派遣されていると先住民が恐れ、スペイン人の家に近づかないという記述がみられる（Molina 1947 : 144）。また、新大陸で創設されたベツレヘム教団の記録には、クスコに教団が病院を建設した際、住民は僧たちが薬を手に入れるためにスペイン国王によって派遣されており、先住民を襲って脂肪を採ると考えた。このため、教団の僧は歩いていると石を投げられたり、ついには先住民によって殺害された人物も出た、と記されている（Morote 1988 : 168–170）。これらの記録は、植民地時代のアンデス社会へのスペイン人の侵入という出来事が、ピシュタコのうわさを引き起こし、スペイン人がピシュタコと見なされていたことを示している。

ピシュタコのうわさの流布は、異質な他者の侵入によって生まれた緊張、不安、恐怖の感情と結びついていた。そこには特定の社会や個人の、他者をめぐるイメージが表象されている。それゆえ、ピシュタコの姿は地域や文脈、そのとき個人や社会が直面している社会的状況に応じて、また、それを語る社会あるいは時代の、人びとと他者との関係性において変化してきている。

近年の例として、ピシュタコが技師や医師、さらには政府や外国と関連づけられる例もある。

「プラド大統領の時代（第二次マヌエル・プラド政権、一九五六〜六二年、最後の寡頭支配層出身の大統領）には、ピスタコ（ピシュタコ）は政府から金をもらっていた。誰もがピスタコというわけではなく、がっちりして背が高く、色が白かった。また僧団も関係していて、仕事のために洗礼を受けていた。……（犠牲者を）八つ裂きにしてしまうと、胸を切り開き、羊肉のように鎖で吊るした。そのようにして置くと人間の脂がたらたらと滴り落ちてくるので、それを大きな壺に集め、政府のところに持っていった。政府はそれを外国へ高い値で売っていたといわれている。当時は先進国で大きな機械がつくられていて、人間の脂を使うとよく動いた」（Ansión 1987 : 174）。

ピシュタコは一般に背が高く色の白い存在として描写される。これは先住民系の人びとと白人やメスティソの人びとの身体的特徴の差異と同一である。ペルーは一八二一年に植民地宗主国であったスペインから独立している。しかし、独立運動の中心となったのは、植民地支配体制の中でスペイン生まれの白人であるペニンスラール（peninsular　イベリア半島生まれの者の意）から差別を受けていた新大陸生まれの白人であるクリオーリョ（criollo）であった。そして、独立後はクリオーリョが地域のエリート層を構成してきた。ピシュタコをめぐる言説にはこのような人種間格差が表象されている。また、ピシュタコは政府と契約しており、採られた脂肪は政府からさらに外国に売られ、先進国の工業化に貢献しているとされる。アンデスの人びとの間にはナショナル・アイデンティティは必ずしも浸透しておらず、国家や政府は権力の中心としては意識されても、しばしば「他者」としてたち現れる。

ここには政府や外国による山間部の人びとに対する搾取の関係もイメージとして投影されている。

## 2 アヤクチョにおける軍と先住民系農民

センデロの活動が活発化し、鎮圧のために軍隊が派遣されることで、アヤクチョではセンデロと政府軍の双方による住民の虐殺が行われた。アンデス世界という異文化の中に身を置くことになった政府軍にとって、誰がセンデロであるかを見つけることは非常に困難であった。ここで、当時農村部でどのようなことが起こっていたのかということを具体的に伝えてくれる証言をとりあげることにしよう。

「ある日カンガヨから軍隊がやって来て、村の人びとを全てプラサ（村の中心広場）に集め、自分たちが来たときはいつも銃を三発鳴らすので、そのときはプラサに集まらなければならないと告げました。一九八三年四月二四日の夜一一時頃、三発の銃声がしたので、私たちは軍隊が来たのかと思ってプラサに集まりました。しかし、そこにいたのはテロリストたちでした。「裏切り者」、そう言いながら、リマから来ていた人びと（テロリスト抹殺のため、リマから派遣されていた村出身者）を殺しました。そして、牢から軍隊に引き渡すために捕らえていた三人（センデロ）を釈放したのです。その際、銃弾と山刀で一二人が死亡しました。翌日は様相が一変しました。明け方、兵士を満載した六台の装甲車がやって来たのです。家々は焼かれ、通りは血に溢れました。死体には腕や頭がありませんでした。」［（　）内引用者］（*Ideologia* 1987：61）

その後、夫の姿が見当たらない村の女性たちは、夫がセンデロの仲間であるという疑いをかけられ捕らえられ、目の前で身内を殺され、兵士たちに強姦され、軍が駐留していたカンガヨに連れて行かれて牢に監禁された。

このようにセンデロが活動していた地域では、センデロと政府軍の双方による恐怖政治が敷かれた。センデロは村人の目の前で有力者を処刑した。村の人びとはセンデロが来ても軍が来ても、銃で脅かされ協力せざるを得なかった。村人たちはセンデロに宿や食料や衣服の提供、労働奉仕などを強要された。センデロへの協力を拒否し抵抗したために、村人全員が惨殺されるということもあった。しかし、たとえ銃で脅迫され強要されたためであっても、いずれかに従えば次の瞬間には他方には一方の協力者とみなされた。それは死につながることがあった。

前記の証言の中にはさらに次のような箇所もある。

「装甲車の前を歩かされ、カルワマヨの橋まで来ると、一台のトラックがシルカ（地方出身）の人びとを運んで来ました。兵士たちは三人のシルカの男を橋に逆さ吊りにすると、テロリストがどこにいるのか吐かせようとしました。男が見てもいないし、知らないと答えると、鞭で打ちました。男の身体は吊るされたまま、独楽《こま》のように回り、服は鞭で引き裂かれて一糸まとわぬ姿となり、血を滴らせながら息絶えました。シルカの男は捕らえられる前に、家畜の印づけをしていたので、服に血の染みがついていたのです。それで捕まったのです。ただ血の染みがついていたというだけで、兵士たちは『殺しただろう、こん畜生、お前の仲間はどこにいるのだ』、そう言いながら、シルカの人を殺してしまいました。」［（　）内引用者］（*Ideología* 1987 : 61）

山間部では毎年決まった時期に、土着の神々に庇護を祈って家畜の印づけの儀礼を行う（細谷、一九九七）。リャマやアルパカや羊や牛などの家畜の耳や尾の先をナイフで切ったり、太い針で家畜の耳にリボンを通し、印づけをする。村によっては最後に家畜の供犠をし、その血や腸の中身をお互いに顔に塗り合って遊ぶ習慣もある。海岸部から来た兵士たちは、山間部のこうした習慣を知らない。それゆえ、服に血の染みがついているのを、人間を殺したためであると解釈してセンデロであるとみなし、拷問を加えた。

このようにアンデスの人びとにとって軍の兵士が他者であったのと同様に、海岸部から来た政府軍の兵士にとってもアンデスの人びとは他者であった。また、近年は農村部にもバイリンガルの人びとが増えているとはいえ、先住民族言語であるケチュア語とスペイン語、という言語的相違も存在している。つまり、軍隊とアンデスの人びとの間に横たわっていたのは、単に軍隊と一般市民という一元的な関係ではなく、そこには文化的差異の問題も含まれていたのである。しかも、この差異はヘゲモニー関係を伴ったものであった。それゆえ、一方の解釈が暴力によって他方に強制される可能性があったのである。

ペルーを代表する映画監督フランシスコ・ロンバルディ監督によるアヤクチョを舞台とした作品『狼の口』は、こうした状況を兵士の側から描きだしている。そこでは、アンデス世界という異文化の中で、海岸部出身の兵士が見えない敵に対する恐怖から次第にヒステリー的精神状態に陥っていき、ついには村人たちを殺害するに至る様子が描かれている。そこに存在していたのは、かつての植民者とも共通する異質な他者への恐怖の感情であった。つまり、植民者は武器を持ち、力を持っていたにしても、植民地においては植民される側の方が数の上では圧倒的に多かったわけで、他者への恐怖の感情は植民する側にも存在しており、それは最も野蛮な解決方法である暴力へと発展する可能性があったのである。

### 3 アヤクチョにおけるピシュタコのうわさ

政府軍とセンデロの双方による住民に対する虐殺が進行する中、アヤクチョでは政府軍のイメージが投影されたピシュタコのうわさが流布した。

「ピスタコ（ピシュタコ）はグリンゴで、長髪をしており、膝まである外套を着ていて、ブーツを履いており、ナイフと武器とピストルを持っていました。ピスタコは夕暮れに畑の中を果物を採りながら歩き、夜歩いている人やテルコ（terruco テロリストを指す俗語）は皆殺してしまうと言われています。いつも脂肪を採りますが、これは大統領の許可を得て外国に持って行くために違いありません、アプラ党の友人に違いありません」［（ ）内引用者］（Figueroa & Carrasco 1989 : 130　初出は *Quehacer* 1987）。

「グリンゴ（gringo）」という言葉は一般には欧米白人を指すが、ペルーの山間部では、往々にして海岸部の白人やメスティソもこの範疇に含まれる。このほかにも、アヤクチョの山間部にはほとんど黒人がいないが、海岸部から来た兵士の中には黒人が混じっていることから、黒人のピシュタコのうわさも生まれていた。

ここで語られているアプラ党はアラン・ガルシア政権（一九八五〜九〇）当時の与党である。つまり、ピシュタコは軍と結びつけられているだけでなく、軍を派遣したのが政府であることから、政府によって派遣されたと認識されていた。それだけではなく、政府＝大統領がピシュタコを派遣しているからこそ、ピシュタコが何をしても、政府は何も言わないとされた。こうした言説が生じた文脈を理解するためには、アヤクチョの農村部に住む人びとが「ペルー人」というとき、そこには往々にして自分自身が含まれていない場合があったことを忘れるべきではないだろう。

さらに次のようなうわさもある。

「政府は三五〇〇名のニャカ（ピシュタコ）を放った。政府がニャカを持っているということは秘密にされている。三五〇〇名のうち、三〇〇名はセルバ（低地のジャングル）に派遣され、八〇〇名はアヤクチョ県の農村部にいる。そのうちの何人かはコンパニェロ（本来はスペイン語で「同志」という意味であり、左翼系の人びとの間でよく使われたが、アヤクチョではセンデロを指す言葉として用いられた）に殺されたので、恐くなってアヤクチョ市に逃げ込んで来ている者もいる。そして、アヤクチョ市内で活動している。ヴィニャカ村ではニャカが二人殺され、キヌア村ではニャカが四人殺害し、首を切って大統領の元に『贈り物』として届けた。」［（　）引用者］（前出：126）

ここに具体的な数字が挙げられているのは、おそらくマスメディアにおけるテロ鎮圧のために派遣された軍に関する政府発表と結びついているのであろう。異なる文化間の情報のやりとりにおいては、情報は送り手が全く意図しない形で、受け手の側の文脈に変換され得る。

ピシュタコのうわさが市内に広まる中で、住民は自警団を組織した。当時はセンデロによる発電所等の襲撃によって頻繁に停電があったが、停電が起こった夜は人びとは焚き火をしたり松明を灯したりタイヤを燃やして照らした（Figueroa & Carrasco 1989 : 126）。市場を歩く外国人旅行者が投石されることもあった。そして、一九八七年九月一二日、ついにワンカヨ出身の若い商人がピシュタコだということで住民のリンチにあい殺害されるという事件が起こった。この青年は「グリンゴ」に近い容貌をしていた。不条理な暴力が繰り返される中、住民が抱えたヒステリー的感情は、一種のスケープゴートとしてこの商人に向け排出された。

ここで留意しておくべきことは、アヤクチョの人びとが「グリンゴ」や軍隊の兵士全てをピシュタコと見なしたわけではないということである。また、政府軍が行った殺害を全てピシュタコの仕業に帰したわけでもない。ピシュタコは、彼らの周囲で行使され続ける不条理な暴力に対しての解釈の一つの枠組みを提供していたのである。同時に、ピシュタコをめぐるうわさの流布は、彼らが死の空間（タウシグ、一九九六）の中に置かれ、不安と緊張を常に強いられたことにより生じた。

## おわりに

ピシュタコのうわさの流布は、他者や外部社会との接触によって生まれた緊張や不安、恐怖と結びついており、ピシュタコ像には人びとが抱く他者イメージが投影されてきた。政府軍とセンデロの双方による暴力が行われたアヤクチョでは、政府から派遣された軍隊の兵士の存在がピシュタコ像に投影された。ピシュタコが「グリンゴ」であるとされることは、現存する権力構造の陰画となっている。ピシュタコが政府や政府軍と結びつけられて語られるとき、このことはペルーにおいて国家権力というものが均質な文化的空間の中に置かれているわけではないことを表している。そして、それは同時に、ペルーにおける国民国家が、いまだ未完の物語であることを伝えている。

ピシュタコは、アンデスの人びとの世界観のなかに深く根ざした存在として、植民地時代以来、繰り返し人びとの周囲を徘徊してきた。ピシュタコは、他者がアンデスの人びとに加えてきた暴力と結びついた他者表象である。それは物理的な暴力であった場合もあったし、労働力としての徴用や改宗の強要、貨幣経済の浸透や資本主義による搾取といった形の暴力であった場合もあった。異質な他者が彼らに加えてきた暴力、それが、より残虐なピシュタコ像を生み出してきた。換言すれば、ピシュタコがより活発に活動し、その姿が残忍性を増せば増すほど、それは外部世界の他者がアンデスの人びとに加えてきた暴力の激しさを物語っているのである。

近年、様々な分野で植民地主義をテーマにして議論が行われている。コロンブスのアメリカ大陸「発見」という出来事を契機にラテンアメリカ地域の植民地主義を考えた場合、植民地支配からの独立は必ずしも「発見」以前から新大陸に居住しているいわゆる「先住民族系の人びと」の手によるものではなかった。独立後も先住民族と他者との遭遇は様々なかたちで行われてきた。今日でもなお彼らは従属的位置《サバルタン》にある。ともすれば南と北の間における植民地主義の問題に議論の焦点が偏るなかで、国民国家の内部に押し込められた先住民族系の人びとの地位や同化政策の問題を、国家という枠組みを越えて検証していく視点は必要であろう。この視点は、ラテンアメリカ諸国がヨーロッパで形成された近代国家のモデルの呪縛から解放され、新しい社会形態を模索する上でも不可欠であると考える。

**参考文献**


Ansión, Juan. (1987) *Desde el rincón de muertos : El pensamiento mítico en Ayacucho*. GREDES, Lima.

Ansión, Juan (ed.). (1989) *Pishtacos : de verdugos a sacaojos*. Tarea, Lima.

Best, Efrain Morote. (1988) "El Nakaq", *Aldeas sumergidas : Cultura popular y sociedad en Andes*. Centro de estudios andinos Bartolomé de Las Casas. Cusco, pp. 153–177.

Figueroa, Abilio Vergara y Carrasco, Freddy Ferrúa. (1989) "Ayacucho : de nuevo los degolladores", Ansión (ed.) *Pishtacos*, pp. 123–134.

Isbell, Billie Jean. (1978) *To defend ourselves : Ecology and Ritual in an Andean Village*. Waveland Press.

Maisch,Gonzalo Portocarrero, Valentín, Isidro & Yrigoyen,Soraya. (1991) *Sacaojos : Crisis social y fantasmas coloniales*. Tarea, Lima.

Molina,Cristóbal de. (1947) *Ritos y fábulas de los Incas*. Edicíon de editorial futuro, Buenos Aires.

Rimachi,Emilio Rojas. (1989) "Los sacaojos : El miedo y la cólera", Ansión (ed.) *Pishtacos*, pp. 141–147.

Sifuentes, Eudosio. (1989) "Robaojos' de hoy", Ansión (ed.) *Pishtacos*, pp. 149–154.

Zapata, Gastón Antonio. (1989) "Sobre ojos y pishtacos", Ansión (ed.) *Pishtacos*, pp. 137–147.

ナタン・ワシュテル／斎藤晃訳（一九九七）『神々と吸血鬼——民族学のフィールドから』岩波書店。

細谷広美（一九九七）『アンデスの宗教的世界——ペルーにおける山の神信仰の現在性』明石書店。

マイケル・タウシグ／大島康典・中田英樹・崎山政毅訳（一九九六）「暴力の文化——死の空間：ロジャー・ケースメントのプトゥマイヨ報告と拷問の解釈をめぐって」（『現代思想』一九九六年九月号、青土社、一九八〜二三一頁）。

*Quehacer* 誌 (1987) Lima.

*Ideología* 誌 (1987) Ayacucho.

# 文学作品に描かれた自画像

## アメリカ本土在住プエルトリコ人のアイデンティティ

志柿光浩

### はじめに

近年、日本の報道メディアでも「ヒスパニック Hispanic」という言葉が取り上げられる機会が増えてきた。「ヒスパニック」とは「スペイン的な」という意味で、アメリカ合衆国（以下、アメリカと略す）では「ラテンアメリカやカリブ海地域のスペイン語圏から移住してきた人びととその子孫」を指して使われている。アメリカ国勢調査局の推定によると、二一世紀の半ばの二〇五〇年には、アメリカの総人口は現在のほぼ一・五倍の三億九千万人になり、そのうちでヒスパニックに分類される人びとの数が、黒人を抜いて全人口の四分の一を占めると予測されている。一方、白人の占める割合は、かろうじて過半数を維持する程度に低下するという予想である。このようにアメリカ社会の中でヒスパニック人口はその存在感を増しつつあり、その総数は一九九九年の推計では三一六九万人に達している。その中で、本章でとりあげるプエルトリコ系の住民の人口は、ヒスパニック人口全体の一割弱にあたる三〇四万人を占めている。なお、アメリカの国勢調査では、白人や黒人といった人種の分類と、プエルトリコ人やキューバ人といったエスニシティの分類は、調査対象の本人の申告に基づいている。†

†人口統計について――人口統計については、いろいろなデータベースがインターネット上で公開されている。全米のヒスパニックやプエルトリコ人に関する統計は、アメリカ国勢調査局（US Department of Commerce, Census Bureau）の統計 http://www.census.gov/ を用いた。また、ニューヨーク市のヒスパニックやプエルトリコ人に関する統計については、University of Virginia Library, Geospatial and Statistical Data Center の統計 http://fisher.lib.Virginia.EDU/ を使用した。英語能力については The City of New York, Department of City Planning. *Puerto Rican New Yorkers in 1990*. 1994. を使った。

プエルトリコは、カリブ海に浮かぶアメリカ領の島で、山形県と同じぐらいの面積に、一九九九年の推計で三九〇万人の人びとが暮らしている。プエルトリコ人と呼ばれている人びとの実に約七分の三の人びとが、もともとの出身地であるプエルトリコではなく、アメリカ本土に住んでいる計算である。

プエルトリコはスペインの植民地だったが、一八九八年の米西戦争の結果、アメリカの領土となり、すでに百年が経過している。この間、プエルトリコの社会はアメリカ文化の直接の影響を受けてきたが、プエルトリコに住む人びとは今もスペイン語を話し、その文化・習慣はスペイン植民地時代からの伝統に根差している。一方、アメリカ領土となって以降二〇世紀を通じて、多くのプエルトリコ住民が十分な生活の糧を得られないために、アメリカ本土に移住することを余儀なくされてきた。これらのプエルトリコ人は、ヒスパニックのなかで、メキシコ系の人たちやキューバ系の人たちとならぶ大きな集団を形成している。本章では、こうしてアメリカ本土に暮らすことになったプエルトリコ出身者やその子どもたちの生きる姿と思いを、彼ら自らの手によって綴られてきた文学作品の中に探ることにする。

## 1　アメリカ本土へのプエルトリコ人の移住

### 経済の変動と連動する移住の波

プエルトリコからアメリカ本土への移住が本格化したのは、米西戦争の結果締結された一八九八年のパリ条約によってプエルトリコがアメリカの領土となってからのことである。二〇世紀前半にプエルトリコからアメリカ本土へ人びとが移住していった最大の理由は、一九世紀後半に拡大したコーヒーの生産が急速に衰退し、これに替わって拡大したサトウキビの生産が労働力を十分に吸収できなかったからである。一方、衛生環境の改善が進められた結果、死亡率が減少し、プエルトリコの人口は増加を続けた。

移民を外に送りだす必要が説かれ、早くも一九〇〇年には、サトウキビ農園労働者としてハワイへの集団移住が始まり、続いて、アメリカ北東部の農園労働者やニューヨーク市の工場労働者として、人びとはサンファンの港からアメリカ本土へ渡っていった。さらに、一九一七年に住民がアメリカの市民権を持つようになると、アメリカ本土への移住者の数は増加した。第一次世界大戦を通じてアメリカ経済が拡大し、労働力需要が高まったことも、このような流れを加速した。

一九二九年の大恐慌によってこの流れは一時中断したが、第二次世界大戦中と戦後のアメリカ経済の拡大を背景に、一九四〇年代には移住者が急速に増え、さらに五〇年代の一〇年間には、五〇万人近い人びとがアメリカ本土へ移動し、移住のピークを迎えた。六〇年代にはプエルトリコの工業化が進み、また七〇年代にはアメリカ本土の水準に近い社会保障制度が適用された結果、本土から帰ってくる人の数が増えたが、プエルトリコの工業化は資本集約型で雇用創出効果が小さく、増加する労働力人口を十分に吸収することはできなかった。このため若年層を中心に失業率は増加し、八〇年代以降、アメリカ本土への移住は再び増加の傾向をみせはじめ、現在に至っている。

このように、プエルトリコからアメリカ本土への人の流れには大きな波がみられるが、アメリカ本土に住むプエルトリコ出身者とその子どもの数は、常に増加し続けてきた。その数は一九一〇年の国勢調査ではわずか一五一三人だったが、一九五〇年には三〇万人に達し、先に述べたように現在は三〇〇万人を越えている。

### アメリカ本土在住プエルトリコ人の分布

これらアメリカ本土在住のプエルトリコ人の約半数は、ニューヨーク市を中心にして、アメリカ北東部に住んでいる。一九九〇年の国勢調査のデータをニューヨーク市について見てみると、市の人口総数七三二万人の内の約四分の一にあたる一七八万人がヒスパニック、さらにその半数の九〇万人がプエルトリコ人だった。ニューヨーク市民の約八人に一人がプエルトリコ人であり、また、アメリカ本土に住むプエルトリコ人の三割がニューヨーク市に住んでいることになる。

さらに、プエルトリコ人はニューヨーク市の一定の地区に固まって住む傾向があり、かつてはマンハッタンの東北部地域にあたるアッパー・イースト・サイドに集中して住んだために、この地区はスパニッシュ・ハーレムと呼ばれるようになった。その後、居住範囲が広がって、現在ではマンハッタンと川をはさんで北東部に位置するブロンクスと、同じく川をはさんで南東部に位置するブルックリンに多くのプエルトリコ人が住んでいる。特にブロンクス地区では、住民の三割がプエルトリコ人である。このほかにニューヨーク州に隣接するニュージャージー州やコネチカット州にもプエルトリコ人が多く住んでおり、また、約一二万人のプエルトリコ人が住むシカゴ市や、約七万人が住むフィラデルフィア市などが、プエルトリコ人の多い都市である。

### データで見るプエルトリコ人のプロフィール

アメリカ人の間でも、また日本人の間にも、「プエルトリコ人は貧しい」というイメージがあるように思われる。実際、世帯収入が米国政府の定める貧困水準を下回る世帯の割合は、アメリカに住むプエルトリコ人世帯全体の三三%に上っている。これは、全米平均はもとより、ヒスパニック平均や非ヒスパニックの黒人の平均よりも高い数字である。一九九七年のアメリカ全体の失業率は五・六％だったが、プエルトリコ人の失業率は一一・四％で、ヒスパニック平均を上回っていた。また、女性を世帯主とする世帯の割合が全世帯の三〇％と高いのもプエルトリコ人の場合の特徴である。このことは、プエルトリコ人の間で離婚した人の割合が高いことと関連している。アメリカ社会では離婚経験者の割合が一五歳以上の人口の九％を占めていて全体的にみても高いが、プエルトリコ人の場合はそれよりも高い一一％になっている。また、プエルトリコ人の平均年齢は二七歳で、これはアメリカ全体の平均年齢である三四歳を大きく下回っており若年人口の比率が高いことを物語っている。

アメリカ本土に住むプエルトリコ人はもともと移住者によって形成されてきた集団だが、現在アメリカに在住しているプエルトリコ人の六割は、アメリカ本土で生まれた人たちである。また、スペイン語と英語の能力について調査したニューヨーク市の一九九〇年のデータを見てみると、アメリカ本土生まれのプエルトリコ人では、英語の能力が「十分にある」(strong) と答えた人の割合が八〇％、「まあまあ」(moderate) が一四％、「不十分」(poor) が六％となっており、プエルトリコ生まれのプエルトリコ人では、「まあまあ」が二七％、「不十分」が二七％だった。

以上、いろいろな統計をみてきたが、ここに挙げた数字はどれもプエルトリコ人を一括りにして割合や平均値を出したもので、これらの数字からだけでは、一人ひとりのプエルトリコ人の生身の姿は浮き上がってこない。ここから先は、プエルトリコ人自らが、自分たちの生きる姿を表現した文学作品を通して、そのようなプエルトリコ人の具体的な生き方や思いに接近してみよう。

## 2　アメリカ本土のプエルトリコ文学

### 「アメリカ本土のプエルトリコ文学」の成立

「英文学」とか「フランス文学」と同じように、プエルトリコには「プエルトリコ文学」がある。そして、一般

| | アメリカ本土在住作家によるプエルトリコ文学作品 | 関連事項 |
|---|---|---|
| 1951 | | Guillermo Cotto Thorner, *Trópico en Manhattan*. |
| 1953 | | René Marqués, *The Ox-Cart*, NYで上演 |
| 1955 | | René Marqués, *La carreta*. |
| 1956 | | Pedro Juan Soto, *Spiks*. |
| 1957 | | *West Side Story*, Broadwayで上演 |
| 1959 | | José Luis González, *En Nueva York y otras desgracias*.<br>Enrique Lagurre, *El laberinto*.<br>映画 *West Side Story* 公開 |
| 1961 | Jesús Colón, *A Puerto Rican in New York*. | Pedro Juan Soto, *Ardiente suelo, fría estación*.<br>Oscar Lewis, *La vida*. |
| 1966 | | Miriam Colón, NYで Puerto Rican Traveling Theater を設立 |
| 1967 | Piri Thomas, *Down These Mean Streets*. | |
| 1969 | | East Harlemに Museo del Barrio 開設 |
| 1972 | Piri Thomas, *Savior, Savior, Hold My Hand.* | *Revista Chicano-Riqueña* 発刊 |
| 1973 | Nicholasa Mohr, *Nilda*. | |
| 1974 | Piri Thomas, *Seven Long Times*. | |
| 1975 | Nicholasa Mohr, *El Bronx Remembered*.<br>Edwin Torres, *Carlito's Way*. | |
| 1977 | Nicholasa Mohr, *In Nueva York*.<br>Edwin Torres, *Q & A*.<br>*Memorias de Bernardo Vega*. | |
| 1978 | Piri Thomas, *Stories of El Barrio*. | Emilio Díaz Válcarcel, *Harlem todos los días.* |
| 1979 | Nicholasa Mohr, *Felita*.<br>Edwin Torres, *After Hours*. | |
| 1981 | Pedro Pietri, *Lost in the Museum of Natural History*. | |
| 1984 | *Portraits of the Puerto Rican Experience*. | |
| 1985 | Nicholasa Mohr, *Rituals of Survival*.<br>Ed Vega, *The Comeback*. | 映画 *Crossover Dreams* 公開 |
| 1987 | Ed Vega, *Mendoza's Dreams*. | |
| 1989 | Judith Ortiz Cofer, *The Line of the Sun*. | |
| 1990 | | 映画 *Q & A* 公開 |
| 1991 | Ed Vega, *Casualty Report*. | |
| 1992 | Pedro Pietri, *Illusions of a Revolving Door*.<br>Abraham Rodriguez, *The Boy Without a Flag*. | |
| 1993 | Jack Agüeros, *Dominoes and Other Stories*.<br>Nicholasa Mohr, *All for the Better*.<br>Abraham Rodriguez, *Spidertown*.<br>Esmeralda Santiago, *When I Was Puerto Rican./ Cuando era puertorriqueña*. | 映画 *Carlito's Way* 公開 |
| 1994 | Nicholasa Mohr, *In My Own Words*. | |
| 1995 | Judith Ortiz Cofer, *The Island Like You*. | |
| 1996 | Esmeralda Santiago, *America's Dream. / El sueño de América*. | |
| 1998 | Esmeralda Santiago, *Almost a Woman*. | |
| 2000 | Ernesto Quiñonez, *Bodega Dreams*. | |

アメリカ本土在住作家によるプエルトリコ文学関連年表

に「プエルトリコ文学」というときには、プエルトリコに住む作者がスペイン語で書いた作品を指してきた。しかし、すでにみたように、今では実に全体の約半数に近いプエルトリコ人がアメリカ本土に住んでおり、その中から優れた作家たちも生みだされてきた。彼らの作品は、プエルトリコ人によって書かれたということでは同じく「プエルトリコ文学」と呼ばれていいはずだが、プエルトリコの地で書かれたものではなく、スペイン語ではなく英語で書かれたものが多いので、「アメリカ本土のプエルトリコ文学」だとか「英語で書かれたプエルトリコ文学」と呼ばれている。

このような「アメリカ本土のプエルトリコ文学」の初期の作品が書かれるようになるのは、島からアメリカ本土への人々の移動がピークを迎え始めた一九四〇年代から五〇年代にかけてのことだった。一九一〇年代に葉巻職人としてニューヨークに渡り、労働運動の指導者となったベルナルド・ベガ（Bernardo Vega 1885-1965）の回想録（*Memorias de Bernardo Vega*）が書かれ、今はプエルトリコに住んでいるペドロ・フアン・ソト（Pedro Juan Soto 1928-）の『スピックス』（*Spiks.* 1957）が出版された。ちなみに「スピックス」というのは、speaks という英語の単語をプエルトリコ人が spiks と発音する傾向があるのをバカにして使われる蔑称である。

アメリカ本土に住むプエルトリコ人作家による作品

**『この薄汚い通りを通って』**

英語で書かれ、アメリカの大手の出版社から出版されたという意味で、アメリカ本土のプエルトリコ文学を一つのジャンルとして確立したのは、ピリ・トーマス（Piri Thomas 1928-）の『この薄汚い通りを通って』（*Down These Mean Streets.* 1967）だった。この作品は、スパニッシュ・ハーレムで育った著者が、自己のアイデンティティをめぐって葛藤し、麻薬に溺れ、強盗傷害事件を起こして服役し出所するまでの経験を、ストリート・イングリッシュをそのままに使って綴ったもので、アメリカでも有名なAlfred A. Knopf社から出版されて大きな反響を呼んだ。そこでは作者の苦悩が実に誠実に振り返られており、その後、大手のRandom House社から出ているVintage Booksシリーズのペーパー・バックとして版を重ねている。

**ニコラサ・モールとその後の作家たち**

一九七〇年代に入ると、女性作家のニコラサ・モール（Nicholasa Mohr 1935-）が『ニルダ』（*Nilda.* 1973）を発表して登場した。彼女はそれ以後、ニューヨークに生きるプエルトリコ人の世界を少女や大人の女の視線から描いた数々の作品を出版し続けており、アメリカ本土在住のプエルトリコ作家を代表する存在になっている。彼女の作品には、一九四〇年代以降のニューヨークのプエルトリコ人コミュニティの様子を平易な英語を使ってスケッチした短編小説が多いが、一九八五年に出版された『サバイバルのための儀式』（*Rituals of Survival: A Woman's Portfolio.*）や、一九九七年の『プライドの問題』（*A Matter of Pride and Other Stories.*）は、プエルトリコ文化の中で許容される傾向にあった男性優位の価値観を鋭く告発しており、フェミニズム文学に分類される作品になっている。

また、一九八〇年代にはジュディス・オルティス・コファー（Judith Ortiz Cofer 1952-）、エドウィン・トーレス（Edwin Torres 1931-）、エド・ベガ（Ed Vega 1936-）、アブラアム・ロドリゲス（Abraham Rodriguez 1961-）らが登場して、それぞれに独自の文体で、アメリカ本土に生きるプエルトリコ人の姿を描いている。また、このほかにも多くのプエルトリコ人詩人がアメリカ本土で英語の作品を発表している。

**エスメラルダ・サンティアゴ**

さらに一九九三年には、エスメラルダ・サンティアゴ（Esmeralda Santiago 1948-）が、『私がプエルトリコ人だった頃』（英語版 *When I was Puerto Rican.* スペイン語版 *Cuando era puertorriqueña.*）を同時に出版して、アメリカ在住のプエルトリコ人作家の代表的存在の一人となった。彼女は、生まれ育ったプエルトリコの環境とは異なる文化・習慣に放り込まれた自分の少女時代を、母語であるスペイン語とその後の生活の中で獲得した英語という二つの言語で鮮やかに描き出して反響を呼び、この作品はそれぞれ、Random House社のVintageシリーズのペーパー・バックになった。その後も彼女は、長編小説『アメリカの夢』（英語版 *America's Dream.* スペイン語版 *El sueño de América.* 1996）や回想文学の続編、『ほとんど大人の女』（英語版 *Almost a Woman.* 1998 スペイン語版 *Casi una mujer.* 1999）を出版し、いずれもペーパー・バックになっているが、その仕事のスタイルは、英語で書かれた短編小説が多かったアメリカ本土のプエルトリコ文学の世界に新たな展開をもたらしたといえる。

そして、これらアメリカ本土在住の作家によるプエルトリコ文学は、チカーノと呼ばれるメキシコ系アメリカ人による文学、キューバ出身者の文学、ドミニカ共和国出身者の文学などと共に、ラティーノ文学あるいはヒスパニック文学と呼ばれ、今や現代アメリカ文学のなかで確固とした地位を築きつつある。

## 3　文学に描かれたエル・バリオ

ニューヨークなどアメリカ本土の大都市に住むプエルトリコ人を取り巻く世界は、スパニッシュ・ハーレムやブロンクスなどのバリオ（barrio）と呼ばれるプエルトリコ人居住地区にあるアパートのビルや学校、そして街の通りから成り立っている。アメリカ本土のプエルトリコ文学の多くも、このバリオを舞台にしている。

その際に、なぜかプエルトリコ人の男性作家による作品には、そのようなバリオの生活の苦悩を描き出そうとする傾向がある。ピリ・トーマスの作品のなかのバリオはピリ少年の心を映し出し、荒んだ姿を見せている。彼の一家はそこを離れ、白人居住地区に移り住むが、ピリ少年は慣れることができずに一人バリオに戻り、麻薬と暴力の世界に囚われていった。また、アル・パチーノを主演にして映画化されたエドウィン・トーレスのフィクション『カリートの道』は、バリオに暗躍するプエルトリコ人マフィアを扱っている。アブラアム・ロドリゲス・ジュニアの描く少年や少女たちも、父親や学校の先生たちの偽善的な態度にやり場のない怒りを覚え、麻薬に溺れ、子どもを育てる能力もないのに子どもを産み、男に逃げられていく。

一方、女性作家の作品では、貧困や差別や麻薬や暴力の存在も淡々と描かれてはいるが、読者が絶望感のうちに取り残されることは少ない。これらのどちらの描き方も、アメリカ本土に住むプエルトリコ人の姿を表していると取るべきだろう。バリオの表情は多種多様であり、だからこそ多くの文学作品が生み出されるのである。ここではその中から、ジュディス・オルティス・コファーによる描写を取り出してみることにする。彼女自身が育ったニュージャージー州パターソンのバリオを題材にした短編集の中の一編、「エル・ビルディングへの帰還」（Home to El Building）は、バリオに嫌気がさし、そこを出ていこうとする一六歳の少女アニタの心理描写から始まる。

> この通りで、この街で、みんなはスペイン語を話している。ニュージャージーのど真ん中に住んでいるというのに。みんな熱帯の国でしか穫れない果物や野菜を食べている。そしてみんな（今、アニタは両親のことを思い浮かべている）自分の子供たちに、かつてよその場所で暮らしていた頃と同じように振る舞わせようとして、そこでの約束事を押しつけ、自分たちはそれを破っているんだ。そして「私の言うとおりにするのよ。私のやり方を真似するんじゃなくてね」で済ませてしまう。アニタはもうそんなまやかしには嫌気がさしていた。エル・ビルディング［アパートの建物がこう呼ばれる］の檻の中に閉じこめられているのももうたくさんだ。ここではみんながよってたかってああだこうだと言ってくる。友だちももういい。相変わらず子どもじみた遊びをやってるか、麻薬とピストルで坂道をころげおちてるかのどっちかなんだから。彼女はバリオというこの罠から逃れることに心を決めていた。（Judith Ortiz Coffer, *An Island Like You : Stories of the Barrio*, Puffin Books, 1996 : 131–132）

この物語でアニタは、イタリア系のプレイボーイの青年フランクに首ったけになり、彼女と同棲するためにバリオを出て行こうとするが、彼女を抱こうとするフランクに誠意がないことに気づく。フランクの家から逃げ帰り、見えてきたバリオの風景は、アニタにとって以前とは違う意味をもっていた。

自分の住む通りにたどりつくと、アニタは足取りを緩め、息をついた。チェオの店［bodega］の料理場からはクチフリート［豚や牛の内蔵の揚物 cuchifrito］を揚げる匂いが、Corazon's Cafe ではドニャ・コラソンが昼食後のコーヒーを飲みにやってきて彼女とお喋りして帰っていく客たちのために入れるカフェ・コン・レチェ［スペイン語圏で飲まれるカフェ・オ・レ］の匂いがしていた。（中略）アパートの階段を上っていくと、両親が興奮して何か喋り、部屋を動きまわっている音が聞こえてきた。（pp. 142–143）

このようにバリオにはバリオの匂いがあり、音がある。多くの人々は、フロアーごとにいくつかのアパートメントがあるビルに住んでいる。それぞれのアパートメントの部屋の広さも様々である。親戚が一緒に住んでいることも多く、兄弟は数人、というのがよくみられる設定である。実の父が一緒に住んでいるという設定は少ない。いなかったり、継父だったり、継父が入れ替わったりする。母親の存在が大きく、特に初潮を迎えた後の女の子のしつけに厳しい母親像がいくつかの作品に描かれている。しかし、どんなに言い聞かせても、どこかの男に騙されて、お腹を大きくしてしまう娘はいる。

また、カトリックの信仰とアフリカの信仰が習合して生まれたエスピリティスモ（espiritismo）と呼ばれる聖人崇拝の儀式が行われる場面が時々出てくるが、これも基本的に女性の領域である。この他、男兄弟がアメリカ軍兵士としてどこか遠くで暮らしているといった設定が、プエルトリコ人の家族状況としてしばしばみられる。

言葉についてはどうだろうか。英語で書かれた作品の場合、文学作品を英語で出版する言語能力を作者がもっているわけだから、育った環境は英語が中心という世界である。しかし、周りにはニューヨークに来て何年にもなるのにスペイン語しか話さないおばあちゃんがいたりする。そういった人たちとの会話はスペイン語である。また、英語ができないと他の子どもたちのからかいの対象にもなる。一方、作品の中で会話の描写に使われる英語は、ときにスペイン語がまじり、ときに文法が間違った英語である。特にピリ・トーマスやアブラアム・ロドリゲス・ジュニアの表現には、かなりくずれた英語がそのまま使われている。

さて、ここまでごく手短かに、文学作品に描かれたアメリカ本土のプエルトリコ人の創り出す「世界」の雰囲気の一端を紹介してきたが、次に、その「世界」に生きる人びとの思いを、アイデンティティの葛藤という視点から覗いてみよう。

## 4　アイデンティティの葛藤と確立

### エスニック・アイデンティティと人種アイデンティティの間で

アメリカ本土に住むプエルトリコ人のアイデンティティに大きく関わってくる問題の一つに、人種の問題がある。プエルトリコでは、もともと肌の色の黒い者も白い者も混じり合って下層階級を構成してきたということがあって、少なくとも表面的には人種で人間を区別することはあまりみられない。これに対してアメリカは、人種を基準にして社会集団が形成される傾向の強い社会である。このような社会規範のズレから生じるアイデンティティの揺れが、ピリ・トーマスの『この薄汚い通りを通って』の重要なテーマの一つである。

ピリ少年は、アメリカの一般的な基準からすれば黒人に分類される存在である。母親は白人で、父親は黒人、そして兄弟たちは母親に似ている。肌の色の違いで悩むピリ少年は、黒人の友人ブリューと一緒に、自分のアイデンティティを探しにアメリカ南部に旅することを決意する。しかし、旅立つ前日、ピリは肌の色の白い弟のホセと口論になり殴ってしまう。白人の容姿を持つ母は、息子がなぜ肌の色にこだわるのかわかってはくれない。プエルトリコの文化では、人びとは肌の色のことを意識的にか、無意識にか、話題にしないし、考えないようにしているのである。旅立つ朝、ピリは肌の色は黒いのに白人のように振る舞おうとしている父を非難する。別れ際に父は息子にこう語る。

父さんには黒人の友達が一人もおらんのだよ。少なくともアメリカ人の黒人はな。肌の色の濃い仲間といえば、プエルトリコ人かキューバ人なんだ。父さんだって馬鹿じゃない。若いときに、肌の色の濃いやつが入っちゃいかんところに行ったときに、白人たちの視線は感じたよ。そして父さんの英語がスペイン語なまりなのに気づくと、やつらの態度が俺を拒否する冷たい態度から、しょうがないなっていう無関心な態度に変わるのがわかったんだ。父さんもわざとスペイン語なまりをきつくして英語をしゃべったりしてた。普通のプエルトリコ人以上にプエルトリコ人らしく見せようとしてたんだ。父さんだって何かに誇りをもつ必要があったんだ。だが、名前は変えなかった。いつだってジョン・トーマスのままにしてた。ときどき、聞かれたもんだ。プエルトリコ人だっていうなら、何で名前がジョン・トーマスなんだ？　ってな。（Vintage版1999 : 153）

この作品の舞台は一九四〇年代のアメリカである。アメリカにおける人種関係の状況はその後大きく変化し、またプエルトリコ人を取り巻く状況も変化している。今では、リッキー・マーティンやジェニファー・ロペスといったプエルトリコ人の若手歌手や俳優がアメリカのメジャーな芸能界で受け入れられている。ただ、肌の色のことはおおっぴらに取り上げられることが少ないだけに、逆に、肌の色による差別が目に付きにくくなっている面もあるように見受けられる。

**アメリカ本土に住むこととジェンダーの自覚**

男であること、女であることが、社会的にどういう意味をもつかというジェンダーの問題は、人種の問題とはまた違ったかたちでプエルトリコ人のアイデンティティと関わっている。エスメラルダ・サンティアゴの長編小説『アメリカの夢』の主人公は、プエルトリコの小さな島、ビエケス島のホテルで働いていたアメリカという名前の女性である。彼女には内縁関係の男コレアがいるが、彼は正妻とは離婚しようとせず、アメリカに対してはときに暴力を振るうような男である。彼女は、そのような関係を清算するために、ホテルに泊まったアメリカ人の夫婦に誘われてニューヨーク州の郊外の町でそのアメリカ人一家のメイドとして働くようになり、それまで知らなかった世界に触れ、新たな生き方を模索する。

しかし女に捨てられたことを知って怒ったコレアは、執念深くアメリカの居場所を探し、そしてついにアメリカが住み込みで働いている家に押し入ってくる。コレアの影に脅えていたアメリカだったが、襲いかかってくるコレアから身を守ろうとし、弾みでコレアは死んでしまう。小説は、こうしてついに男の影を逃れた彼女が、アメリカ本土社会の中で独立した人生を歩み始めることを予感させて終わっている。プエルトリコ人女性にとって、アメリカ本土に生きることは、ときに、プエルトリコでの性的に抑圧された生活からの解放を意味する可能性のあることを、この小説は示そうとしている。

同様の主題は、ニコラサ・モールのいくつかの小説では、より直截に語られている。『プライドの問題』では、プエルトリコ人の「私」はニューヨークで知りあった同じくプエルトリコ人のチャーリーと結婚して、ハネムーンを過ごすために花婿の故郷であるプエルトリコのポンセに来ている。時代は一九五九年。しかし、甘いハネムーンを夢見ていた「私」の期待に反して、チャーリーは「私」を実家に残したまま、何日も帰ってこない。チャーリーの家族は、男である彼のわがままを容認し、不満を口にする「私」を、プエルトリコ人の女としては失格だと咎める始末である。チャーリーは帰ってきて言いわけをするが、誰か他の女と遊んでいたのは明白だ。そんな男と生活を共にしていくことをきっぱりと拒否することを決めた「私」の内心も知らずに、しきりに機嫌をとろうとするチャーリーを皮肉を込めて描くところでこの短編は終わっている。この作品は男と女のあり方についての、二つの社会での考え方の違いを際立たせた作品だといえる。

### アメリカ本土のプエルトリコ人とプエルトリコのプエルトリコ人

前項で触れたプエルトリコとアメリカ本土のプエルトリコ人社会の間に生じてきた違いは、プエルトリコ人のアイデンティティに重要な問いを投げかけている。その違いはしばしば、プエルトリコに住むプエルトリコ人による、アメリカ本土に住むプエルトリコ人に対する拒否の態度になって現れる。ニコラサ・モールの『家に帰る』（*Going Home*. 1986）は、このテーマを正面から取り上げている。ニューヨークに住む女の子フェリータは、夏休みをプエルトリコの叔父さんの家で暮らすことになり、期待に胸を膨らませるが、プエルトリコの教会のサマー・スクールには何かと因縁をつけてくるアニタたちのグループがいた。


「何よ。気にしなくてもいいじゃないの。ヤンキー。」アニタがそう言うのを聞いたとき、私は自分の耳を疑った。私は彼女を睨みつけた。彼女は続けた。「ねえ、グリンガ（gringa）ちゃん。やってみればいいのよ。ね、さあやりましょ。」

「ちょっと待って。」私は彼女を遮った。「私の名前はヤンキーでもグリンガちゃんでもないわ。私の名前はフェリータなのよ。そんな呼び方で呼ばないで。わかった？」……

「じゃあ、都会からお見えになったミズ・ヌージョリカン（Ms Nuyorican）のお気に召すように、ほかのことをしましょう。……」

「……あだ名で人を呼んでからかうのがそんなに可笑《おか》しなことなの。あなたたちだってニューヨークに来て、英語があまり得意じゃなきゃ、間違ったりするのよ。」

「その通りよ。」作り笑いを浮かべながらアニタが言った。「私たちは間違うのよね。だって私たちはプエルトリコ人ですもの。それでプエルトリコ人じゃないあなたたちは、どうだっていうわけ？」（Puffin Books 版 1999 : 118–119）

ここで「グリンガ」（男性形はグリンゴ）というのは、プエルトリコのスペイン語ではアメリカ人を指して言う言葉で、「ヤンキー」と同様に、ときに軽蔑の意味が込められる。またヌージョリカンという言葉はニューヨークとプエルトリカンという二つの言葉を合成したもので、ニューヨークに住むプエルトリコ人を指し、これも使い方によって蔑称になりうる。英語で書かれたプエルトリコ文学が産みだされてきた背景に、「祖国」によって拒否されるという経験に対峙し、プエルトリコ人としてのアイデンティティを確認する必要性があったことは確かである。

## おわりに

以上にみてきたように、アメリカ本土在住の作家によるプエルトリコ文学は、作者たち自身の回想的作品を含め、思春期の少女や少年たちの姿をテーマにしたものが多いのが特徴である。洋の東西を問わず「自分はいったい何者だろう」というアイデンティティの問題に最も敏感なのは、人格形成期にある若者たちであろう。異なる文化が重なりあう環境に置かれた人間の、その内面の葛藤が主題となることの多いアメリカ本土のプエルトリコ文学において、そういった若者たちが主人公になるのは、自然なことといえる。

彼らは、周りから「お前はスピックだ」「お前は黒んぼ野郎だ」「お前はヌージョリカンだ」「お前はプエルトリコ人だ」「いやお前はプエルトリコ人じゃない」「お前の英語は変だ」「お前のスペイン語は変だ」などと言われながら生きていかなければならない。そのときに、「宗教や言語や出身地の違いがあっても自分たちはプエルトリコ人だ」というアイデンティティを持つ拠りどころとなってきたのが、バリオでの暮らしという共通の体験だった。その共通の体験は、人それぞれに様々な色合いを帯びながらも世代を超えて受けつがれてきたものであり、本章で取り上げた文学作品は、まさにそれを書き留めたものにほかならない。

そして、これらの作品群を通して強く感じられることは、アイデンティティをめぐる葛藤を経験し、これを乗り越えようとしてきた人々の語りのなかに、これまで言語や民族・人種、男女のあり方などについて私たちが自明のものとして受け入れてきた前提を揺さぶり、それらの問題を新たな角度から理解することを可能にする契機がたくさん含まれているということである。言語や文化の重なりという現象を自覚することの少ない社会に生きる者にとっては、言葉の枠を超えた共同体意識形成の可能性、人種とエスニシティの交錯した状態、共同体意識を超えるジェンダー意識などのありようは新鮮である。また、だからこそ、これらの文学は人を惹きつける力を持っているのである。

**作品の入手方法について**

それぞれの作品を入手するには、洋書を扱うインターネット書店のサイトにアクセスして検索するのが現在、最も簡便な方法である。

**参考文献**


Hernandez, Carmen Dolores. (1997) *Puerto Rican Voices in English : Interviews with Writers.* Westport, Praeger, Connecticut.

Kanellos, Nicholas, ed. (1989) *Biographical Dictionary of Hispanic Literature in the United States : The Literature of Puerto Ricans, Cuban Americans, and other Hispanic Writers.* Westport,Greenwood Press, Connecticut.

Kanellos, Nicholas, ed. (1997) *The Hispanic Literary Companion.* Visible Ink Press, Detroit.

Kanellos, Nicholas, and Esteva–Fabregat, Claudio, general eds. (1994) *Handbook of Hispanic Cultures in the United States. I. Anthropology ; II. History ; III. Literature ; IV. Sociology*, Arte Publico Press and Instituto de Cooperación Iberoamericana, Houston.

Mohr, Eugene V. (1982) *The Nuyorican Experience : Literature of the Puerto Rican Minority.* Greenwood Press, Westport, Connecticut.

Negron–Muntaner, Frances, and Grosfoguel, Ramon, eds. (1997) *Puerto Rican Jam : Essays on Culture and Politics.* University of Minesota Press, Minneapolis.

Novas, Himilce. (1998) *Everything You Need to Know About Latino History.* Revised ed., Plume, New York.

Sanchez Korrol, Virginia E. (1994) *From Colonia to Community : The History of Puerto Ricans in New York City.* University of California Press, Berkeley, California.

Santiago, Roberto, ed.(1995) *Boricuas : Influential Puerto Rican Writings : An Anthology.* Ballantine Books, New York.

Torre, Carlos Antonio, Rodriguez Vecchini, Hugo and Burgos, William, eds. (1994) *The Commuter Nation : Perspectives on Puerto Rican Migration.* Río Piedras, Editorial de la Universidad de Puerto Rico, Puerto Rico.

# 複数の美の存在とその追憶
## ブラジルにおける人体美

中川文雄

### 1　美しい外見への関心

長年ブラジルと接しながら思ったことの一つに、ブラジルではどんな人間が美しいと見なされているのか、また、人を判断する際に外見はどこまで重要なのかということがあった。本章はこうした疑問に関連した事柄を述べたものである。

#### 複数の美の基準の存在

熱帯、亜熱帯性の気候の下、体の線がどうしても見えてしまうブラジルでは、一般に体の外見への関心が強く、それが今日、ブラジルを世界第二の美容整形大国に仕上げている大きな一因である。そこには一見、社会に支配的な特定の美の基準があり、それに合わせて自分の体型を変えているように見えるのだが、実際は必ずしもそうではなく、例えば、女性の胸の望ましい大きさに関して、後述のように相反する少なくとも二つの美意識が存在する。理想の美にどのような肌の色、目の色、毛髪の形態、身体の豊満度が求められるかについても、個人によって異なった見方がある。

国民的好み（Preferência nacional）ともいわれる、女性に関して盛り上がった大きなお尻を好む傾向、また、そうしたお尻そのものは依然として、ジャーナリズムに好感を持たれているが、他方では外国との関係を意識する人たちの間で、また、今日ブラジルから多数輩出しつつある著しく長身で細身のスーパーモデルたちの影響で、国民的好みへの批判と違和感も生まれつつある。今日のようにテレビなどの視覚メディアによる強力な標準化が進行する時代に、なおも複数の理想美が存在し、それらが社会の変化の中でその存在の大きさを増減させつつあるというのがブラジルの実態かも知れない。

### テレビ産業での人体美重視の日伯比較

ブラジルのテレビを見ていて、日本との比較で感ずることに、ニュース・キャスター、ワイドショーの司会者、テレビ・ドラマの俳優に外見で見映えしない人がブラジルの場合、相当にいることである。それは、女性ニュース・キャスターの場合、もっとも顕著であり、日本では、女性ニュース・キャスターはほとんどが美人であるのに、ブラジルでは美人もいれば、そうでない人もいる。ブラジルでのテレビ局の人事はコネで動かされ、美人でない人にもチャンスがあるからだと説明されるが、それは他方では、外見よりもプロとしての実力と経験が重視されることを可能にする。不美人キャスターの代表にとり上げて申しわけないが、経済に強いキャスターとしてリリアン・ウィット・ビベがいる。彼女は吸血鬼ドラキュラに似ているとの悪口を叩かれることもあるが、その話す内容で視聴者をとらえ、長年にわたってキャスターの座をまもった。長年彼女の番組を見続けた視聴者の中には彼女を美しいと思うようになった人もいる。これと対照的に日本では、テレビの制作、企画、編集は圧倒的に男性ディレクターの手中にあり、男性中心の価値観、キャスターとして登場する女性は美人でなくてはならないとの考えが強く働いており、実力はあるが、外見がよくないとされる女性がキャスターとして登場する余地が残されていない。

ブラジル最大のグロボ・テレビでは、今日では美男、美女のキャスターがかなりの割合を占めるようになったが、一時期、昼のニュースは押しの強いおばさんタイプで美人とはいえない中年女性が、夜のニュースは六十歳を越えた白髪の老人くさい男性がキャスターをつとめ、テレビ・ドラマにも白髪や禿頭の俳優がロマンチックな役柄を含めて重要な役割を占めていたことがあった。そこにはテレビ局側の事情もあろうが、視聴者の側での美しくないものへの寛容さ、あるいは、それをも美しいと考える、美の基準の幅と広がりがあるように思われた。

## 2　美容整形から見えてくる理想の人体美

ブラジルはアメリカ合衆国に次いで世界で最も多くの美容整形手術が行われている国である。一九九八年一年間で約一八万人が美容整形を受けた。かつては上流階級の熟年中年女性が相手の、顔の皺の除去が中心であったのが、今ではそれを受ける人の階級も年齢も性別も広がりを見せ、美容整形の内容もきわめて多様化している。美容整形医の中には巨大な富を築き、上流社会の一員となっているだけでなく、その発言がメディアによって重視されている人たちもいる。

### 女が選ぶ理想の男性美

今日ブラジルの美容整形の顧客の三〇％は男性である。テレビの発達によって、視覚的に物事を判断する傾向が強まった社会、しかもビジネス社会で、男性も自分の容姿が他人の目にどのように映っているかにより強い関心を持つようになったため、あるいは、回春薬ヴァイアグラによって再び女性に関心を持つようになった熟年男性の外見改善のためともいわれているが、何と言っても大きいのは、女性の地位向上、男に頼らなくても生きていける独立女性の増加によって、「女が男を選ぶ」ことが多くなったためである。各界で活躍する著名女性たちが自分にとっての理想の男性美は誰々であると名指しで語ることがあり、それがメディアで大きく報じられる。サッカー選手のハイー、モデルでサーファーでもあるパウロ・ズールーなどの理想の男性美と目される男たちに共通する特徴としては、長身で引き締まった、かつ、しなやかな肉体であること、端正な顔立ちは望ましいが、より大切なのは、女性の心の中を見通すような眼差しでありながら、信頼できる人間としての笑みをそなえていることが挙げられる。

美容整形手術を特集した雑誌「イスト・エ」の2000年9月20日号表紙。33歳の女性デニージ・ペローニの脂肪吸引と豊胸術後の姿。

人種との関係で意識されることが大きい皮膚の色と毛髪の形態は理想の男性美の中ではどのような位置を占めるのであろうか。それに対するはっきりとした解答は示されていない。理想の男性美は白人でなければならないと考えている女性はいるであろう。しかし、前述のパウロ・ズールーは、白人に近い容貌で青い目をしているが、強い縮れ毛であり、その上、かつてはサーフィンで大変日焼けしていたがために、ズールー（南アフリカの民族）というあだ名をつけられた。彼が部分的に黒人の血を受け継いでいることを承知の上で、なお多くの女性が彼を最も美しく魅力ある男と公言しているのである。

ちなみに、調査が示すところでは、男性たちが理想の男性美として最も重要と考えているのは、白い歯と筋肉隆々とした腕と胸であり、女性たちが男に求める理想美とかなり食い違っている。男はヘラクレス型になりたがっているのに、女はアポロ型の男を好んでいる。

ブラジルに限らず、今日、世界のかなりの国で、女性が男性の美しさについて人前で語ることが可能になった。やがて、その中から本格的な美男論が生まれてくるであろう。しかし、人間がその長い歴史を通じて人体の美を語る場合、それは圧倒的に男が女について語ることであった。女性美に関する多くの資料が残されたのに、男性美に関する資料はきわめて限られていた。ブラジルに関する本稿もこのあとは主として女性美について述べられている。

### 美のポイントとしての乳房——アメリカとブラジルの違い

今日のブラジルでの美容整形で、最も頻繁に行われているのは乳房に関するものである。それを豊胸術と一概に呼べないのは、一方では、シリコンを入れることで胸を大きく見せる手術を受ける多数の女性がいるのに、他方ではそれと同数の女性が乳房を小さくする手術を受けているからである。後者の手術はアメリカではないに等しく、また、豊胸術の場合も、注入されるシリコンの量はブラジルではアメリカの半分に過ぎない。このことは、アメリカでは女性の身体美のポイントが豊かな胸におかれているのに対して、ブラジルでは、後述する下半身安定型の美の理想の枠の中で乳房はとらえられ、それはバランスのとれた体型を乱すものであってはならず、大きければ大きいほどよいというものではないからである。しかし、若い女性の間では、より大きな胸を持ちたいとの願望が強まっていることを各種の調査は示している。

乳房が美のポイントになっているのか、あるいはもしそうだった場合、どのような形と大きさが望まれるのかについては、世界の各地域によって、また、時代によって、大きく異なっている。古代ギリシャでは比較的平らで筋肉質の胸が理想とされ、古代ローマと中世ヨーロッパでは乳房の揺れが嫌われ、小さく硬い乳房が理想とされた。同じ時代インドでは、豊かで重量感のある胸が美しいとされ、ヨーロッパもルネッサンスに至って、豊かな胸が美しいとされるようになり、その後、いくつかの変遷を経て、一九九〇年代のヨーロッパでは、胸の高さ、つまり、乳房が垂れ下がっていないで上を向いていることが美との関係で最も重視されている。こうした美の理想のそれぞれの遺産と影響に、アメリカ発の美意識も加わって、今日のブラジルでの各人の理想の胸の形がつくられていくわけで、それは人によって相当に異なるものであろう。

## 太った女性をめぐる伝統美と現代美

乳房の次にくるのが、脂肪吸引であり、三ミリ程度のチューブを使って、体の各部分から脂肪を吸い取ることができ、男性を含めて多くの顧客がある。かつてのブラジルには、太っている女性を美しいと考える傾向があった。植民地時代や帝政時代、上流女性に対する賛辞のひとつは、以前よりさらに太り、さらに美しくなったという言葉であったし、ブラジル独立後の初代皇帝ドン・ペードロが夢中になった愛人ドミチーラ夫人は、まさにそうした賛辞に値する女性であった。そうした傾向は、二〇世紀に引き継がれ、階級と地域によっては、今日も認められることがある。人類学者であり、ブラジリア大学の創立者であり、文部大臣をもつとめたダルシー・リベイロは、その回想記（すでに死を予知していた一九九五年、建築家オスカール・ニーマイヤーの仕事場に集まった友人たちの中で語ったもの）の中で、一九三〇年代後半、故郷の町モンテス・クラーロスでの少年時代、彼の最初の恋人は背の高い、気前のいい売春婦であったが、彼の本当の憧れの的は、太った別の売春婦であった、なぜなら、その頃のモンテス・クラーロスでは二千人にも及ぶ売春婦をも含めて誰もが痩せていたが、そんな中での太った売春婦は貴重な、威信ある存在だったからだ、と述べている。それを聞いた友人は、庶民の好みは今もそうだ、庶民にとっての美とは太っていることだと応答している。本当にそうなのだろうか。今日でも飢えと決して絶縁したわけではない庶民ではあるが、本当に太っていることが依然として豊かさと結びつけられ、それが美しいと見なされているのだろうか。ブラジルと同じように伝統的に太っている女性が男によって好まれ、美しいと見なされてきた、ラテンアメリカの他の多くの国々、アラブ世界、インド、サハラ以南のアフリカで、今日その傾向はどこまで維持されているのであろうか。

今日、ブラジルの都市の中産階級と上流階級の間には、伝統的な美と明らかに違った美の基準が生まれている。太っていることは、もはや威信や美とつながるものではなく、男も女も活動的であるための、スポーティな体型が好まれるようになり、そのため、運動のためのジムやクラブが繁盛し、また、脂肪吸引にも人気が集まるわけである。こうした新しい美の基準がテレビなどのメディアを通じて、労働者階級の間にも最貧階級の間にも浸透しつつあるかに見えるが、地域によって、階層によって、その点に関して、また、その地域での伝統的な美の基準に関しても、相当な違いがあるかに見える。

**お尻と目の美容整形**

ブラジルでの美容整形にユニークなものとして、お尻にシリコンを注入して大きく見せる手術がある。ブラジルでのお尻と理想の美との関係については、のちに別の節で見ることにしたい。

今、アメリカとカナダではアジア系の女性を主たる顧客とした、目を二重まぶたにする手術（エイジアン・アイ・サージュリーと呼ばれている）が急激に増加しつつある。アジア系人であることに誇りを持とうとの各エスニック・コミュニティーからの呼びかけも、白人多数社会に見かけの面でも近づくことが社会に受容されることを容易にし社会上昇につながると信ずる女性たちを止めることはできない。ブラジルでも目に関する美容手術は行われている。しかし、それは中年、熟年の白人女性が主たる対象で、まぶたにたまった脂肪を除去することで目をぱっちりさせることを目的にしている。日系人女性の間で、二重まぶた手術が人気を呼んでいるという話はあまり聞かない。

顧客の多くは、あまり悩むことなく美容整形にのぞんでいる。すでに何回かの脂肪吸引と二回の豊胸術を受けた著名な中年女性もいる。しかし他方では長年悩んだあげく、ようやく美容整形を決心した女性も少なからずいる。いずれの場合も、顧客は、ある審美基準を信じて、それを行動に移し、結果を残したわけで、それは言葉で語られたものより、はるかに忠実に、その人間が抱いている人体美に関する価値観を示しているように思われる。例えば、「わたし、目の細い男の人が大好き」（元ミス・ブラジルでミス・インターナショナルにもなったグロリア・カルヴァーリョの日本での発言）のような見事な社交辞令や、あるいは、人体美に関して、何かのイデオロギーのために、自分の本当の気持ちと反対のことを言ってしまっている言辞が示す美に関する価値観よりも、美容整形の顧客が痛みを伴った行動を通じて示した価値観の方がはるかに信頼できるように思われる。

## 3　アマゾンでの美の追憶

ここで、ブラジルの人体美に関連した個人的な追憶を三つ語らせていただきたい。その一つは、アマゾンでのことである。一九九三年六月と七月、わたしは、生態系の維持と住民の生活向上の両立を目指したプロジェクトを率いていた地理学者の友人を訪ねてベレン市西方約九〇キロのマラカプク川畔にいた。このあたりは集落があるわけではなく、大小入り組んだ川に沿って、それぞれ相当な距離でへだてられた人家とその周りの小さな畑、ヤシの殻から食器を作る工房、地酒の工場やヤシの芽を缶詰にする工場、教会、バーなどが点在し、それぞれの間の行き来の手段は舟以外にない。

このあたりには、ヤシの一種のアサイーがたくさん茂っていて、その実はこの地方の食生活の重要な要素であり、また、健康食品としてアイスクリームの風味としてブラジルの他地域に送り出され、その芽はジュサーラ・ヤシの芽（パルミート）の代用品としてヨーロッパに輸出されている。アサイーはヤシとはいっても、ココヤシや王様ヤシと違って、ずっと背が低く、その幹もずっと細い。そのため、アサイーの木に登って、粒状の実の房を切り取ってくるのは体重の余程軽い人でないとできない。わたしの訪ねたプロジェクトで、この仕事を受け持っていたのは、九歳の少女マルレーネであった。

### 軽くしなやかな肉体の美

両手を自由にするためナイフは口でしっかりとくわえ、つる草で作った輪を幹にからませて、それに足をかけ、それを滑らせながら、するすると登って行く。樹冠に達すると、実の房を切り取り、要らなくなったナイフを下に落とし、また、するすると下りてくる。見事な集中力であり、その動作と表情は美しかった。マルレーネもそうであるが、この川筋に住む人の大半は、一九世紀末にブラジル北東部から移ってきた人たちと、それ以前からアマゾンにいた人たちが交わってできた人たちであり、先住民と白人の双方の血を引き継ぎ、混血を繰り返して来た人たちである。淡褐色の皮膚の人が多いが、皮膚の色の濃淡にかなりのばらつきがある。たいていの人は小柄で、一見華奢な造りで細く見えるが、男女ともに自分で舟を漕ぎ、濡れてつるつるに滑る丸太の橋をわたり、森をくぐり抜け、多くの力仕事をするのに必要なだけの筋肉を発達させ、しかし、それ以上の余分な筋肉はつけていない、しなやかな体をしている。

プロジェクトの近くに、トカンチンス川の水が流れ込むところがあり、そこは水の透明度が比較的高く、中洲もできており、危険な魚も居らず、泳ぐのに最適であった。プロジェクトで働いている現地の女性たちとブラジル南東部からの男女たちとともに中型の運搬船で出掛けた。その舷側は相当に高い。泳いだあと船に戻ろうとしても、南東部の男女たちは自力では船に這い上がれない。体が重いからである。ところが現地の女性たちは、まるで魚が尾鰭で水を叩いて空中にはね上がるかのように水から飛び上がり、船につかまったかと思うと、もう甲板の上にいた。何という身の軽さかとわたしは感心した。船に上がった彼女たちを見て想った。今、人類は大型化しつつあるが、それは果たして望ましいことなのだろうか。彼女たちの小柄で、余分な脂肪や筋肉をつけていない体を見て、何とこの地にぴったりの体なのだろうと、また、そのためであろう、その若竹のようなしなやかな肉体を美しいと思った。

## 健康美と男の鑑賞用の美

わたしは、かつてブラジリアやサンパウロに住んでいた時、ブラジル北部や北東部からやって来た同様の体型の女性を何万人と見ているはずである。しかし、その人たちを美しいと思った記憶はない。その体型は、どちらかといえば、それらの都市で片隅に追いやられ、本来、あるべき姿を主張できないでいる人たちを代表する体型であり、それらの都市を代表する人体美は別のところにあった。しかし、今、本来の環境の下で、生き生きした躍動を伴った場合、それは美しく見えてくる。自然の中で躍動する、若竹のようなしなやかさの健康美、わたしは万葉集にうたわれている古代日本での美を連想した。岩崎和子氏が指摘するように、万葉の日本では身体的な美をあらわすのに、「若草」「なゆ竹」などの、しなやかさ、健康的な美をたたえる言葉が女にも男にも用いられていた。古代中国で語られた美がもっぱら男が鑑賞するための、あるいは、男の性的欲望の対象としてであり、病的なまでに細い腰か、あるいは楊貴妃のように動くことがおっくうなまでに肥満した女性を美女としてめでたのと対照的である。

ブラジルにも男性の鑑賞用、性的欲望の対象として求められた美がある。伝統的に豊満な女性が好まれたのは、こうした動機に、社会的な豊かさとの同一化が加わってできた嗜好であろうし、お尻に美のポイントを置く国民的好みは、もっと直接的に性的欲望の対象として求められた美である。

一方ではそれと対比的な、性を超越したような、あるいは両性的な若竹の美もある。しかし、ブラジル人の間でどれだけの人が若竹的美の意識をもっているかは確かではない。プロジェクトで働く地元の男たちから、川筋の女こそ最も美しいと聞かされたことは何度かある。しかし、果たしてそれが本音なのかは確かではない。男たちの心を支配しているのは、そこの生活に最もかなった身体を好ましく、美しく思う気持ちなのか、それとも、国民的好みがそこにも浸透しつつあるのか、はっきりと言い切れないところがある。

## お尻に注がれる視線

川筋には電力の供給はない。プロジェクトには発電機があって夕方から夜の四時間だけ、それを稼働させる。夕方に発電機を回す最大の理由は、住み込みの地元の男女たちが六時のテレビドラマを見られるよう要求したからである。食堂の隣の部屋にテレビがあって、みんな声も立てないで、それに見入っている。テレビドラマは一九九三年頃まではリオやサンパウロの都市中産・上流階級の生活を背景にしたものだけでなく、中西部の牧場や北東部の海岸を舞台にしたものも生まれていたが、それでさえ、川筋の人たちにとっては遠い世界であった。しかし、ドラマの主役たちの運命に一喜一憂し、それを身近に感じ、憧れを覚え、ドラマで示される生活スタイルやそれを貫く価値観に違和感を抱かない状態が徐々に作り出されているかに見えた。そのことは美の基準にも影響していたであろう。

プロジェクトの居間には来訪者が残していった何冊かの雑誌が置いてあった。その中にはお尻や胸の線を強調した女性タレントたちの写真が一杯つまっていた。それを男たちが食い入るようにして見ていたのが印象に残っている。

それから数年後、わたしはメキシコ系アメリカ人作家アナ・カスティリョの小説「神からかくも遠く」（Ana Castillo, So Far from God）を読んだ。ニューメキシコ州に住むメキシコ系人家族の女性たちが主役で、彼女たちに次々と起こる超現実主義的出来事が主題なのだが、次のような節に至ったところで、わたしは、なぜかマラカプクの川筋の人たちを思い出した。「祖母は自分たちがスパニッシュ、つまりスペイン人の純血の子孫だと主張していたが、この家族の女たちはみんな、彼女たちの血管に流れるプエブロ［先住民］の血が作り出したに違いない平らなお尻をしていた。カリダだけが例外で、いく分盛り上がったお尻をしており、彼女が行く先はどこでも、そのお尻に男たちが視線を注ぎ、それを鑑賞したが、そのことは彼女にとって迷惑であった」。

この点で、フランスの浜辺でトップレスの女性に注がれる男の視線を観察した社会学者コフマンが次のように述べていることは示唆的である。浜辺でくつろぐことがはじまった一八世紀には、身体よりも景色が主役であったから、じっと見つめる視線は正当なものであった。今日では浜辺で興味を持ってじっと見つめるのは、見られる人間にとって圧力と感じられ、浜辺の礼儀と秩序にかなわないものである。まるで他のものを見ているかのように、ぼんやりと見ることが今日の礼儀である。トップレスの登場はこの秩序を一時期混乱させたが、今では大抵の男はトップレスを見ても、賛嘆や嫌悪の感情を表すことなく、目は無関心を保ち、決して一つの胸に留まらないようにすることで、再び秩序が保たれるようになっている。

川筋にも数人に一人、カリダのようなお尻の女性がいた。今、男たちはそうした女性のお尻に、どのような形の視線を注いでいるのであろうか。

## 4　浜辺での美の追憶

### 浜辺の魅力とブロンズ色の肌

追憶の第二は浜辺での美しい人たちに関するものである。ブラジルには八千キロの海岸線があり、そのかなりの部分が浜辺になっている。全国に数百のプライア（浜辺はこう呼ばれる）があり、休日には海岸部の住民はもちろんのこと、内陸の住民も数百キロのドライブをもいとわずにプライアに向かう。砂、波、太陽が与える肉体的な快感、その快感が生み出す寛大さと平和、浜辺という空間が作り出す民主的で、かつ個人主義的な自由、などの魅力が、この人たちをとらえて止まないからである。

浜辺に行くことにはもう一つの目的がある。それは肌を美しく焼くことである。かつてブラジルにも、日に焼けた庶民の粗野さと対比的に、日に焼けていない白い肌が支配階級の理想とされた時代があった。しかし、いつ頃からであろうか、おそらくヨーロッパで日焼けした肌が流行した一九五〇年代頃から、都市生活者の増えたブラジルでは、健康そうな日焼けした肌（青銅、ブロンズの色をした肌、ブロンゼアードという）を美しいと考える美の基準が生まれた。太陽光線が体に与えるよい影響が説かれ、ブロンズの肌はバカンスをとれる高い社会的地位とも結びつけられ、紫外線の害が説かれる今日もなお憧れの的になっている。日焼けした肌の腕や脚にうっすらと生えた体毛が太陽の光で黄金色に輝くのこそ最も魅力的な肌と考える人は今も多い。

わたしが最も好きだった浜辺は、水の透明度が最も高く、浜辺の砂も全く汚れがないアハイアル・ド・カボ（リオデジャネイロの東方約二百キロ）の周りにある、いくつかの小さな浜辺、あるいはブラジル北東部海岸のあちこちにあるサンゴ礁の内側に引き潮時にできる天然のプール（そこでは熱帯魚の数々と一緒に泳ぐ楽しさがある）である。これらは、自然を満喫できる静かで美しい浜辺のほんの一例に過ぎない。しかし、この節では、自然ではなく浜辺にいる人たちの美しさについて見るわけで、それには、何といってもイパネマ、サンコンハッド、バハ・ダ・チジュカと広がるリオデジャネイロの浜辺について語らねばならない。

### イパネマの美しい人たち

わたしがはじめてイパネマを訪れたのは一九六四年、イパネマの最も美しい時代が終わろうとしている頃であった。その頃のイパネマはまだ独立家屋が多く、火焔樹や浜辺のナッツ（アメンドゥエイラ・ダ・プライア）の大きな樹があちこちにあった。わたしが寄宿した、わりと小さな家もそんなところにあった。その家の主人、引退した鉱山技師夫婦は早起きで、朝早く、折り畳みの椅子を持って浜辺にでかける。海と空と遠くの峰々を眺め、時々、歩いたり、体を動かしたりして、日が高くなる前に家にもどる。朝の浜辺には若い人も多少いたが、お年寄りが随分多かった。次の日、陽が高くなってから、もう一度、浜辺に戻った時、朝早くとは、まったく違った光景に出くわして驚いた。そこには若く美しい人たちだけがいたからである。のちにわたしがアマゾンで会う人たちよりは、男女ともにもう少し大柄で、しかし、均整のとれた、しなやかな体で、また、美しい顔つきをしていた。詩人ヴィニシウス・デ・モラエスが「イパネマの娘」のモデルとなったエロー・ピントを想起して、光と優雅さで充たされ、花と人魚が交わったような、柔らかく人をひきつける魅力、それでいて悲しげな眼差し、と語った描写は、浜辺にいた女性の多くにあてはまるものであった。それらのまばゆいばかりの肉体が強い陽光の下、体の線を浮き上がらせていた。若い妊婦もいたが、その人たちも美しかった。

1980年頃のイパネマの浜辺。若く美しい人たちの肉体が強い陽光で浮き上ってみえる。（筆者撮影）

わたしが寄宿していた家から歩いて五分のところにバー・ヴェローゾがあった。その二年前に詩人ヴィニシウスと作曲家のトム・ジョビンがこのバーでビールを飲みながら外を眺めていた時に、浜辺に向かって歩いている花のような典雅な美少女エローを見かけ、二人は声が出ないほど感嘆し、その感嘆を表すため二人が作り上げたのが「イパネマの娘」であったといわれている。しかし、実際には、黒髪で青い目の少女エローは、母親の使いでタバコを買いにしばしばこのバーに入ることがあったようで、名曲の神秘性が多少損われるが、それが事実のようである。寄宿先の夫婦はボヘミアン的芸術家が好きでなく、当時のわたしはバーに腰かけて外を通る人たちを見て楽しむという趣味をまだ持ち合わせていなかったため、いつもバー・ヴェローゾの前を通りながら、中に入らなかったのは、今にして思うと残念である。しかし、その辺りは道ですれ違う人たちの中に、息をのむような美しさの人たちがいた。怠惰で、かったるい浜辺の美と違った軽やかで活動的な美が街にはあった。

## 社会階級と美の等級による隔離と排除

ブラジルでは浜辺の私有は法で禁じられている。誰もがどの浜辺にも行く権利がある。しかし、現実には、貧しい人たちにはたどり着くことが難しい多くの浜辺がある。イパネマもかつてはそういう浜辺であった。リオ北部の貧しい人たちは、自分たちの住む場所に近い、グアナバラ湾奥深くの、あまりきれいでない浜辺で満足しなければならなかった。階級的な隔離と排除の仕組みが働いていたのである。かくして有産階級の天国であり続けたイパネマであるが、そこに貧しい人たちがまったくいなかったわけではない。作曲家トム・ジョビンの少年時代だった一九三〇年代後半から四〇年代前半にかけてのイパネマは、舗装されていない道路も多く、夜は灯火も少なく煌々とした星空が眺められ、澄んだ海に魚が一杯いたような環境であったが、そんなところにも乞食が一人だけいた(今では乞食と浮浪者は大抵の通りで見られるようになった)。その時代に、すでにイパネマにもファヴェーラ(丘に広がった貧民街)はあった。トムの初めての性的関係の相手はそうしたファヴェーラに住む美しい黒人女性であった。有産階級と貧民の友好的な共存が成り立ち、また、貧民はその数が決して大きくなく、目立たない存在であり、有産階級が作り上げた秩序に挑戦することは決してなかった。

浜辺には階級的な隔離と排除が巧みに働いていたが、浜辺の主人である有産階級の間では隔離や排除はなかったのであろうか。社会学者コフマンはヨーロッパの浜辺には美の等級による排除、つまり、美しくない人は美しい人が集まることで知られる浜辺に行きたがらない傾向があることを指摘しているが、リオの浜辺は、この点でどうだったのであろうか。イパネマの浜辺には、美しい人たちと美しくない人たちが混在する時間帯があった。それは自分の外見にあまりかまわない人と、他人の美しくない外見に寛容で、意地悪な視線を投げかけたりはしない人がいることを意味している。それはヨーロッパに比してのブラジルの特色であろう。しかし他方では、老人たちの集まる時間と最も美しい人たちが集まる時間は大きくずれている。それは老人たちが早起きで、若い人たちが夜更かしというだけでは説明できない、穏やかな形ではあるが美の等級による排除が起きていたのかも知れない。

一九六一年、初めてリオに行ったときに、コパカバナの浜辺が見えるレストランでリオ在住の若い日本人既婚女性に会った。こんな浜辺にいつでも来れて羨ましいですね、とわたしがいうと、彼女は四年間リオに住んでいて、水着を着て浜辺に出たのは、ほんの数回に過ぎないという。貧弱な体を見られるのが恥ずかしくて、浜辺は決して楽しいところではないのです、ブラジル人は背が低い人でも立派な体をしていますからね、との彼女の弁であった。思い過ごしではないかと、その時は思ったが、その三年後、イパネマの浜辺で見渡すかぎり美しい人だけがいる中に自分を置いた時に、わたしも、最初なにか場違いな感じを抱いた。しかし、そこでは浜辺の礼儀と秩序がまもられていた。じろじろ見る視線はないし、視線が交差することもない。徹底した無干渉の個人主義的な空間であった。

### イパネマの変化――民衆の氾濫

一九七〇年代、八〇年代、ブラジルに行く度に、わたしはイパネマを訪れた。友人の家はとり壊され、家族は厳重な警備の高級アパートに移った。自動車が多くなり、夜もその騒音で悩まされることが多くなった。浜辺も変わった。より過密になり、そこでバレーボールやサッカーをやる人が増え、騒々しくなった。これらの変化に失望したトム・ジョビンは、もはや浜辺は存在しないといって、山に近い静かな住宅地ジャルジン・ボタニコに引っ越して行った。週日のある時間帯には、まだ美しい人たちを見ることができたが、その人たちも徐々に外海に面して広がるバハ・ダ・チジュカの浜辺に移って行った。こうした変化に拍車をかけたのが、リオ北部の貧しい人たちの住む地区とイパネマが直通バスで結ばれたことである。九〇年代に入ると、休日には北部地区の人たちが大挙してイパネマの浜辺にやってくるようになった。浜辺は一層過密で騒々しくなり、暴力行為や集団によるかっぱらいが起きるようになった。古くからのイパネマの住人は、休日には浜辺に出なくなるか、バハまでドライブして、そこの浜辺に行くようになった。バハには、かつてのイパネマの雰囲気が多少なりとも残されているところがあるからである。このような変化は著名人の独立家屋や高級アパートの多いサンコンハッドでも起きている。そこでは、隣接の山にリオでも最大級のファヴェーラが広がり、その住人が浜辺に下りてくるからである。浜辺に民衆が氾濫する現象が始まっている。

この点で前述のコフマンの次の比較は興味深い。「(ヨーロッパでは)浜辺は美しい人たちの場所であるから、恵まれない人々、つまり、あまりきれいでない人たちは稀なのだ。……下層階級の人たちや貧民街の人たちでいっぱいのリオデジャネイロの海岸と比較してみると、何も公に禁止されていることはないのに、いかにヨーロッパの浜辺が閉鎖的になっているかがわかる」。この記述の後半は、一九九〇年代に入ってからのイパネマやサンコンハッドに関して適切である。記述の前半を支える命題、つまり、恵まれない人々、貧しい人々には美しい人が少ないということに関しては、わたしは確かめようがない。というのは休日のイパネマやサンコンハッドの浜辺に行って、タオルをひろげ、そこで人々を観察することを、この数年来、わたしは止めてしまったからである。民衆の氾濫する休日のそれらの浜辺に美しい人たちがどれだけいるのか、知りたいところである。

## 5　美の女王たちの追憶

### ミス・フェイア

一九七X年わたしが北東部ピアウイー州都テレジーナに行くことになった時、リオに住む友人がこんなジョークを話してくれた。ミス・フェイア(フェイアとは醜い女)のコンテストがあって、その第三位の女性には賞としてヨーロッパ一週間のバカンスが、第二位にはリオ一週間のバカンスが与えられたが、一位の女性にはどんな賞が与えられたと思うかね、それはテレジーナ一週間のバカンスさ、あそこは何にもないところで、暑くて、行き場のないミス・フェイアが君の泊まるホテルでうろうろしているかも知れないから、仲良くしてやって下さい、というのである。ブラジルには、社会的弱者に対する、このような辛辣なジョークが、わりと平気で語られることがある。

ピアウィー州はブラジルで最も後発的な州の一つと思われており、テレジーナには空港がないと思っている人がリオにはかなりいた。確かにブラジル最大の航空会社ヴァリグが乗り入れてない唯一の州都がテレジーナだった時代がある。しかし、実際のテレジーナは面白いこともあるところで、わたしは、そこからベレンに行き、十日後リオに戻るために乗った飛行機は再びテレジーナに寄った。テレジーナから乗ってくる乗客を待つ間、わたしはミス・フェイアのような人が乗り込んでくるような気がしてならなかった。ところが実際に乗り込んで来たのは、十数人の背の高い、華やかな雰囲気を漂わす女性たちであった。飛行機はほとんど満席で、その女性たちの一人が隣にすわった。その人と話しているうちに、彼女たちはそれぞれの州のミスに選ばれた人たちで、慈善目的のショーに出るためテレジーナに来たことがわかった。

**ミス・ブラジルとの出会い**

隣にすわった女性はミス・ブラジリア（ブラジリアはブラジル連邦共和国の首都）で、アングルの絵から抜け出たような古典的な顔の人で、教養があり、話し方や態度は非常に丁重で好感が持てた。彼女はブラジリアで降りる前に、この飛行機にミス・ブラジルが乗っているが会ってみないかとわたしに尋ね、結局、彼女の紹介で今度は、リオまでの機中、ミス・ブラジルが隣にすわった。それ以前にも、小さな町のカーニヴァルの女王、あるいはブドウ祭りの女王に会ったことはあるが、ミス・ブラジルは初めてであった。最初、本当にこの人がミス・ブラジルなのかと一瞬思った。というのは彼女のような顔はどこにでもある感じで、特に際立った美しさを感じなかったからである。しかし、それは体よりもまず顔に注目する日本的審美眼に、わたしがとらわれていたからで、彼女の全体像を見たとき、彼女がなぜミス・ブラジルなのかに納得した。彼女はこのすぐあとに述べる準ミス・ユニバースの

雑誌「マンシェチ」の1988年4月23日号表紙。ミス・ブラジル・コンテストの上位3人の女性たち。中央がミス・ブラジル、イザベル・クリスチナ・ベドゥキオ。

マルタ・ロシャの下半身安定型の伝統的好みの体型と違って、よりモダンな、国際的規格にぴったり合った完璧なプロポーションと見事な形の脚の持ち主だったからである。

この人なら国際的なコンテストでも入賞するのではないか、むしろ、国際的なコンテストでこそ、ブラジルを代表する美として評価されるのではないかと思ったが、結果はその期待通りにはいかなかった。彼女はリオの出身で、イタリア系の姓であったが、いわゆるチポ・ブラジレイロ（ブラジルで最も頻繁に見いだされるタイプ、肌の色が淡褐色か茶褐色、髪の毛と目の色は暗褐色か黒、顔の造りがあまり立体的、鋭角的でなく、官能的な魅力を備えている人）であった。ミス・ブラジリアと対照的な感じで、その好み、話し方や態度は庶民的であった。国際的な場でもユニークなミスになり得たであろうに、トップの一五位にも入らなかったとのことで、不運という他はない。

**醜い国民から美しい国民へ**

ブラジルはベネズエラ（ミス・ユニバース産出国とあだ名されるくらい、国際的に通用するミスを組織的に作り出してきた）ほどではないが、国際的なコンテストでいく人かの注目されるミスを生み出してきた。その中で、今日でも最も話題にされる永遠のミスは一九五四年のミス・ユニバース・コンテストで、ほとんど優勝していたのに、ヒップが二インチ大きすぎたために二位になったといわれるマルタ・ロシャである。カリフォルニア州ロングビーチでのコンテストでマルタが観衆から最も魅力があり、完全な美しさを備えた女性として支持されていながら、ミス USA に首位を譲ったこの事件は、ブラジル国内に大きなセンセーションを引き起こし、二つの意味でブラジルの文化史に長く記憶されるべき出来事となった。

その一つは、これが、ブラジル人は醜いとの集団意識、劣等感を吹き飛ばす快挙だったことである。劇作家のネルソン・ロドリゲスはマルタが入賞したニュースを聞いた時のことを回顧して、次のように記している。「わたしは外に出て、我々は美しいのだと大声で叫びたくなった。……その時以来、わたしはブラジルが生んだ偉大なる人々のリストにマルタ・ロシャを加えることにしている。彼女は、まったくそれに値する。醜い国民を美しい国民に変えたわけだから」。それは同じ時代に日本で起きたミス・コンテスト入賞が生んだ衝撃に類似している。一九五三年のミス・ユニバース・コンテストで伊藤絹子が三位に選ばれたことは、占領が終わったばかりの日本にとって明るい大ニュースであり、「八頭身」の言葉を生み、女性のファションへの関心を急速に高め、美の基準に変化をもたらした文化史上の大事件であったが、国民の興奮と大歓迎ぶりはブラジルの方がはるかに大きかった。

マルタは国民的英雄の扱いを受け、帰国後、いく多の招待にこたえて多くの都市を廻り、そこでそれぞれ彼女の栄誉のために盛大な晩餐会が開かれた。建築家オスカール・ニーマイヤーなど各界の名士が彼女に同行した。その後もクビシェキ大統領らの各界名士と親交を保ち、美しさは彼女に快楽的で上流の人生を保証したかに見えたが、二度の結婚は最初の夫の事故死と二度目の夫のマチスモ（男性性を誇示する傾向）と暴力で終焉し、不幸なことも多い人生を送ることとなった。しかし、ブラジル社会の各界は、女優でもなく、特にこれという才能があるわけでもない彼女に永遠のミスとしての敬意を表し続けた。リオの社交界の威信ある存在であり続け、一方ではカーニヴァルの行進にサンバ・スクールのデスタケ（山車に乗って観衆の誰からも見えるところに立つ卓越した役割の人）に招かれたりした。もちろん、そのためには、公衆の前に姿を現す彼女にとって、美しさを保つための大変な努力を必要とした。数回以上の美容整形を経験しているはずである。

## 永遠のミス・ブラジル、マルタ・ロシャ

若い頃に美の女王と呼ばれた人の多くが、年をとるにつれて、公衆の視線を避けるのと対照的に、マルタ・ロシャは果敢に公衆に向かって美の進化を印象づけようとした。人は年とって醜くなるのではなく、若い頃の美と違った熟年女性の美を獲得するのだということを主張しようとした。それは、決して枯れた美ではなく、なまめかしさを保った美である。マルタは何歳になっても常に美と結びつけられて語られる。彼女に孫が生まれると、メディアはそれを間違いなく報ずる。それは単に社交界の一著名人をめぐる出来事というだけでなく、ブラジルに美しい人の遺伝子が引き継がれていく国民的な出来事でもあるからである。

マルタ・ロシャは北東部バイア州サルヴァドールの有産階級の出身で、父はポルトガル系とオランダ系、母はブラジル南部からのドイツ系他ヨーロッパ系人で、白い肌、明るい色の髪の毛、青い目をしていた。ミス・ブラジルに選ばれる過程で、彼女がチポ・ブラジレイロでないことでためらう審査員もいたが、彼女の圧倒的な魅力で栄冠を得た。サイズで女性の美をきめることは望ましいことではないが、彼女に関しては、まさにそのサイズが大きな論議の的となったわけで、多少それに触れることにしたい。

身長は一メートル七〇、当時としては相当に高い方であった。その後の四五年間でブラジル人の平均身長は数センチ伸び、今日のミスたちはマルタより数センチ以上高いのが普通である。センチで示した三つのサイズは、上から九四、六〇、一〇〇であった。伊藤絹子のそれが八六、五六、九二であったのに比べると、かなり大きく、かつ曲線が強調された体型になっていた。問題はマルタのライバルでミス・ユニバースに選ばれたミス・USAのサイズが九四、六二、九四でバストとヒップが同じで均整がとれているのに、マルタではヒップがバストより六センチ大きいことにあった。六センチ、つまり二インチ強、余計だというのである。それがマルタが一位になれなかった理由だと一般に信じられているが、本当のところは、その年はアメリカ人をミス・ユニバースにしたいという主催者側の商業政策が働いたからだともいわれている。しかし、ブラジル人記者によってマルタがお尻が二インチ大きすぎたがために敗れたとの報道がなされた時、ブラジル国内では熱い、大きな反論が沸き起こった。二インチ余計

だというが、二インチ大きいからこそ、より美しいのではないかとの反論である。その論議を通じて、もともと、盛り上がった大きなお尻を好み、お尻を美のポイントとしてきたブラジルの伝統を再確認し、それを国民的好みと呼ぶ契機が与えられた。これが文化史上の第二の意義である。お尻をめぐる熱い論議は四五年後の今日、なお続けられている。

## 6　理想の美の中のお尻

### 下半身安定の美

マルタ・ロシャが永遠のミスとされるのは、彼女が国際的ミス・コンテストに入賞し、大きな興奮と歓喜を与えた最初のブラジル人女性であっただけでなく、多くのミス・ブラジルの中で、体型の点では彼女が伝統的な好みに最も合っていたからでもある。マルタをその後のミス・ブラジル、特に近年のそれに比べると、後者では脚の長さと重心の高さが目立つのに、マルタは下半身がより大きく、ずっしりと安定した印象を与える。ブラジルが国際コンテストに送り出すミスの体型はユニバーサルなものに近づいていったが、国内では下半身安定型の体型を好む傾向は、挑戦を受けながらも維持されていった。お尻はそうした体型の要となるものだが、同時に、お尻は、全体の体型から独立して、それ自体で関心を集めるものであった。

エミリアーノ・ジ・カヴァルカンチ「裸婦」（年代不詳、シャカラ・デ・セウ美術館）。ジ・カヴァルカンチは多くのムラタ（黒白混血の女性）の肖像と裸婦を描いたが、そのあるものは下半身の豊満さを強調している。（筆者撮影）

人類は直立して以後、他の霊長類にはないお尻を発達させ、それに性的魅力を感じてきた。二万年前のお尻を誇示したビレンドルフのヴィーナス以来、子孫繁栄を祈る呪術的な意図を込めて、それを巨大にデフォルメした土偶、彫刻、絵画が生み出され、お尻を人体美の重要なポイントと見なす傾向が生じた。ある地域の、ある時代の、ある文化ではその傾向が強く、お尻に冷淡な時代や文化もあった。ブラジルで人体美の中でお尻を重視する傾向は、そうした人類の過去からの遺産ではあるが、それを決定づけているのはブラジルの奴隷制の影響であろう。大農園での主人と奴隷女性との性関係の中で、お尻への執着が強まったからである。

**奴隷制下での性行動とお尻への執着**

農園主の奥方は夫のように精力にあふれてはならず、弱々しさが女性性のシンボルとして尊重されていた。実際、奥方は多くの奴隷にかしずかれ、労働を一切せず、服を脱ぐのも、髪をすくのも、汗をふくのも、一切、奴隷にやらせ体を動かさなかったがために、筋肉が退化し、あるものは肥満しているが脆弱であり、他のものは病的に萎縮し、ともに性をあまり感じさせない状態に陥っていた。一方、家内奴隷の女性たちは過度でない労働と比較的恵まれた栄養で活力に満ちた健康そうな肉体をし、張り切った大きなお尻をしていた。それは農園主にとって性的魅力に充ちたものに見え、実際に家内奴隷女性との性関係が頻繁に持たれた。この農園主がうしろから奴隷女性を見る目、さらに通常、夫婦関係にあってはならない後背位の性交が快楽のために奴隷女性と行われた可能性、奴隷の乳母に育てられた農園主の子供が乳母のスカートの下に隠れ、お尻に触った感覚、そして成長して最初の性交を家内奴隷の女性と行なった記憶、これらがお尻にこだわる傾向の根源なのであろう。

奴隷の女性たちは、ただ主人のいいなりに利用されていたのであろうか。決してそうではなく、ブラジルについて平田恵津子氏が、ペルー海岸部について山脇千賀子氏が指摘するように、奴隷女性たちは主人が自分に魅惑されている状態を活かして自分の立場を改善し、自由を得るための駆け引きに使うことも多かった〔本書五九頁、山脇論文参照〕。お尻を意味するポルトガル語の語彙はたくさんあるが、その中で最も刺激的なニュアンスを持つのはブンダである。アンゴラのバンツー系先住民キンブンド人の言葉でお尻を意味するムブンダに起源があるといわれる。

この語彙をポルトガル語として定着させたのも奴隷女性たちであろう。自分のブンダにひかれている主人を自分のために利用しようとするしたたかな精神がそこに感じられる。

### 「国民的好み」への批判の抬頭

こうして生まれたお尻への執着から、お尻は人体美を構成する重要な要素となり、その伝統は二〇世紀に引き継がれ、今日に及んでいる。女性で平らなお尻の人にとって、つらい思いをする環境なのであろうか。そのように考える人もいる。それゆえにお尻にシリコンを埋め込む美容整形が行われるわけである。わたしが会った前述の日本人女性の嘆きもブラジルにいるからこその嘆きである。同様の嘆きは非日系ブラジル人からも生ずる。そして、それはなにかの契機でお尻礼讃の「国民的好み」に対する批判と挑戦へと転じて行く。一九九八年のモントロー・ジャズ・フェスティヴァルにブラジルの人気グループ、エ・オ・チャン（チャンとはもともと何の意味もない言葉だったのだが、このグループの踊り子たちのお尻をゆらしての踊りが大成功となり、それ以来、お尻を意味する現代用語となった）の踊り子たちが、観客に背を向けて、お尻をゆらして踊る姿が放映され、それは音楽祭と何の関係もないパフォーマンスではないか、ブラジルのイメージを著しく損ねるものではないかとの批判が女性を中心に多くの視聴者から出た。批判はさらに、グループの筆頭の踊り子カルラ・ペレスの一〇四センチのお尻が礼讃されていることに、また、もう一人の踊り子シーラ・カルヴァーリョが最もセクシーな女性としてお尻を見せつけた後姿が雑誌の表紙を飾り、それらが町中にあふれていることに向けられた。奴隷制の名残りとしてのお尻礼讃は、また、男の専横が作り出した好みは近代国家を目指すブラジルにそぐわないとの批判である。こうした批判に影響されて、また、ブラジルから輩出するスーパーモデルたちの美にも影響されて、大きなお尻に特に魅力を感じない新しい世代が生まれているはずである。しかし、国民的好みは、まだまだ多くの国民に支持されている。

## 日系人に対するステレオタイプ

一九八五年わたしはクリチーバのパラナ連邦大学に日系人の心理学者トシアキ・サイトウ氏を訪ねた。氏が行った、日系ブラジル人と非日系ブラジル人の相互が抱く相手のイメージの調査について話すためである。日系人女性について、責任感がある、よく勉強する、頭が良い、などの特質を述べたものが多いが、非日系人女性の特質として多く述べられる、ロマンチック、話し好きで開放的な、信心深い、官能的な、という言葉は日系人女性に対して、ほとんど使われていない。日系人女性の特質を述べた中にタブア（tábua）という言葉があった。これ何を意味するかわかりますか、とサイトウ氏にきかれて、わたしには「洗濯板」、それ以上のことはわからなかった。洗濯板のように平らでごつごつしたお尻の女性を意味するのだそうだ。かつて激しい労働で消耗した日系人女性は、非日系人にそう見えたのかも知れない。今の若い日系人女性は食生活も生活様式も非日系人とほとんど変わらず、その分だけお尻が大きくなっているように見えるのだが、一度できあがったステレオタイプは、なかなか変わらない。

日本人、日系人は醜いというステレオタイプも残っている。日本人、日系人をテーマにしたジョークの中で、近年のものは、日本人、日系人はその社会上昇を反映してソフトウエア会社の社長といった役割を与えられているが、外見がよくないという点では変わりがない。しかし、そのステレオタイプは、非日系人が個々の日本人、日系人に接した時、その日本人、日系人をハンサムだ、美しいと考えるのを妨げるほど強いものではない。それはちょうど、ブラジルで有色人に対する一般的な偏見があるにもかかわらず、白人が日系人や黒人と恋愛関係や婚姻を結ぶ個々の例が多く存在するのと似ている。

## 美は基本で不可欠なものなのか

前述の詩人ヴィニシウス・デ・モラエスは「女のレシピ」（Receita de Mulher）という詩を書いた。レシピとは、いい女をつくるための調理法、あるいは、いい女の条件といった意味である。目は大きく、小悪魔のような眼差しがよい、腕や脚は細く、太ももは量感があって、うっすらと毛が生えていてほしい、お尻は非常に重要である、また、美しい肉体だけでなく芳香や雰囲気を備えていなくてはならない、等々男から見た勝手な要求が並べられ、それが美しい言葉で語られている。その全容を紹介できないのは残念であるが、その最初の書き出しは特に論議を呼ぶであろう。「ひどく醜い女たちよ、許しておくれ。だが、美は基本であり不可欠なものなのだ。……」ヴィニシウスのこの考えに共鳴し、それを貫いた人生を生きている人もいる。他方では、それと非常に違った生き方をしているブラジル人も多い。そのひとたちにとって、美は基本ではなく、望ましいことの一つであり、それが欠けても、なお相手には価値があることを、実際の男女交際や結婚で示している。恋人や配偶者を選択するときに、多くの場合、人種的特徴を含めて外見は重要な要素の一つであるが、相手の性格、感性、性的な適合、献身度、才能、社会的経済的地位のような多くの要素があり、それらが総合されて、選択がなされているように見える。美はすべてではないし、美をきめる基準も単一ではなく、それが一見、外見で不釣り合いに見える恋人たち、パートナーたちを多く見かける理由である。

†なお、リオ在住の北原聡美氏（リオ州立大）にヴィニシウスの詩「女のレシピ」を全邦訳していただいたが、紙数の関係で収録できなかった。篤く感謝するとともにおわびしたい。

**参考文献**

Darcy Ribeiro. (1996) *Mestiço é que é bom!* Editora Revan, Rio de Janeiro.
——(1997) *Confissões.* Companhia das Letras, São Paulo. ［二冊とも人類学者、教育家、政治家であった著者が死を予知したとき友人に語り、また、自ら記した告白録で、多くの女性との関係、性、愛が大胆に告白されている。］
Gilberto Freyre. (1933) *Casa-grande & senzala.* José Olympio, Rio de Janeiro. ［奴隷制下での主人、その家族、奴隷の関係を膨大な資料を使って描いたブラジル社会史研究での最大の古典であり、今日も同じ出版社で版を重ねている。性意識、美的価値観にも言及している。］

Marta Rocha. (1993) *Marta Rocha, uma biografia em depoimento a Isa Pessôa.* Editora Objetiva, Rio de Janeiro.［永遠のミス・ブラジルがその美と名声と愛の半生をジャーナリスト、イザ・ペソアに語ったもの。］

Ruy Castro. (1990) *Chega de saudade.* Companhia das Letras, São Paulo.［ジャーナリストによるボサ・ノヴァの歴史で、克明な事実検証で神話を覆す一方で、五〇年代、六〇年代のコパカバーナ、イパネマの雰囲気とそこでの音楽家たちの生活をよく伝えている。］

Vinicius de Moraes. (1984) *Antologia poética.* José Olympio, Rio de Janeiro.［敬愛された詩人であり作詞家でもあったヴィニシウスの死後に編纂された詩集で今日も版を重ねている。］

有水博・平田恵津子（一九九七）『ポルトガルの歴史に残った女性像とブラジル文学に現れた女性像』大阪外国語大学学術出版委員会。［後半のブラジルに関する部分は一九世紀の奴隷制下での性意識、人種観に関する興味ある考察を示している。］

小玉美意子・人間文化研究会編（一九九六）『美女のイメージ』世界思想社。［数多い美人論の中で、女性の立場から書かれ、新鮮な視角と事実を提供している。］

ジャン＝クロード・コフマン／藤田真利子訳（二〇〇〇）『女の身体、男の視線』新評論。［ヨーロッパの浜辺の風俗、トップレスをめぐる人間行動を詳細な調査にもとづいて社会学的な手法で分析したもの。］

ジャン＝リュック・エニッグ／江下雅之・山本淑子訳（一九九七）『お尻のエスプリ』星雲社。［お尻に関する人類文化史であるが、特に芸術と風俗の視点から美とお尻の関係を豊富な事実にもとづいて論じている。］

山脇千賀子（一九九六）「食と母と女をめぐる一考察」（『母子研究』No.17）［ペルーのリマにおける奴隷制下での身分の違いによる女性性と母性性、白人男性の性意識と美的価値観、アフリカ系奴隷女性の性関係を社会上昇のための資源として活用するしたたかな生き方、などに焦点をおいて、従来の固定化された奴隷制のイメージに変化を求めた論文。ブラジル研究にも参考になるであろう。］

# あとがき

本書の企画案が具体化したのは一九九八年の三月のことである。以来、このような形で出版されるまでに、三年あまりの歳月が流れた。一八人の執筆者が、ラテンアメリカという地域の最大公約数を保ちつつも、共通の視座をもち議論することは簡単なことではなかった。

その年の一一月、執筆者に縁のある筑波大学の一室を借りて、各々が原稿の構想を報告し、討論する機会を設けたが、歴史学、文化人類学、社会学、宗教学、政治学、経済学など、それぞれのディシプリン（専門学問分野）や立場、見方の違いが、むしろ鮮明となった。この困難を何とか乗り切り、従来のラテンアメリカ関係書籍にはない特色をもつ形でまとめることができたのは、「まえがき」で述べたように、地域研究という学際的なアプローチの支えがあったからに他ならない。

その意味でも、ラテンアメリカ地域研究の先達である中川文雄教授の足跡が後学の徒に与えた影響には大きなものがある。教授が新進気鋭のラテンアメリカ研究者としてデビューした当時、ボリビアの山村でチェ・ゲバラの最後を現地取材した「ゲリラ戦下のボリビアを見て」（『ゲバラ日記』朝日新聞外報部訳、朝日新聞社、一九六八年）は、地域研究の根幹である現地での調査を駆使しながら、流麗な文章で現場の様子を伝えたもので、今なお光彩を放っている。

タイトルが謳うよう、本書に通奏低音として流れるのは、ラテンアメリカにおける人間を理解するということである。生成・変容、権力、ネットワーク、映し出される世界、という四つの領域において、各稿では教科書的な記述をなるべく避け、執筆者それぞれのテーマに基づきながら、個としての人間が主人公として扱われることに最大限努めたつもりである。はたしてその意図がどこまで成功しているかは、本書を読まれた、読者のご判断にゆだねたい。

最後に本書を出版するに際して、執筆者および物心両面にわたり御支援下さったかたがたに、当初の予定を大幅に遅れてしまったことをお詫びするとともに、この場をお借りして心よりお礼申し上げたい。また今や日本におけるラテンアメリカ関係書物の最大手の出版社となった新評論の山田洋氏の御理解がなければ、本書の刊行は不可能であった。編集の労をとられた吉住亜矢氏にも感謝申し上げたい。

本書が、ラテンアメリカ世界を生きる人びとを理解する一助となることを、心より願っている。

編　者

## 編者紹介（アルファベット順）

**遅野井茂雄**（おそのい　しげお）　南山大学外国語学部教授、ラテンアメリカ研究センター長兼任、ラテンアメリカ政治。『ラテンアメリカ』（共著、自由国民社、1999）、『図説ラテンアメリカ』（共編著、日本評論社、1999）、『現代ペルーとフジモリ政権』（アジア経済研究所、1995）。

**志柿光浩**（しがき　みつひろ）　東北大学言語文化部助教授、ラテンアメリカ・カリブ地域研究および言語教育論。『世界各国史　ラテンアメリカＩ――メキシコ・中央アメリカ・カリブ海』（共著、山川出版社、1999）、「カリブ海地域」（国本伊代・中川文雄編『ラテンアメリカ研究への招待』新評論、1997）、「現代プエルトリコの人と社会」（中川文雄・三田千代子編『ラテンアメリカ　人と社会』新評論、1995）。

**田島久歳**（たじま　ひさとし）　城西国際大学人文学部助教授、歴史学・南部ラテンアメリカ史。"Socio-Cultural Differentiation in the Formation of Ethnic Identity and Integration into Japanese Society : The Case of Okinawan and Nikkei Brazilian Immigrants", *Regionalism and Immigration in the Context of European Integration.* Takashi Miyajima, Masamichi Kajita, Mutsuo Yamada (eds.), JCAS Symposium Series No. 8, National Museum of Ethnology, 1999, pp. 187–197.「植民地期パラグアイと近代ヨーロッパ――イエズス会教化コミュニテイ参加に見る先住民の生き残り手段」（上谷博・石黒馨編『ラテンアメリカが語る近代――地域知の創造』世界思想社、1998）、"La asimilación de los nikkeis dekaseguis paraguayos a la sociedad japonesa : Reseña comparativa con los nikkeis latinoamericanos en general basada en la encuesta de 1991," *Annals of Latin American Studies.* No. 17, 1997. JALAS, pp. 56–80.

**田中高**（たなか　たかし）　中部大学国際関係学部教授、国際関係論・中南米地域研究。『日本紡績業の中米進出』（古今書院、1997）、「中米地域」（国本伊代・中川文雄編『ラテンアメリカ研究への招待』新評論、1997）、「ソ連・キューバとニカラグア内戦」（『国際問題』第343号、1989）、ビクター・バルマー＝トマス『ラテンアメリカ経済史――植民地時代から現代まで』（共訳、名古屋大学出版会より近刊予定）

**山脇千賀子**（やまわき　ちかこ）　文教大学国際学部講師、社会学・地域研究。「人の移動・国家・生活の論理」（清水透編『ラテンアメリカ』大月書店、1999）、「〈チーノ〉の創造――ペルーにおける中国系・日系住民の生活技法をめぐる歴史社会学的考察」（『社会学ジャーナル』第24号、筑波大学社会学研究室、1999）、「語られない文化のベクトル」（伊豫谷登士翁・杉原達編『日本社会と移民』明石書店、1996）。

**横山和加子**（よこやま　わかこ）　慶応義塾大学商学部助教授、歴史学。「植民地期メキシコのインディオと教会堂（二）――タラスコ台地の宗教建築」（『地域研究』12、筑波大学、1994）、「植民地期メキシコのインデイオと教会堂――インディオ村落における教会堂の意味に関する諸見解」（『地域研究』11、筑波大学、1993）、「フアン・インファンテとその一族――16世紀ヌエバ・エスパーニャの入植者とクリオーリョ社会の形成」（『西洋史学』第166号、1992）、「ラテンアメリカにおける伝道と施療――16世紀メキシコの病院制度と先住民共同体」（『歴史学研究』第639号、1992）。

**吉田栄人**（よしだ　しげと）　東北大学言語文化部助教授、文化人類学。シルビア・リベラ・クシカンキ『トゥパック・カタリ運動――ボリビア先住民族の闘いの記憶と実践』（翻訳、御茶の水書房、1998）、「先住民社会の祭礼と政治」（小林致広編『メソアメリカ世界』世界思想社、1995）、「祭りと聖人信仰――ユカタンの事例から」（G. アンドラーデ・中牧弘允編『ラテンアメリカ　宗教と社会』新評論、1994）。

**中川文雄**（なかがわ　ふみお）筑波大学名誉教授、城西国際大学人文学部教授、歴史学・地域研究。*Qualidade e Excelência na Educação*（共著）Universidade Gama Filho, Rio de Janeiro, 1994,『ブラジル南東部の都市発展』（編著、筑波大学、1988)、『ラテンアメリカ現代史Ⅱ』（共著、山川出版社、1985)、"The Japanese Contribution To Latin American Studies", *Latin American Research Review,* Vol. XVII, No. 1, LASA, 1982,『現代ラテンアメリカの対アジア・アフリカ関係』（編著、アジア経済研究所、1980)、『ラテンアメリカ現代史Ⅰ』（共著、山川出版社、1978)、『ラテンアメリカの歴史』（共著、中央公論社、1964)。

**柴田佳子**（しばた　よしこ）神戸大学国際文化学部助教授、文化人類学・カリブ海地域研究。"Crossing Racialized Boundaries : Intermarriage between 'Africans' and 'Indians' in Contemporary Guyana", Rosemary Breger and Rosanna Hill（eds.）. *Cross-Cultural Marriage : Identity and Choice.* Oxford and New York : Berg, 1998.「奴隷たちの世界――植民地期ジャマイカのクリオール社会と文化」（石塚道子編『カリブ海世界』世界思想社、1991)、*Rastafarian Music in Contemporary Jamaica : A Study of Sociore-ligious Music of Rastafarian Movement in Jamaica*. 東京外国語大学アジア・アフリカ言語文化研究所、1984。

**竹内恒理**（たけうち　わたり）つくば国際大学産業社会学部助教授、国際関係論・ラテンアメリカ地域研究。「アルゼンチンの民営・民活化」（細野昭雄他編『ラテンアメリカ民営化論』日本評論社、1998)、「アルゼンチン企業の国際展開」（堀坂浩太郎他編『ラテンアメリカ企業論』日本評論社、1996)、「チリをめぐる国際関係」（細野昭雄・畑恵子編『ラテンアメリカの国際関係』新評論、1993)。

**富田与**（とみた　あとお）四日市大学経済学部助教授、国際政治経済学・ラテンアメリカ地域研究。「フジモリ政権における〈民主化〉の問題――〈三選問題〉の政治問題化の分析を中心に」（『ラテン・アメリカ論集』第33号、1999)、『ペルー国別援助研究会報告書　現状分析編』（分担執筆、国際協力事業団、1998)、『試練のフジモリ大統領――現代ペルー危機をどうとらえるか』（共著、日本放送出版協会、1992)。

**宇佐見耕一**（うさみ　こういち）アジア経済研究所副主任研究員、ラテンアメリカ経済史・社会保障論。「19世紀末アルゼンチン・トゥクマン糖業と地方オリガルキー」（『ラテンアメリカ研究年報』第18号、日本ラテンアメリカ学会、1998)、「柔軟化と社会保障制度改革――アルゼンチンの事例」（小池洋一・西島章次編『市場と政府――ラテンアメリカの新たな開発枠組み』アジア経済研究所、1997)。

**山田政信**（やまだ　まさのぶ）筑波大学大学院博士課程哲学・思想研究科院生、宗教学・地域研究。「改宗を正当化する語りの論理――ブラジル北東部における天理教を事例に」（『ラテンアメリカ研究年報』第19号、日本ラテンアメリカ学会、1999)、「ストリートチルドレンにみる『取り込み』と『排除』の論理――ブラジル1927年未成年法制定の思想的背景とその展開」（上谷博・石黒馨編『ラテンアメリカが語る近代――地域知の創造』世界思想社、1998)、「ブラジルのストリートチルドレン　その社会的背景と現状」（『ラテンアメリカ・レポート』Vol.15–No.3、アジア経済研究所、1997)。

## 執筆者紹介（アルファベット順）

**新木秀和**（あらき　ひでかず）　早稲田大学非常勤講師、2001年4月より神奈川大学外国語学部専任講師、ラテンアメリカ近現代史。「ドル化と通貨の生態学」（『イベロアメリカ研究』第XXII巻第2号、2001）、「南北アメリカにおける国民国家とアーカイブズ」（歴史人類学会編『国民国家とアーカイブズ』日本図書センター、1999）、「エクアドルのバナナ産業と企業グループ」（星野妙子編『ラテンアメリカの企業と産業発展』アジア経済研究所、1996）。

**渕上隆**（ふちがみ　たかし）　外務省、ラテンアメリカ現代政治・現代史。「ベネズエラの国際関係」（細野昭雄・畑恵子編『ラテンアメリカの国際関係』新評論、1993）、「パラグアイの法制度」（中川和彦・矢谷通朗編『ラテンアメリカ諸国の法制度』アジア経済研究所、1988）、「零細農民と市場経済——パラグアイの綿作の事例」（『イベロアメリカ研究』第IX巻第1号、1987）、「パラグアイ農業の展開と農地改革」（『アジア経済』第26巻第7号、アジア経済研究所、1985）。

**細谷広美**（ほそや　ひろみ）　神戸大学国際文化学部助教授、文化人類学。「国民国家の歴史と民族の記憶」（西川長夫・原毅彦編『ラテンアメリカからの問いかけ』人文書院、2000）、『アンデスの宗教的世界——ペルーにおける山の神信仰の現在性』（明石書店、1997）、*Qosqo : Antropologia de la ciudad.*（共著）Estudios Andinos, 1992.

**三澤健宏**（みさわ　たけひろ）　津田塾大学学芸学部国際関係学科助教授、人口研究・ラテンアメリカ地域研究。"Pre-War Okinawan Emigrants 1899–1940 : Several Aspects of the Cause of Emigartion", *Latin American Studies,* 1997. "El empleo materno y nutrición infantil : Trabajadoras de las empacadoras plataneras en Chiapas", Claudio Stern (comps.) *El papel del trabajo materno en la salud infantil : Contribuciones desde las ciencias sociales.* El Colegio de México, 1996. "La transformación del comportamiento reproductivo entre dos generaciones : El caso de las familias de inmigrantes japoneses en la ciudad de México 1940–1980", *Latin American Studies,* 1990.

**村上勇介**（むらかみ　ゆうすけ）　国立民族学博物館地域研究企画交流センター助手、ラテンアメリカ政治・ラテンアメリカ地域研究。*La democracia según C y D : un estudio de la conciencia y el comportamiento político de los sectores populares de Lima,* Lima : Instituto de Estudios Peruanos y The Japan Center for Area Studies, 2000. *El espejo del otro : el Japón ante la crisis de los rehenes en el Perú,* Lima : Instituto de Estudios Peruanos y The Japan Center for Area Studies, 1999,「ペルーにおける下層民と政治——1980年代以降の研究の特徴と今後の展開に向けての課題」（『地域研究論集』2巻1号、1999）。

## 編者紹介

遅野井茂雄（おそのい　しげお）

南山大学外国語学部教授、ラテンアメリカ研究センター長、ラテンアメリカ政治。

志柿　光浩（しがき　みつひろ）

東北大学言語文化部助教授、ラテンアメリカ・カリブ地域研究および言語教育論。

田島　久歳（たじま　ひさとし）

城西国際大学人文学部助教授、歴史学・南部ラテンアメリカ史。

田島　高（たなか　たかし）

中部大学国際関係学部教授、国際関係論・中南米地域研究。


ラテンアメリカ世界を生きる　（検印廃止）

2001年3月31日　初版第1刷発行

編　者　遅野井茂雄　志柿光浩　田島久歳　田中　高

発行者　武市一幸

発行所　株式会社　新評論

〒169-0051　東京都新宿区西早稲田3-16-28
http://www.shinhyoron.co.jp
TEL　03(3202)7391
FAX　03(3202)5832
振替　00160-1-113487

定価はカバーに表示してあります
落丁・乱丁本はお取り替えします

印刷　新栄堂
製本　協栄製本
装幀　山田英春





Printed in Japan
ISBN4-7948-0517-9 C0030